高等职业院校“双高计划”建设教材
“十四五”高等职业教育财经商贸类系列教材

管理会计

刘丽梅　张智迪◎主编
贾亚东◎主审

中国铁道出版社有限公司
CHINA RAILWAY PUBLISHING HOUSE CO., LTD.

内容简介

本书系校企合作共同开发，旨在解决高等职业院校学生对管理会计重理论轻实践的问题，从而培养学生分析问题、解决问题的能力。本书以现代企业所处的社会经济环境为背景，以企业为主体，系统地介绍了现代管理会计的基本理论、基本方法和实用操作技术。全书共八个项目，分别为认知管理会计、战略管理、预算管理、投资管理、成本管理、预测分析、营运管理以及绩效管理。

本书适合作为高等职业院校会计学专业、财务管理专业及经济类相关专业的教材，也可供财务工作者学习。

图书在版编目(CIP)数据

管理会计/刘丽梅，张智迪主编.—北京：中国铁道出版社有限公司，2024.2

高等职业院校“双高计划”建设教材　“十四五”高等职业教育财经商贸类系列教材

ISBN 978-7-113-30947-3

Ⅰ.①管…　Ⅱ.①刘…②张…　Ⅲ.①管理会计-高等职业教育-教材　Ⅳ.①F234.3

中国国家版本馆 CIP 数据核字（2024）第 005645 号

书　　名：管理会计
作　　者：刘丽梅　张智迪

策　　划：潘星泉　　**编辑部电话：**（010）51873090
责任编辑：潘星泉　贾淑媛
封面设计：高博越
责任校对：安海燕
责任印制：樊启鹏

出版发行：中国铁道出版社有限公司（100054，北京市西城区右安门西街 8 号）
网　　址：http://www.tdpress.com/51eds/
印　　刷：番茄云印刷（沧州）有限公司
版　　次：2024 年 2 月第 1 版　2024 年 2 月第 1 次印刷
开　　本：787 mm×1 092 mm　1/16　**印张：**16.75　**字数：**407 千
书　　号：ISBN 978-7-113-30947-3
定　　价：60.00 元

前　言

管理会计是会计学的两大分支之一，是从传统会计中分离出来与财务会计并列的、着重为企业改善经营管理、提高经济效益服务的一个会计分支。数字经济背景下，管理会计是企业的战略、业务、财务一体化最有效的工具，企业对管理会计人员的要求是：精于专业，熟练掌握管理会计领域的专业知识；熟练进行会计核算和会计监督，发挥计划和控制职能；具备经营者和管理者的视角，参与企业的全面经营管理；熟悉财务大数据分析技巧与信息系统，发挥决策职能。

本书系高等职业院校“双高计划”建设教材、“十四五”高等职业教育财经商贸类系列教材，融理论分析、方法应用和实践操作于一体，注重培养学生发现问题、分析问题和解决问题的综合能力和创新意识。通过本书的学习，帮助学生掌握管理会计基本的理论、方法和分析技能，以及管理会计的现金分析方法，同时培养学生运用现代信息技术解决企业管理决策问题的能力。本书具有以下主要特点：

（1）新颖性。本书采用活页式编写理念，强调学习与实践之间的匹配性，去掉了以往教材使用的学科化逻辑主线思维，让整个教学活动的“学生中心化”色彩更加明显。

（2）实用性。本书以项目为驱动，重视教材与职业的关系，通过任务式教学反映典型的职业工作任务，从而确定和描述一个典型工作任务，并通过案例导入、知识准备、任务实施、技能训练等栏目进行讲练结合，突出了活页式教材的灵活性与实用性，培养了学生的职业性与实践性。

（3）逻辑性。教材内容逻辑严密，条理有序，在内容的组织与编排上，既符合知识的逻辑顺序，又符合学生的思维发展规律。

本书在编写过程中参阅和借鉴了国内外的相关论著和教材，在此一并致以诚挚的感谢。由于对管理会计的理解不同以及编者能力有限，书中难免存在缺陷和不足，敬请读者批评指导，以便今后日益完善。

编　者

2023 年 12 月

目　录

项目一　认知管理会计

【学习目标】

- 了解管理会计的形成与发展过程，了解管理会计各阶段的特征及发展趋势。
- 掌握管理会计的基本概念，掌握管理会计的职能和工作程序。
- 掌握管理会计与财务会计的区别和联系。

【能力目标】

- 通过学习管理会计的产生与发展历程，充分认识管理会计的重要性。
- 通过学习国内外对管理会计的定义，理解经济发展对管理会计的影响。

【素质目标】

- 培养学生管理会计的意识，理解管理会计的作用。
- 培养学生专业划分意识，认知管理会计与财务会计的并列关系。
- 引导学生践行社会主义核心价值观，具有爱国主义与会计强国思想意识。
- 培养学生具备保密、诚信、公正的管理会计师职业道德。

【案例导入】

据统计，我国会计从业人员有1 400万人之多，但是在管理会计领域，人才一直处于紧缺状态，国内的管理会计人才缺口已经达到了300万。

近年来，中国企业所面对的经济环境已经发生了很大变化。全球性竞争日益激烈，这不可避免地令市场环境趋向产品同质化、技术公开化和渠道透明化。在这种情况下，企业必须依靠提升内部管理的精益化程度来谋求生存和发展。由此，作为企业精益化管理的核心内容，管理会计在我国呈现出巨大的发展空间。而市场对管理会计人才的需求，也呈现持续性的快速增长。我国已有一些企业先行认识到管理会计的价值，并且开始逐步探索管理会计的应用之道。其中，比较成功的如海尔集团、华润集团、神华集团等。综观这些企业的成功之路，吸收、培育和锻造一支既懂财务又懂业务的管理人才队伍是其获得成功的先决条件。

而更多企业则逐步品尝到管理会计人才匮乏的苦果。如某机械加工企业，其产品远销欧美，享有盛誉，在同行中居于领先地位。但由于缺乏管理会计人才，其成本核算滞后、不准确，造成管理部门只知道成本的大概数字，却无法说出成本的准确数字。这直接导致该企业多次在国外投标竞价时，面对来自国内外厂商的压价竞争，无法快速做出准确报价，为此丢了不少订单。

现在，随着信息科技的日益发展，在移动互联网时代，很多记账算账等工作逐渐被计算机替代，大量会计岗位将急剧减少，而转型管理会计是不错的出路。

【问题提出】

(1) 管理会计形成与发展不同阶段的时代背景是什么?

(2) 管理会计是什么? 职能和目标是什么? 工作程序有哪些?

(3) 管理会计与财务会计区别和联系有哪些?

带着这些问题,让我们进入本项目的学习。

【任务导入】

本项目主要学习目标是了解管理会计的形成与发展,掌握国内外不同学者对管理会计含义和基本工作职能的认定,熟悉管理会计工作程序,明晰管理会计与财务会计的区别。

任务一 认知管理会计的形成与发展

【工作任务】

工作任务	技能点及任务成果	重要知识点	课时
通过学习,熟悉中西方管理会计的产生和发展历程,充分认识管理会计在经济发展中的重要性	1. 管理会计在西方产生背景; 2. 管理会计在我国发展阶段	1. 管理会计不同阶段的时代背景; 2. 科学管理之父泰勒的核心思想	2 学时

【知识准备】

纵观西方发达经济体的管理会计发展历史,泰勒的科学管理学说、彼得·德鲁克的现代管理学、肯尼斯·西蒙兹的战略成本管理、迈克尔·波特的价值链分析、卡普兰的作业成本法和平衡计分卡,以及公共管理领域广泛应用的新公共管理思想等,可以看出,管理会计理论的每一次重大创新都是在实践基础上产生、在实践基础上升华的,成为指导企业、政府开展管理活动的重要行动指南。管理会计随着企业组织面临的经营环境的变化而不断发展。

一、管理会计在西方的产生与发展

1. 早期管理会计萌芽与形成阶段——执行性管理会计阶段(20 世纪初—20 世纪 50 年代)

管理会计的产生和发展与生产发展有着密切的关系。管理会计的最初萌芽产生于 20 世纪初,当时的经济发展水平还不太高,市场也不够发达,企业规模也不大,企业经营者通常凭着自己的智慧和经验就可以管理好企业,所以对会计在管理方面的职能没有专门的要求。

这种以经验和直觉为核心的传统管理方式对促进资本主义早期经济的发展起到了一定的积极作用。随着市场经济的迅速发展和社会生产力水平的提高,传统的经验管理方式所无法克服的粗放经营、资源浪费严重、生产效率低等弊端与大机器工业之间的矛盾越来越尖锐。所以,以科学管理来代替经验管理就成为历史的必然,这集中体现在“泰勒制”应运而生。

1911 年，“科学管理之父”泰勒撰写了《科学管理原理》一书，其核心是科学分析人在劳动中的机械动作，制定最精确的操作方法，实行最完善的计算和监督制度。泰勒强调提高生产和工作效率，通过他所倡导的时间和动作研究，制定一定客观条件下可以实现并认为最有效的标准，并以此作为评价和考核的依据，以促使企业管理向标准化、制度化方向发展。标准制定后，严格进行过程控制以保证标准的执行，杜绝一切可避免的资源浪费和低生产效率。伴随着泰勒的科学管理理论在实践中的广泛运用，管理会计如何为提高企业组织的生产和工作效率服务，便开始提到议事日程上来。

为配合“泰勒制”的实施与推广，要求传统的会计由单一的事后核算向事前规划、事中控制转变，于是在会计实务中出现了“标准成本计算”和“预算控制”。它们的共同特点是：事先制定标准数量或者预测数值，然后按此执行并加以控制，将实际数与标准数值或预测值进行比较，最后计算差异并进行差异分析，通过差异分析，揭示产生差异的原因并提出消除差异的建议和措施。这些状况标志着管理会计萌芽的出现和雏形的形成。由于这一阶段管理会计的职能集中体现在“控制”方面，人们认为这一阶段属于传统管理会计阶段。但是，社会经济环境的影响力不可低估。在此后相当长的时间内，管理会计并没有得到应有的发展，它只是被看成会计配合推行泰勒科学管理所作的一些尝试，只是作为传统会计的一个附带部分而存在，并没有真正形成一个相对独立的领域。

2. 现代管理会计阶段——决策性管理会计阶段（20 世纪 50 年代—20 世纪 80 年代）

尽管管理会计的发展起源于 1911 年泰勒《科学管理原理》的出版，然而，管理会计的真正发展却以 20 世纪 50 年代之后现代管理科学的发展作为永久性推动力。

从 20 世纪 50 年代开始，西方国家进入了所谓“战后期”。这时，西方国家经济发展出现了许多新特点。这主要表现在：一方面，现代科学技术突飞猛进发展并大规模运用于生产领域，从而使社会生产得以迅速发展；另一方面，西方国家的企业组织进一步集中，跨国公司大量涌现，企业组织的规模越来越大，生产经营活动日趋复杂，市场情况瞬息万变，市场竞争更加剧烈。这些新特点对企业组织的经营管理提出相应的新要求，即迫切要求实现企业组织管理现代化。面对突如其来的新形势，战前曾风靡一时的泰勒“科学管理学说”就显得非常被动，其重局部、轻整体的根本性缺陷暴露无遗，不能与之相适应。

泰勒“科学管理学说”着眼于对生产过程进行科学管理，把重点放在通过对生产过程的个别环节、个别方面的高度标准化，为尽可能提高生产和工作效率创造条件。但是，对企业组织全局、企业组织与外部的关系则很少考虑。这种理论在新的环境下就显得有些本末倒置。在新的环境下，大量实践表明，企业组织的盛衰、成败、生存和发展，首先取决于企业组织采取的战略、方针、决策是否正确，所定的目标是否与内外部经济环境相适应。如果战略、方针、决策错误，经营目标定错了，企业组织的个别环节效率再高也无济于事，甚至还会在剧烈的竞争中被淘汰。因此，提高企业组织各个环节、各个方面的生产、工作效率固然重要，但更重要的是，要把正确的经营战略和决策放在首位。所谓“管理的重心在经营，经营的重心在决策”，正是适应新的环境而提出新的管理思想。

正是由于泰勒“科学管理学说”的根本缺陷，不能适应战后西方经济发展的新形势，它为现代管理科学所取代，也就成为历史的必然。现代管理科学是一个十分庞大而复杂的知识体系。它由“管理科学派”和“行为科学派”两大理论学派组成。现代管理科学的形成和发展，对管理会计的发展，在理论上起着奠基和指导作用，在方法上赋予现代化的管理技术，使其面貌焕然一新。

这个时期的管理会计追求的是“效益”，它强调首先把事情做对，然后再把事情做好。效率与效益是两个不同的概念。如前所述，效率一般体现于企业组织的内部投入与产出关系，效率的高低主要是执行过程的问题；而效益一般不能直接在企业组织的内部体现，而必须通过企业组织与外界的联系才能得到体现，其好坏主要取决于决策是否正确。在市场经济环境下，效率只有接受市场的检验才能转化为效益，否则，不仅不是效益，而且还是损失。企业组织要实现其战略目标，必须以市场为导向，同时兼顾效率与效益。至此，管理会计形成了以“决策与计划会计”和“执行会计”为主体的结构体系。其中，“决策会计”居首位。因为计划是以决策为基础的，它是决策所定目标的综合体现。

进入20世纪80年代，由于“信息经济学”（information economics）和“代理理论”（agency theory）的引进，管理会计又有新的发展。但是，面对世界范围内高新技术蓬勃发展并广泛运用于经济领域，管理会计又显得有些过时落伍。为此，西方国家致力于管理会计信息相关性的研究，由此迎来了一个以“作业”（activity）为核心的“作业成本管理会计”（activity-based management accounting）时代。与波特提出的“价值链”观念相呼应，管理会计借助于“作业管理”（activity-based management，ABM），致力于如何为企业组织“价值链”优化服务。20世纪80年代以来，管理会计取得的许多引人注目的新进展都是围绕着管理会计如何为企业组织“价值链”优化和价值增值提供相关信息而展开。

3. 战略管理会计时代（20世纪90年代至20世纪末）

进入20世纪90年代，变化成为世界经济环境的主要特征。基于环境的变化，管理会计信息搜集的任务从职业化的管理会计师转移到使用这些信息的使用者，保证了企业组织能以一种“实时”的方式搜集相关信息，并据此作出反应。管理会计突破了管理会计师提供信息、经理人使用信息的旧框框，而由每一个员工直接提供与使用各种信息。由此，管理会计信息提供者与使用者的界限将逐渐模糊。当然，管理会计也有助于促进企业组织适应环境的变化。例如，企业组织所面临的内外部环境变化导致“作业成本计算法”（activity-based costing，ABC）与“作业管理”的产生，而“作业成本计算法”与“作业管理”的运用又有助于“企业再造工程”（corporation reengineering）的实施，从而推动了企业组织的变革，提高了企业组织的竞争能力。这时，管理会计的主题已经从单纯的价值增值转向企业组织对外部环境变化的适应性上来。20世纪90年代是一个以战略管理为中心的新时代，强调“事事战略定位，时时战略定位”，由此，管理会计进入了所谓“战略管理会计”（strategic management accounting，SMA）时代，并得到发展。这个时期，“适时制”（just-in-time）、“全面质量管理”（total quality control）、“价值链”、“战略管理”、“企业业务流程再造”（business process reengineering，BPR）等管理思想渗透到管理会计，推动管理会计的发展。

纵观20世纪管理会计发展历程，管理会计沿着“效率→效益→价值链优化”的轨迹发展。这个发展轨迹基本上围绕“价值增值”（value-added）这个主题而展开。

4. 培植企业组织核心能力的管理会计时代（21世纪以来）

如果说20世纪是“竞争的世纪”，那么，21世纪就是“竞争力的世纪”。面对21世纪的宏微观环境，企业组织在其发展过程已经充分意识到，比价值增值（或者更通俗的“利润”）更重要的是市场份额，比市场份额更具有根本意义的是竞争优势，比竞争优势更具有深远影响的是企业组织“独一无二”的核心能力（core competence）。

那么，何为核心能力呢？通俗地说，核心能力就是企业组织拥有的与众不同的独特资源。企业组织的核心能力是企业组织的内在资源，竞争力则是企业组织的核心能力在市场上的外在表现。企业组织的核心能力转化为竞争力是市场对核心能力物化（也是外化）结果（核心产品或服务）的评价过程。企业组织的核心能力与设备或原材料等其他生产要素的结合生产出企业组织的核心产品或服务。企业组织的核心产品或服务在市场上的表现就是企业组织的竞争力。尽管企业组织之间的竞争通常表现为核心能力所衍生出来的核心产品、最终产品的市场之争，但其实质却是企业组织的核心能力之争。企业组织只有具备核心能力，才能具有持久的竞争优势。因此，企业组织的核心能力决定企业组织在市场竞争中的兴衰成败。如何培植和提升企业组织的核心能力至关重要。

客观地说，现代会计（尤其是财务会计）只注重企业组织的实物支持系统，较少关注企业组织独特的知识与技能、管理体制和员工价值观念对企业组织竞争力乃至核心能力培植和提升的影响。核心能力对企业组织及其人力资源具有高度的依赖性。企业组织的员工在相当大的程度上充当了核心能力的承担者。那么，侧重于为企业组织的内部经营管理服务的管理会计如何为企业组织培养和提升其核心能力提供相关信息自然成为21世纪管理会计发展的主题。

二、管理会计理论在我国的发展

我国是从20世纪70年代末80年代初开始向发达国家学习引进有关管理会计理论，其过程大致经历了以下发展阶段：

1. 我国管理会计发展的第一阶段

在计划经济体制下，与国营企业相适应的是执行性管理会计。在新中国成立初期，我国实行计划经济体制，在该体制下，国营企业的生产计划由国家统一确定下达。从管理会计的角度看，国营企业是一个“成本中心”，既然成本是一个效率指标，成本计划及其完成情况便成为国家考核国营企业完成生产任务的重要手段。成本及其考核是计划经济时代可作为的事情。此外，在计划经济体制下，企业的产品由国家统一定价。国家以企业的成本为基础确定产品价格，即“产品价格 = 产品成本 ×（1 + 成本利润率）”，这也就使国家必须重视企业成本管理制度建设，通过企业成本管理制度确定企业成本项目和成本开支范围，否则，企业成本失控，将导致产品价格失控。国家自然重视以成本为核心的内部责任会计，以期最大限度地降低成本，提高稀缺资源的使用效率。这种对以成本为核心的内部责任会计的重视体现在国家颁布的各种成本管理制度上。

2. 我国管理会计发展的第二阶段

我国对管理会计产生广泛浓厚的兴趣，始于20世纪70年代末期，从此，中国管理会计的发展进入了第二个阶段。该阶段是以党的十一届三中全会为转折点的，特别是党的十四大的召开，在理论和实践上都有新的进展。十四大明确指出：我国要建立社会主义市场经济体制，实行政企分开，企业成为独立的商品生产者和经营者。与这种新的环境和条件相适应，在管理会计方面也就自然而然地要求原有的执行性管理会计向决策性管理会计转变了。

3. 我国管理会计实践应用阶段

管理会计作为会计的一个分支，在我国实践中早已有之。如，新中国成立之初，以成本为核心的内部责任会计，包括班组核算、经济活动分析和资金成本归口分级管理等。20 世纪 70 年代末到 80 年代末的以企业内部经济责任制为基础的责任会计体系，90 年代后的成本性态分析、盈亏临界点与本量利依存关系、经营决策经济效益的分析评价等，都属于管理会计的范畴。当时，河北邯郸钢铁公司实行的“模拟市场，成本否决”，可谓管理会计在我国企业应用的典范。如今，包括全面预算管理、平衡记分卡等绩效评价方法，以及作业成本法、标准成本法等成本管理方法在内的管理会计工具方法陆续在我国企业中运用。

党的二十大报告提出了继续推进理论创新的科学方法，包括立足中国国情、扎根中国大地、坚持人民至上、坚持自信自立。快速发展的中国企业一边向国际同行学习，一边立足中国国情消化吸收再创新，用创新实践打造出许多符合中国国情且行之有效的管理会计模式。

【任务实施】

任　务　单

<table>
<tr><td>学习领域</td><td colspan="3">认知管理会计</td></tr>
<tr><td>学习单元</td><td colspan="3">管理会计产生与发展</td></tr>
<tr><td>任　务</td><td>认知管理会计的形成与发展</td><td>学时</td><td>2</td></tr>
<tr><td colspan="4">布置任务</td></tr>
<tr><td>任务目标</td><td colspan="3">知识目标：
• 理解国内外管理会计产生与发展的经济背景；
• 掌握管理会计不同阶段的思想观点。
能力目标：
• 能够明晰管理会计与经济发展的关系；
• 了解新时期背景下管理会计转型对人才的需求</td></tr>
<tr><td>任务描述</td><td colspan="3">任务 1：“管理的重心在经营，经营的重心在决策”
请思考：
思考 1：此项观点在管理会计发展的哪个时期？

思考 2：请你分析当期的经济发展背景。

任务 2：管理会计产生与发展的经济背景分析
通过研究文献和历史资料，深入了解管理会计产生与发展的国内外经济背景。任务包括对不同历史时期、不同国家或地区的经济环境进行分析，从而理解管理会计发展的动因和演变过程。
收集管理会计发展历史资料和相关文献。
分析不同时期的经济背景，包括产业结构、市场竞争、技术创新等方面的变化。
比较不同国家或地区管理会计的发展轨迹，探讨其在经济背景下的异同。
撰写综合分析报告，阐述管理会计产生与发展与经济背景的关系。</td></tr>
</table>

任务描述	**任务3**：新时期背景下管理会计转型对人才的需求研究 探究当前新时期背景下，企业对管理会计人才的新需求，特别是数字化、信息技术等领域的要求。任务包括分析相关行业和企业的招聘要求，了解管理会计人才的综合素质和技能需求。 1. 调研不同行业或企业在新时期对管理会计人才的招聘需求和岗位描述。 2. 分析招聘要求中涉及的技能，如数据分析、信息技术应用、业务洞察等。 3. 撰写报告，总结新时期管理会计人才需求的变化趋势，以及在技能和素质方面需要提升的地方

【任务小结】

现代管理会计是从传统会计系统中分化出来的，现已成为一门与财务会计并列共生又相对独立的交叉学科。管理会计的产生和发展与管理科学的发展密不可分。从社会经济环境变化过程可以发现，市场需求推动了技术创新，技术创新又推动了企业制度创新。由此可见，需求变化、技术创新和企业制度创新之间的互动关系及其结果，构成了管理会计产生与发展的基本脉络。依据西方管理科学的发展，将管理会计的形成概括为传统管理会计阶段、现代管理会计阶段和战略管理会计阶段。

任务二　掌握管理会计基本理论

【工作任务】

工作任务	技能点及任务成果	重要知识点	课时
通过学习，了解管理会计的对象与目标，掌握管理会计的含义，熟知管理会计职能与财务会计职能的异同，能够明晰管理会计工作程序	1. 掌握管理会计的含义； 2. 熟练掌握管理会计工作程序； 3. 了解管理会计的职能和目标	1. 管理会计含义； 2. 管理会计职能； 3. 管理会计工作程序	1 学时

【知识准备】

一、管理会计含义

管理会计是从财务会计中分离出来的，它利用财务会计、统计及其他有关资料并通过对这些资料进行整理、计算、对比和分析，产生一系列新的信息，用于满足企业内部管理人员编制计划、做出决策、控制经济活动等方面的信息需要，服务于企业加强内部经营管理、加强决策控制、提高经济效益的需要的一套信息处理系统，管理会计主要包括预测分析、决策分析、全面预算、成本控制和责任会计等内容。

西方学者对管理会计的理解可以分为狭义和广义两种。

1. 狭义的管理会计定义

20 世纪 20 ~70 年代，国外会计学界一直从狭义上定义管理会计，认为管理会计只是为企业内部管理者提供计划与控制所需的会计信息的内部会计。

1958 年，美国会计学会管理会计委员会定义：管理会计是运用适当的技术和概念，处理企业历史的和计划的经济信息，以有助于管理人员制定合理的、能够实现经营目标的计划，以及达到各项经营目标所进行的决策。管理会计包含进行有效的方案制定、替代方案的选择、对业绩的评价以及控制等各种方法和概念。另外，管理会计研究还包括对经营管理者根据特殊调查取得的信息以及与决策的日常工作有关的会计信息的收集、综合、分析和报告的方法。

1966 年，美国会计学会的《基本会计理论》认为：所谓管理会计，就是运用适当的技术和方法，对经济主体的实际经济数据和预计经济数据进行处理，以帮助管理人员制定合理的经济目标，并为实现该目标而进行合理决策。

1982 年，罗伯特在《现代管理会计》一书中定义：管理会计是一种收集、分类、总结、分析和报告信息的系统，它有助于管理者进行决策和控制。

综合上述定义，狭义的管理会计的核心内容为：一是管理会计以企业为主体展开管理活动；二是管理会计是为管理者的管理目标服务的；三是管理会计是一个信息系统。

2. 广义的管理会计定义

进入 20 世纪 80 年代，国外会计学界对管理会计的定义出现了新的变化：管理会计的外延开始扩大，内容更加丰富，出现了广义的管理会计概念。

1986 年，全美会计师协会管理会计实务委员会定义：管理会计是向企业内部管理者提供企业内部计划、评价、控制及确保企业资源的合理使用和经营责任的履行所需财务信息，以及确认、计量、归集、分析、编报、解释和传递的过程。管理会计还包括编制供诸如股东、债权人、规章制定机构及税务当局等非管理集团使用的财务报表。在上述定义中，财务信息从广义上说，包括用于解释实际和计划的商业活动、经济环境和负债的估价的因果关系所必需的货币性和非货币性信息。

1982 年，英国成本与管理会计师协会修订后的管理会计定义，把管理会计的范围进一步扩大到除审计以外的各个组成部分。

按照英国成本与管理会计师协会的解释，管理会计是对管理者提供所需信息的那一部分会计的工作，使得管理者得以：一是制定方针政策；二是对企业的各项活动进行计划和控制；三是保护财产的安全；四是向企业外部人员（股东等）反映财务状况；五是向职工反映财务状况；六是对各个行动的备选方案作出决策。

综合上述定义，广义管理会计的核心是：一是管理会计是以企业为主体展开其管理活动；二是管理会计既为企业管理者的管理目标服务，同是也为股东、债权人、规章制度制定机构及税务当局等非管理机构提供服务；三是管理会计作为一个信息系统，它所提供的财务信息包括解释实际和计划所必需的货币性和非货币性信息；四是从内容上看，管理会计既包括财务会计，又包括成本会计和财务管理。

3. 我国学者对管理会计的定义

我国李天民教授（1984）在其编著的《管理会计》一书中认为：“管理会计主要是通过一系列专门方法，利用财务会计提供的资料及其他有关资料进行整理、计算、对比和分析，使企业各级管理人员能据以对日常发生的一切经济活动进行规划与控制，并帮助企业领导作出各种决策的一套信息处理系统。”李教授的定义强调了：①现代管理会计包括利用和分析财务信息与其他资料；②现代管理会计要为各级管理人员服务；③现代管理会计是一套信息处理系统。

我国余绪缨教授（1999）认为：管理会计是为企业内部使用者提供管理信息的会计，它为企业内部使用者提供有助于正确进行经营决策和改善经营管理的有关资料，发挥会计信息的内部管理职能。余教授的定义强调了：①管理会计主要为企业内部管理服务；②管理会计为决策服务，决策性管理会计成为现代管理会计的主要内容；③现代管理会计是一个信息系统。此外，余教授在2000年和2001年的两篇论文中分别阐述了：非财务信息的重要性；在知识经济时代，现代管理会计更加注重对无形资产信息的处理和披露；文化方面对现代管理会计的影响。

我国学者胡玉明教授（2000）认为：“21世纪的管理会计应是为企业（组织）核心能力的诊断、分析、培植和提升提供相关信息支持的信息系统。”胡教授的定义有如下几点创新：①对现代管理会计的目标的新认识，即认为现代管理会计的核心目标是帮助企业创建其核心竞争能力；②不仅企业中要运用现代管理会计，在事业单位、机关等也可以运用现代管理会计理论和方法；③现代管理会计仍然是一个信息系统。

刘运国（2003）认为：未来的管理会计应是以企业（或组织）所服务的顾客终身价值（customer lifetime value）最大化（战略考虑）为目标，以电子计算机和计算机网络为主要手段，以财务数据为主要内容，同时结合非财务信息，为企业形成和提升其核心竞争能力提供相关信息支持的管理信息系统。

财政部印发的《关于全面推进管理会计体系建设的指导意见》（财会〔2014〕27号）为管理会计下了如下定义：管理会计是会计的重要分支，主要服务于单位（包括企业和行政事业单位，下同）内部管理需要，是通过利用相关信息，有机融合财务与业务活动，对单位规划、决策控制和评价等方面发挥重要作用的管理活动。

4. 管理会计的特点

（1）为企业内部管理服务。使用者的不同，是财务会计与管理会计的根本区别。财务会计报告的使用者，主要有企业的所有者、潜在的投资者、债权人和其他社会集团，如供应商、顾客、职员和政府等。他们的共同点是身处企业之外，不直接参与企业的经营管理，需要通过财务报告评估管理人员的经营业绩，评价他们在企业中的经济利益，并作出是否参与或继续参与企业活动的决策。从这个角度看，财务会计侧重于对外服务。管理会计是为企业的管理人员服务的，它通过各种专门的技术方法，向企业的各级管理人员提供有关的经济信息，以利于其制定目标，作出决策，编制计划，进行控制和评价业绩。从这个角度看，管理会计侧重于对内服务。

（2）不需要接受公认会计准则的约束，没有强制性编制要求。财务会计主要是对外服务的，必须严格遵守一定的规范和依据，以统一的标准即公认会计准则为依据，提供给外部使用者，其编制是强制的。管理会计是企业内部管理个性化需求的产物，强调为特定的信息使用者提供相关的信息，不受公认会计准则的约束。管理会计可以根据企业的类型、管理人员的要求和决策的类型，采用灵活多样的方法获取信息，进行加工处理，不存在统一的标准或固定的规范或依据。

（3）以面向未来的信息为主。财务会计主要以已完成或已发生的交易和事项作为加工对象，所生产的信息面向过去，以货币信息为主。而管理会计则主要以预计将要发生的和企业未来的经济行为为加工对象，所产生的信息面向未来，货币性和非货币性信息并重。

（4）不拘泥于精确性的信息。财务会计要求借贷平衡，有严密的勾稽关系加以验证。管理会计强调的，近似胜于精确。在决策和计划之中，需要考虑的是未来的信息，由于没有人能准确地预测未来，因此，提供的信息总是存在一定的近似性。如果等待以获得进一步信息消除未来不确定因素，则消耗了大量时间和资源，却未必能带来相应的收益。而且，管理会计依赖大量非货币信息，这些信息也是无法精确表述的。

（5）强调信息的相关性和灵活性。财务会计信息必须客观和可验证，而管理会计则强调信息的相关性，即信息对于所要解决的问题是有用的。为了保证信息的相关性，管理会计信息系统必须具备一定的灵活性，以便根据管理的需求，在适当的时间、以适当的形式、向适当的人提供相关的信息。

二、管理会计的对象

从实质上讲，管理会计的对象是单位的经营活动。从管理体现价值角度看，管理会计的对象是价值运动。综上，管理会计的对象具有复合型特点：一方面强调作业管理，目的在于提高生产和工作效率；另一方面强调价值管理，目的在于提高经济效益，实现价值最大增值。因此，作业管理和价值管理共同构成管理会计的对象。

有关管理会计对象的不同观点介绍如下：

1. "现金流动"观点

从近代西方企业会计重心的转移来看：从传统会计阶段以独资、合伙会计为主要形式发展到以公司会计为其主要形式的企业会计，进而发展到现代会计阶段为适应现代化管理的需要，企业会计的内部职能大大地扩展了，重点转移到了现金流动的分析，并把全面反映企业现金流动的报表——现金流量表，看作是最重要的会计报表。这种以现金流动为中心的企业会计核算，具有更大的综合性，为企业改善生产经营、提高经济效益提供重要的、综合性的信息。也就是说，通过现金流动，可以把企业生产经营活动的主要方面和主要过程全面系统地反映出来。

2. "资金运动"说

资金运动较好地兼顾了抓住事物本质和考虑社会环境这两方面的要求。

一是因为只关注现金流动，尚不能完全满足企业内部管理的需要。管理会计运用各种方法来适应为管理服务的需要。这些方法涉及企业的各个方面、各个环节，它们均不可能以现金流动来全面反映。二是因为资金运动更为全面、科学。由于商品生产运动的价值形式是价值运动，它表现为货币的运动。在货币转化为资金的条件下，资金运动就成为价值运动的表现形式。三是因为会计对象是资金运动，它贯穿于企业生产经营的生产过程，是联结企业内部、外部的纽带。管理会计作为现代会计的两大分支之一，其对象也应是资金运动。

3. “成本和利润”学说

管理会计产生和发展过程经历了执行性管理会计和决策性管理会计。前者侧重于通过企业内部提高生产效率和经营效果的方式来提高经济效益。后者则主要是为了控制经济活动的现在和未来，以取得最好的经济效益。正是在决策性管理会计的基础上再加上执行性管理会计的内容，才形成现在的管理会计。

现代管理会计的基本内容是“规划与决策会计”和“控制和业务评价会计”。两者分别从实现资源的最优组合和对企业过去和现在的经济活动进行分析和控制，将经营成果中出现的问题反馈给各个部门来采取有效的措施，以增加企业经济利润和经济效益。

三、管理会计的目标

2016 年 6 月，财政部印发了《管理会计基本指引》，总结提炼了管理会计的目标、原则、要素等内容，以指导单位管理会计实践。企业管理会计的目标如下：

（1）强化企业内部经营管理，提高经济效益服务。

（2）在掌握会计核算能力的基础上，提升扩展能力，掌握管理会计学的基本理论、方法和技术，具备利用经济信息进行预测、决策，对经营业务进行控制、分析评价的能力。

（3）长期、持续地提高整体经济效益是战略管理会计的基本目标。

（4）提供内外部综合信息是战略管理会计的具体目标。

四、管理会计职能

管理会计的职能是预测经济前景、参与经济决策、规划经营目标、控制经济过程、考评经营业绩。

1. 预测经济前景

预测是指采用科学的方法预计推测客观事物未来发展必然性或可能性的行为。管理会计发挥“预测经济前景”的职能，就是按照企业未来的总目标和经营方针，充分考虑经济规律的作用和经济条件的约束，选择合理的量化模型，有目的地预计和推测未来企业销售、利润、成本及资金的变动趋势和水平，为企业经营决策提供第一手信息。

2. 参与经济决策

决策是在充分考虑各种可能的前提下，按照客观规律的要求，通过一定程序对未来实践的方向、目标、原则和方法做出决定的过程。管理会计发挥“参与经济决策”的职能，主要体现在根据企业决策目标搜集、整理有关信息资料，选择科学的方法计算有关长短期决策方案的评价指标，并做出正确的财务评价，最终筛选出最优的行动方案。

3. 规划经营目标

规划就是对选定的方案如何实施制定一个计划，然后做预算。管理会计“规划经营目标”的职能，是通过编制各种计划和预算实现的。它要求在最终决策方案的基础上，将事先确定的有关经济目标分解落实到各有关预算中去，从而合理有效地组织协调企业供、产、销及人、财、物之间的关系，并为控制和责任考核创造条件。

4. 控制经济过程

管理会计发挥“控制经济过程”的职能，就是将对经济过程的事前控制与事中控制有机地结合起来，通过事前确定科学可行的各种标准，根据执行过程中的实际与计划发生的偏差进行原因分析，并及时采取措施进行调整，改进工作，确保经济活动正常进行的过程。

5. 考评经营业绩

评价职能，是通过建立责任会计制度来实现的，即在各部门各单位及每个人均明确各自责任的前提下，逐级考核责任指标的执行情况，找出成绩和不足，从而为奖惩制度的实施和未来工作改进措施的形成提供必要的依据。

现代管理会计的职能，从财务会计单纯的核算扩展到解析过去、控制现在、筹划未来有机结合。一是解析过去：主要是对财务会计所提供的资料作进一步的加工、改制和延伸，使之更好地适应筹划未来和控制现在的需要。二是控制现在：是通过一系列的指标体系，及时修正在执行过程中出现的偏差，使企业的经济活动严格按照决策预定的轨道卓有成效地进行。三筹划未来：预测与决策是筹划未来的主要形式，现代管理会计在这方面的作用在于，充分利用所掌握的丰富资料，严密地进行定量分析，帮助管理部门客观地掌握情况，从而提高预测与决策的科学性。

现代管理会计将解析过去、控制现在、筹划未来这三方面的职能紧密结合在一起，综合发挥作用，形成一种综合性的职能。

五、管理会计工作程序

为了有效地组织管理会计核算工作，保证管理会计工作质量，履行管理会计职能，提高会计工作效率，必须遵循科学的工作程序。管理会计的工作程序包括几下内容：

1. 确认

确认即将企业的经营活动及其他经济事项中是否属于管理会计研究的内容予以辨认和评价。企业的经济业务内容纷繁复杂，“确认”主要解决某项经济业务“是什么，是否应当在管理会计上反映”的问题。通俗地说，是确认某项经济业务能否进管理会计的“大门”，管理会计是否要对其进行核算。由于管理会计与财务会计的核算对象、具体职能目标、核算方法等不同，对企业发生的经济业务事项的确认标准也不同。有的经济事项是财务会计确认的内容，有的经济事项是管理会计确认的内容。例如：发放职工薪酬属于财务会计确认的内容；亏损产品是否转产或停产则是管理会计确认的内容；对于物资采购，如何采购属于管理会计确认的内容，物资采购的账务处理则属于财务会计确认的内容；标准成本差异则是财务会计与管理会计共同确认的内容。

2. 计量

计量即以货币或者其他度量单位对以发生或可能发生的经营活动予以数量上的确定。计量的特征是以数量（主要是以货币单位）表示的价值关系来确定物品或事项之间的内在联系，或将数额分配于具体事项，主要解决某项经济业务在会计上的“反映多少”，即入账金额问题。管理会计的计量对象不同于财务会计计量对象，侧重于现在或未来的经济活动，而不是过去已发生的经济活动。计量单位除采用货币计量单位外，还广泛采用实物计量单位、质量综合单位、市场占有率等，计量基础不是历史成本，而是现行成本或未来现金流量现值。

3. 归集

归集即对企业的经营活动及其他经济事项，按严格、一贯的方法进行记录和分类。

4. 分析

分析即采用特定的方法，对影响企业活动及其他相关事项的因素之间的内在关系，结合内外部环境做出评价、判断。管理会计分析主法因其性质不同，大体可分为两类，即定性分析法和定量分析法。定性分析法与定量分析法之间并不是相互排斥的，而是相辅相成的。

5. 编报与解释

编报与解释即以适当的形式反映各信息需求者需要的信息。

6. 传递

传递即将相关信息提供给各级管理者或其他信息使用者。

六、管理会计职业与职业道德

1. 管理会计职业

一流的管理会计师必须拥有会计和管理方面的相应知识，并且具有良好的技能，包括认知能力和行为技能。认知能力可分为专业能力（运用掌握的知识解决已定义问题的能力）、分析和设计能力（发现问题、提出解决问题的方案的能力），以及理解能力（在复杂条件下作出综合和创造性判断的能力）。行为技能又分为个人技能（在面临挑战、压力限制等条件下的自我安排能力）、人际关系能力（通过沟通、倾听、激励、合作等人际交往解决问题的能力）和组织关系能力（通过组织的文化、权力等网络系统解决问题的能力）。

2. 管理会计职业道德

作为一名优秀的管理会计从业者，首先要端正职业认知和树立正确的价值观，包括爱岗敬业、诚实守信、客观公正、保守秘密和廉洁自律五个方面。

（1）爱岗敬业。爱岗敬业就是要求管理会计人员热爱管理会计工作，安心于本职岗位，忠于职守，尽心尽力，尽职尽责。爱岗敬业是管理会计职业道德的基础。爱岗和敬业互为前提，相互支持，相辅相成。“爱岗”是“敬业”的基础，“敬业”是“爱岗”的升华。具体表现在正确认识管理会计职业，认识管理会计的职业特点，热爱管理会计职业，通过做好管理会计工作创造价值。

（2）诚实守信。诚实守信要求会计人员做老实人，说老实话，办老实事，执业谨慎，信誉至上，不为利益所诱惑，不弄虚作假，不泄露秘密。

（3）客观公正。客观公正要求管理会计人员端正态度，依法办事，实事求是，不偏不倚，保持应有的独立性。

（4）保守秘密。由于工作的关系，管理会计师必然掌握企业经营管理信息，甚至包括战略决策方面的信息，这些信息都是企业的商业机密。作为管理会计师，对于工作中获取或知晓的企业机密信息，必须秉承保密的原则，未经单位许可，不得向他人泄露，同时主动提高警惕性，防止在无意中不经意泄露了所在单位的机密。

（5）廉洁自律。廉洁自律要求管理会计人员公私分明、不贪不占，遵纪守法、清正廉洁，不利用职务之便谋取私利或行贿受贿，推动积极正面的价值观。

【任务实施】

任　务　单

<table>
<tr><td>学习领域</td><td colspan="3">认知管理会计</td></tr>
<tr><td>学习单元</td><td colspan="3">掌握管理会计基本理论</td></tr>
<tr><td>任　　务</td><td>管理会计基本内容与职业道德</td><td>学时</td><td>2</td></tr>
<tr><td colspan="4">布置任务</td></tr>
<tr><td>任务目标</td><td colspan="3">知识目标：
●理解管理会计的含义；
●掌握管理会计的职能和工作程序。
能力目标：
●能够区分管理会计和财务会计的不同职能和特点；
●能够按照管理会计职业道德标准约束自己的行为</td></tr>
<tr><td>任务描述</td><td colspan="3">任务1：管理会计职业道德分析
刘先生与徐先生在同一家企业任职，他们既是工作中的同事也是多年的好友，友情非常深厚。刘先生担任公司的财务主管职位，而徐先生则是公司其中一个分厂的经理。最近公司高层发现，徐先生所在厂制造的零部件，外购价格比自制成本低，要求财务人员对徐先生所在的分厂生产成本进行调查。公司管理人员通过调查发现，在现有产销条件下，徐先生所在厂的生产成本确实比外购成本高，如果将这份报告如实上报，公司总部很可能关闭工厂，而徐先生也会因此失去高薪的职位。
在一次谈话中，刘先生忍不住将此事告知徐先生，徐先生则要求刘先生改报告中的数据以保全他的工作。刘先生非常为难，思虑再三，他为了情谊修改了数据递交董事会，使结果显示外购成本大于自制成本，从而保全了徐先生的工作。
请思考：
思考1：这个案例中哪些方面违反了职业道德标准的规定？

思考2：如果你是刘先生，你应该怎么做？

任务2：管理会计伦理挑战角色扮演
学生以角色扮演的方式，参与一个模拟场景，面对管理会计领域的伦理挑战，需要在合作中解决问题。
场景：一家制药公司的管理会计发现公司的研发项目成本被高估，导致公司纳税额减少，但这可能违反税务法规。
任务步骤：
1. 分成小组，根据角色分配，扮演公司高管、管理会计、税务顾问等角色。
2. 小组头脑风暴，探讨伦理问题，讨论是否接受高估成本的做法。每个角色需要陈述自己的立场，解释决策的原因和影响。
3. 各小组协作，找出解决伦理问题的方案，兼顾遵守法规和公司利益</td></tr>
</table>

【任务小结】

管理会计除具有传统会计的基本职能外，其职能可延伸到解析过去、控制现在、规划未来，具体概括为预测经济前景、参与经济决策、规划经营目标、控制经营活动、考核评价经营业绩。

管理会计由工作目标与程序保证管理会计工作质量，履行管理会计职能，提高会计工作效率。会计工作的性质要求管理会计师在对其服务机构履行其职责时，必须遵循职业道德规范，主要内容包括技能、保密、廉正、客观性及道德问题的解决五个方面。遵循这些标准是实现管理会计目标的必备条件。

任务三　区分管理会计与财务会计

【工作任务】

工作任务	技能点及任务成果	重要知识点	课时
通过学习，探究管理会计与财务会计的区别和联系	1. 能列举管理会计与财务会计的区别； 2. 能理解管理会计与财务会计的联系	1. 管理会计与财务会计的区别； 2. 管理会计与财务会计的联系	2 学时

【知识准备】

一、管理会计与财务会计的区别

管理会计与财务会计的区别主要表现在以下几个方面：

1. 工作侧重点不同

管理会计是规划未来的会计，其职能侧重于对未来的预测、决策和规划，对现在的控制考核和评价，属于经营管理型会计；财务会计是反映过去的会计，其职能侧重于核算和监督，属于报账型会计。

2. 服务对象不同

管理会计主要为企业内部各管理层提供有效经营和最优化决策所需的管理信息，属于对内报告会计；而财务会计主要向企业外部各利益关系人提供信息，属于对外报告会计。

3. 核算依据不同

管理会计不受会计准则、会计制度的制约，其处理方法可以根据企业管理实际的情况和需要确定，具有很大的灵活性；而财务会计进行会计核算、会计监督，必须接受会计准则、会计制度的制约，其处理方法只能在允许的范围内选用，灵活性较小。

4. 报告期间不同

管理会计面向未来进行预测、决策，其报告的编制不受会计期间的限制，而是根据管理的需要编制，反映不同期间经济活动的各种报告；财务会计面向过去进行核算和监督，按规定的会计期间编制报告。

5. 会计主体不同

管理会计既要提供反映企业整体情况的资料，又要提供反映企业内部各责任单位经营活动情况的资料；而财务会计以企业为会计主体，提供反映整个企业财务状况、经营成果和现金流动的会计资料，通常不以企业内部各部门、各单位为会计主体提供相关资料。

6. 计算方法不同

管理会计在进行预测、决策时，要大量应用现代数学方法和计算机技术；而财务会计采用一般的数学方法进行会计核算，按照相对固定的核算程序、方法及规定的凭证和记账表格式进行会计核算。

7. 信息精确程度不同

由于管理会计预测未来时可能遇到许多影响经济活动的不确定因素，加之管理会计对信息及时性的要求，决定了管理会计所提供的信息只能达到相对精确；而财务会计反映已经发生或已经完成的经济活动，因此提供的信息应力求精确、数字必须平衡。

8. 计量尺度不同

管理会计既可用货币量度又可用非货币量度，如实物量度、劳动量度等，对已发生或有可能发生的经营活动及其他经济事项进行数量确定，而财务会计几乎全部使用货币进行数量确定。

二、管理会计与财务会计的联系

管理会计与财务会计同属于企业会计的范畴，两者的联系主要表现在以下几方面：

（1）起源相同。两者都是从传统的会计中发展和分离出来的。

（2）目标相同。两者的最终目标都是使企业获得最大利润，提高经济效益。

（3）基本信息同源。管理会计资料基本源自财务会计资料。

（4）服务对象交叉。二者服务对象区分并不严格、唯一，在许多情况下，管理会计信息可为外部利益集团所利用，财务会计信息对企业内部决策也至关重要。

（5）某些概念相同。管理会计使用的某些概念与财务会计完全相同，如成本、收益、利润，有些概念则是根据财务会计的概念引申出来的，如边际成本、边际收益、机会成本等。

综上所述，管理会计与财务会计依据的资料是同源的，而核算和控制的内容、方法又是从两个不同渠道进行的，从最终反映的结果来看，二者又是合流的，形成有机的结合体。

【任务实施】

任 务 单

学习领域	认知管理会计		
学习单元	管理会计和财务会计的区别和联系		
任　　务	区分管理会计和财务会计	学时	2
布置任务			
任务目标	**知识目标：** • 掌握管理会计和财务会计的区别和联系； • 理解管理会计参与经营决策为企业创造价值的重要性。 **能力目标：** • 能够区分管理会计和财务会计的不同职能和特点； • 能够运用管理会计思维参与企业的经营决策		

任务描述	**任务**：东方股份有限公司的会计赵华，主要从事财务会计工作。有一次他的朋友问他管理会计与财务会计有什么区别，他对朋友做了如下解释： （1）管理会计和财务会计是现代会计的两大分支，它们的数据是同源的； （2）在我国，管理会计没有财务会计的作用大，管理会计并不重要； （3）管理会计与财务会计的职能一样，主要是核算和监督； （4）管理会计与财务会计必须严格遵守“公认会计准则”； （5）管理会计与财务会计都是反映过去的交易和事项； （6）管理会计与财务会计都侧重于对外服务，但客观来讲也对内提供服务； （7）管理会计与财务会计都必须对外提供会计报表。 你认同赵华的这些观点吗？谈谈原因

【任务小结】

管理会计与财务会计是现代企业会计的两大分支，管理会计是从传统财务会计孕育发展起来的。管理会计与财务会计之间既有联系，又相互补充相互完善，它们在现代企业管理中共同发挥着作用。

能力训练

一、判断题

1. 财务会计通常被称为对外会计，管理会计被称为对内会计。（ ）
2. 管理会计最早起源于19世纪初。（ ）
3. 管理会计只适用于企业单位，不适用于行政事业单位。（ ）
4. 管理会计强调财务活动和业务活动的有机融合。（ ）
5. 我国从20世纪70年代末开始学习发达国家的管理会计理论。（ ）

二、单项选择题

1. 现代会计包括财务会计和（ ）两个分支。

A. 管理会计 B. 成本会计 C. 国际会计 D. 财务管理

2. 管理会计不要求（ ）的信息。

A. 绝对精确 B. 相对精确 C. 相关 D. 及时

3. 财政部《关于全面推进管理会计体系建设的指导意见》印发于（ ）年。

A. 2013 B. 2014 C. 2015 D. 2016

4. 管理会计和财务会计最本质的区别在于（ ）。

A. 服务对象 B. 会计原则 C. 会计方法 D. 会计假设

5. 管理会计的最终目的是（　　）。

A. 规划经营目标　　B. 提高经济效益

C. 真实反映企业经济现状　　D. 编报会计报表

三、多项选择题

1. 下列项目中，属于我国管理会计的目标有（　　）。

A. 提供财务会计核算信息

B. 参与单位规划、决策、控制、评价活动

C. 为单位规划、决策、控制、评价活动提供有用信息

D. 推动单位实现战略规划

2. 下列关于管理会计表述正确的有（　　）。

A. 管理会计是会计的重要分支

B. 管理会计主要服务于单位内部

C. 管理会计既利用财务会计信息，又利用非财务信息

D. 管理会计进行事前的分析和预测、事中的控制以及事后的评价

3. 管理会计在西方的产生与发展经历的阶段包括（　　）。

A. 管理会计启蒙阶段　　B. 成本决策与财务控制阶段

C. 管理控制与决策阶段　　D. 强调价值创造阶段

4. 下列各项中，属于现代管理会计内容的有（　　）。

A. 预测决策会计　　B. 规划控制会计　　C. 责任会计　　D. 预算会计

E. 非营利组织会计

5. 下列项目中，属于管理会计特点的有（　　）。

A. 管理会计主要是为强化单位内部经营管理、提高经济效益服务

B. 管理会计侧重在“创造价值”

C. 管理会计采用的程序与方法灵活多样，具有较大的可选择性

D. 管理会计更多依赖于财务会计信息

四、思考题

1. 企业管理包含了哪些阶段？

2. 什么是管理会计？它有哪些特点？

3. 管理会计工作程序是什么？

项目二　战略管理

【学习目标】

- 了解企业战略的含义和种类。
- 了解战略管理的含义、作用和意义。
- 熟悉战略管理的基本程序。
- 了解 SWOT 分析法与波特的五力分析模型。
- 熟悉战略地图及其绘制方法。

【能力目标】

- 能理顺战略管理的逻辑思维。
- 能应用 SWOT 分析法与波特的五力分析模型。
- 能读懂战略地图，把握企业战略意图。

【素质目标】

- 建立战略目标导向思维。
- 建立规则意识，培养敬畏心，理解规则、尊重规则、敬畏规则。

【案例导入】

华为技术有限公司是一家总部位于中国广东省深圳市的生产销售电信设备的员工持股的民营科技公司，于 1987 年创建于中国深圳，是全球最大的电信网络解决方案提供商，全球第二大电信基站设备供应商。华为的主要营业范围是研发、生产、销售、技术服务、交换、传输、无线和数据通信类电信产品，在电信领域为世界各地的客户提供网络设备、服务和解决方案。基于客户需求持续更新，在电信基础网络、业务与软件、专业服务和终端等四大领域都确立了端到端的领先地位。凭借在固定网络、移动网络和 IP 数据通信领域的综合优势，华为已成为全 IP 融合时代的领导者。华为的战略设计能力和执行能力是其成功的关键，通过研究华为的战略以及华为公司战略实行的情况成果来获得先进的企业战略发展理念，对中国电信企业、互联网企业和电子数码企业而言具有较大的示范意义和企业战略指导意义。

华为的愿景、使命与战略描述："华为致力于把数字世界带入每个人、每个家庭、每个组织，构建万物互联的智能世界。让无处不在的联接，成为人人平等的权利，成为智能世界的前提和基础；为世界提供最强算力，让云无处不在，让智能无所不及；所有的行业和组织，因强大的数字平台而变得敏捷、高效、生机勃勃；通过AI重新定义体验，让消费者在家居、出行、办公、影音娱乐、运动健康等全场景获得极致的个性化智慧体验。”

经过多次的战略方法论的引进消化吸收提升，华为形成了具有个性化的战略管理体系——DSTE流程。华为的战略管理体系架构分为四个部分，战略制定、战略解码、战略执行与监控、战略评估，如图2-1所示。战略规划主要运用BLM模型，通过对宏观、行业、竞争及客户需求进行前瞻性洞察，识别机会与风险，列示可能的业务机会，解释市场上正在发生什么变化，这些变化意味着什么，如何应对，确定公司的战略方向，确定公司的使命、愿景、核心价值观。战略意图确保组织的方向和最终目标与公司的战略重点相一致。根据执行差距与机会差距探索技术创新、产品创新、商业模式创新、管理创新等，根据资源状况选择聚焦。业务设计要建立在对外部环境和内部资源能力深入的理解和把握的基础上，涉及六要素：客户选择、价值主张、如何盈利、竞争优势、主要活动和风险控制。

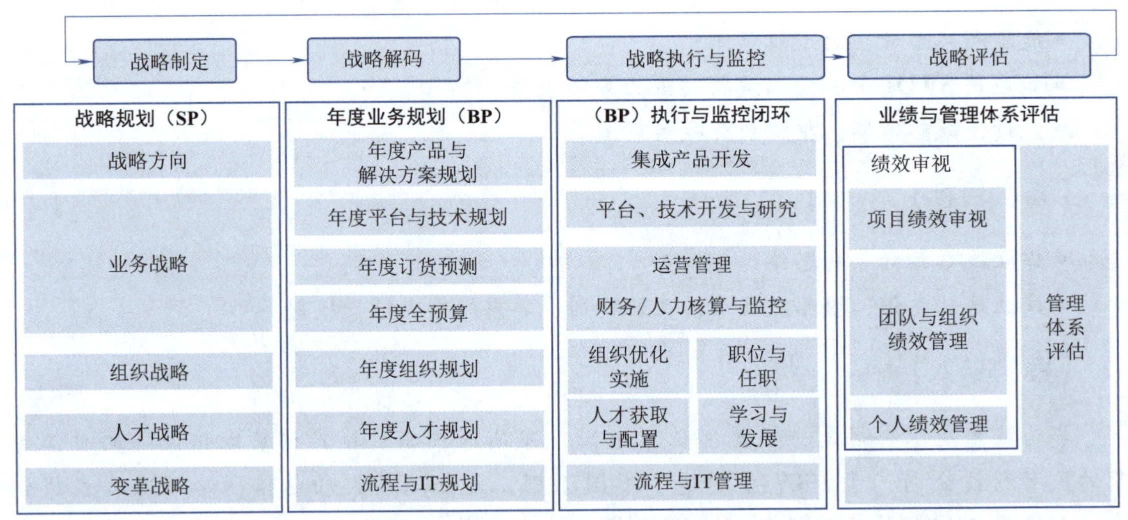

图2-1　华为的战略管理体系架构

问题：

（1）华为的战略管理的基本程序是什么？

（2）华为的战略管理是如何运行的？

带着这些问题，让我们进入本项目的学习领域。

【任务导入】

随着全球化和市场竞争的日益激烈，企业越来越需要一种能够应对复杂环境、实现持续发展的管理方法。这就是战略管理的价值所在。通过本项目，我们将深入了解战略管理的含义、作用、主要内容、基本程序以及如何进行战略制定、实施、评价和控制。

任务一　认识战略管理

【工作任务】

工作任务	技能点及任务成果	重要知识点	课时
通过学习，探究战略管理的内涵和重要意义，了解战略管理的主要内容和基本程序，了解战略分析的方法，以及如何进行战略制定、实施、评价和控制	1. 充分认识战略管理的重要性； 2. 能理顺战略管理的基本程序和逻辑思维； 3. 建立以企业战略为导向的系统性决策思维	1. 战略管理的含义； 2. 战略管理的作用； 3. 战略管理会计的应用程序：包括内外部环境分析、企业战略制定、企业战略实施、企业战略绩效评价	2 学时

【知识准备】

一、战略管理的含义

战略是与战术相对应的概念，指重大的、全局的、长远性的谋划。对于企业管理而言，一般指管理者对企业外部环境的机会和内部的优势、资源进行评估后确定在较长时期内（三到五年）的目标和实现目标的行动方案的过程。在企业战略范畴内，战略可分为三个层次：公司战略、经营战略和职能战略。公司战略针对企业整体而言，决定企业选择的经营业务和进入的领域；经营战略决定企业（或经营单位）如何在选定的领域内与竞争对手展开竞争；职能战略决定组织如何更好地协调各职能部门为公司的战略服务。

企业战略管理是指企业日常业务决策同长期计划决策相结合而形成的一系列经营管理业务。战略管理是企业管理中最基本、最重要的方面，既包括方向、目标的制定，战略、计划的执行，还涉及最终业绩的考核。

二、战略管理的作用

战略管理是企业管理的重要组成部分，具有以下重要意义：

（1）促进企业长期稳定发展。战略管理可以帮助企业对外部环境和内部环境进行分析，确定企业的长期目标和战略方向，制定相应的行动计划，从而实现企业的长期稳定发展。

（2）增强企业竞争优势。战略管理可以帮助企业识别和利用自身的优势资源，发展独特的竞争优势，提高市场竞争力，抢占市场先机。

（3）提高企业管理效率和效益。战略管理可以帮助企业制定明确的目标和方向，实现资源优化配置和协调，提高生产效率和管理效率，从而提高企业的经济效益。

（4）强化企业创新能力。战略管理可以帮助企业在竞争中不断创新，提高自身的技术水平和市场适应能力，增强企业的创新能力和创新意识，推动企业发展。

（5）优化企业组织结构和管理模式。战略管理可以帮助企业优化组织结构和管理模式，增强企业的协同作战能力和快速响应能力，提高企业的管理水平和管理效率。

总之，战略管理对企业的长期发展和竞争优势具有重要意义，可以帮助企业明确目标和方向，提高管理效率和效益，增强创新能力和组织协同作战能力，从而实现企业的可持续发展。

三、战略管理的主要内容

战略管理是指企业在长期竞争中，通过分析内外部环境，确定企业的长期目标和战略方向，从而制定相应的行动计划，进而实现企业目标的过程。战略管理的基本内容包括以下几个方面：

1. 使命、愿景和价值观

使命、愿景和价值观是组织战略管理的基石。使命是组织存在的原因，为其提供一个清晰的核心目标和职责。以阿里巴巴为例，其使命是“让天下没有难做的生意”，强调为商家和消费者提供便捷的在线交易平台。阿里巴巴的愿景是“持续创造价值，推动全球经济增长”，旨在通过技术和创新推动经济发展。价值观方面，阿里巴巴强调“客户第一，团队合作，拥抱变化，诚信正直”，这些价值观成为公司文化的基石，引导着员工的决策和行为。

2. 目标和目标设定

目标和目标设定是战略管理中的关键步骤，有助于组织明确实现其使命和愿景的途径。长期目标是组织在未来较长时期内希望实现的成果。短期目标是在较短时间内实现的具体成果，有助于组织朝着长期目标迈进。目标设定需要具体、可行，以便为组织提供清晰的方向。例如，在阿里巴巴的业务战略中，长期目标可能包括成为全球领先的电商平台，促进全球贸易的便捷和发展。短期目标则可能包括提高平台用户的数量和活跃度，拓展新的业务领域。

3. 环境分析

环境分析是战略管理中的战略制定的基础，它包括对组织内外部环境进行全面评估。SWOT 分析是其中一个常用的工具，有助于组织识别其内部的优势和劣势，以及外部的机会和威胁。通过 SWOT 分析，阿里巴巴可以识别其在电商领域的优势，如强大的平台和庞大的用户基础，也能审视外部挑战，例如市场竞争激烈和技术变革的不确定性。这有助于公司更好地制定战略，应对内外部环境的变化。

4. 战略制定

战略制定是组织确定发展方向的关键步骤，包括竞争战略和增长战略。竞争战略涉及选择成本领先、差异化或专注战略，以获取竞争优势。例如，阿里巴巴的竞争战略可能涉及通过差异化、创新服务或拓展市场份额来获取竞争优势。增长战略可能包括通过市场渗透、新业务的开发或战略投资来实现业务的增长。

5. 战略实施

战略实施涉及组织结构调整、资源配置和建立有效的管理体系，以确保战略能够顺利执行。组织结构的调整可能包括建立专门的团队来推动新产品开发或拓展市场。资源配置需要确保有足够的人力、财务和技术支持战略的执行。管理体系需要灵活而高效，以适应战略的不断变化。

6. 绩效评估和控制

绩效评估和控制是确保战略有效性的重要环节。通过定期的绩效评估，组织可以识别偏差和问题，并及时采取纠正措施。反馈机制需要及时、灵活，以确保战略执行的适应性和灵活性。

7. 战略变革和调整

在快速变化的商业环境中，战略变革和调整是战略管理不可或缺的组成部分。企业需要不断适应技术、市场和法规的变化。战略变革可能包括对业务模型、产品组合或市场定位的重大调整。调整可能是战略的微调，以适应新的市场趋势或竞争压力。组织的领导层需要保持灵活性和敏感性，能够在必要时迅速作出决策。

四、战略管理的基本程序

企业战略管理的基本程序通常包括以下步骤：

1. 环境分析

企业需要对内外部环境进行全面分析，例如行业、市场、政策、经济等因素，以确定企业未来发展的机遇和挑战。例如，华为公司通过对全球通信市场、技术趋势、政策法规等进行分析，确立了以“全球领先的 ICT① 解决方案供应商”为目标的发展战略。

2. 目标设定

在了解了环境后，企业需要确立长期、中期和短期目标，以确保企业未来发展的方向和计划。例如，基于环境分析，华为公司制定了明确的目标，包括在全球 ICT 市场中占据领先地位、实现连续健康增长等。

3. 策略制定

企业需要综合考虑自身资源和市场环境，对未来的发展方向和路径进行选择和确定，并制定具体的战略计划。例如，华为公司以创新为核心，秉承“面向客户、持续创新、开放合作、坚持不懈”的核心价值观，制定了一系列战略计划，包括在技术、市场、人才和管理等方面的创新。

4. 实施和监督

企业需要落实好制定的战略计划，明确责任、控制风险、监督执行，确保战略计划的顺利实施。例如，华为公司注重落实战略计划，强化内部管理和外部合作，加强品牌建设和市场拓展，确保战略计划的顺利实施。

5. 评估和调整

企业需要不断对战略计划的执行情况进行评估和调整，及时发现问题、调整战略、改进方案，以确保企业的长期发展和可持续性。例如，华为公司通过定期对战略计划的执行进行评估和调整，及时调整战略方案，优化资源配置，不断提升企业的管理水平和竞争力。

---

① 即信息与通信技术，information and communications techology。

五、战略分析方法

企业进行环境分析时，可应用SWOT分析法、波特五力分析和波士顿矩阵分析等方法，分析企业发展的机会和竞争力，以及各业务流程在价值创造中的优势和劣势，并对每一业务流程按照其优势强弱划分等级，为制定战略目标奠定基础。

1. SWOT分析法

SWOT分析法是战略分析中常用的一种方法，全称是strengths，weaknesses，opportunities，threats（即企业优势、劣势、机会、威胁）分析法。它通过分析企业内部的优势和劣势以及外部的机会和威胁，找出企业的发展机遇和潜在的威胁，帮助企业制定合理的战略目标和应对策略。

具体步骤如下：

（1）确定分析的目标和范围。

（2）收集和整理相关信息，包括企业内部的资产和资源、市场、竞争对手、政策和法规等方面的信息。

（3）对企业的内部优势和劣势进行分析，找出企业的核心竞争力和存在的问题。

（4）对市场和行业的机会和威胁进行分析，找出企业的发展机遇和潜在的风险。

（5）将分析结果进行总结和归纳，制定合理的战略目标和应对策略。

例如，某公司是一家生产塑料制品的企业，想要开拓新的市场，通过SWOT分析法找到发展机遇和应对策略。首先，分析公司在塑料制品市场中的优势和劣势，找到新市场的机会和潜在威胁。收集塑料制品市场和行业的相关信息，分析竞争对手的优势和劣势，收集客户反馈等。通过内部优劣势分析，发现公司拥有自己的生产线，具有生产塑料制品的专业技术和经验，但产品多为中低档产品，缺乏高端技术和品牌影响力。通过外部机会和威胁分析发现，产品的市场需求增长迅速，有机会开拓新市场，但塑料制品市场竞争激烈，行业内存在过剩和价格战的风险。最后，通过总结应对策略，公司应该加强技术研发和品牌营销，提高产品质量和档次，增加高端产品的比重，同时开拓新兴市场，降低对单一市场的依赖。

2. 波特五力分析法

五力分析模型是迈克尔·波特（Michael Porter）于20世纪80年代初提出的，对企业战略制定产生全球性的深远影响。用于竞争战略的分析，可以有效地分析客户的竞争环境。五力分别是：供应商的讨价还价能力、购买者的讨价还价能力、潜在竞争者进入的能力、替代品的替代能力、行业内竞争者现在的竞争能力。五种力量的不同组合变化最终影响行业利润潜力变化。

波特五力分析法是战略分析常用的一种方法，它通过分析企业所处行业的竞争情况，找出企业的市场定位、竞争优劣势和发展机遇，帮助企业制定合理的战略目标和应对策略。该分析法主要包括五个方面：竞争对手、潜在竞争者、供应商、买家和替代品。以下是具体分析步骤：

（1）竞争对手：分析行业内已有的竞争对手，了解其规模、市场份额、产品特点、品牌影响力、定价策略等，确定企业在行业中的地位和竞争优劣势。

（2）潜在竞争者：分析行业内的潜在竞争者，包括新进入的竞争者和替代品，了解其进入门槛、技术优劣势、市场占有率等，预测其对企业的影响和威胁。

（3）供应商：分析企业的供应商，了解其数量、规模、产品质量、价格、交货时间、技术支持等，确定企业的供应链和成本控制情况。

（4）买家：分析企业的买家，了解其数量、规模、购买力、需求特点、价格敏感度等，确定企业的市场定位和销售策略。

（5）替代品：分析替代品对企业的影响，包括替代品的特点、价格、品质、市场份额等，确定企业的产品差异化和创新方向。

以在线零售业为研究对象，可以运用波特五力分析法进行深入剖析。波特五力分析法为在线零售企业提供洞察行业竞争环境的工具，有助于它们制定更具针对性的战略，提高市场竞争力。首先，在这个行业中，竞争对手的竞争力是显著的，主要由阿里巴巴、京东、拼多多等大型在线零售巨头构成。这些公司凭借庞大的供应链、高效的物流系统和强大的品牌影响力，形成了一个高度竞争的市场格局。这种激烈的竞争推动企业不断创新，提高服务质量，以争夺市场份额。其次，潜在进入者的威胁相对较低。虽然进入在线零售业的门槛较低，但由于市场上已有的大型零售巨头占据主导地位，新进入者需要面对高额的市场推广成本、建立强大的供应链和竞争品牌的挑战，限制了新进入者的威胁。

在替代品或服务的威胁方面，虽然消费者有多种选择，包括传统零售、实体商店和二手市场，但由于在线零售业的便捷性和多样性，替代品的威胁相对较低。然而，随着技术的发展，新的购物形式和平台可能会成为潜在的替代品。在供应商的谈判能力方面，大型在线零售商由于其巨大的采购量，对供应商有较强的谈判能力，能够争取更有利的采购价格和条件。然而，供应商的影响力在某些特定行业和商品上可能更大。最后，买家的谈判能力在在线零售业中是相对强大的。消费者能够轻松比较价格、产品特性，并迅速切换购买平台。这强化了竞争，迫使企业提供更好的服务和价格，以留住顾客。

3. 波士顿矩阵分析法

波士顿矩阵分析法是战略分析中常用的一种方法，它通过分析企业产品线的市场占有率和增长率，将产品划分为四个象限，确定产品的市场地位和发展前景，帮助企业制订合理的产品策略和投资决策。波士顿矩阵分析法主要包括四个象限：明星、问题、金牛和瘦狗，如图 2-2 所示。

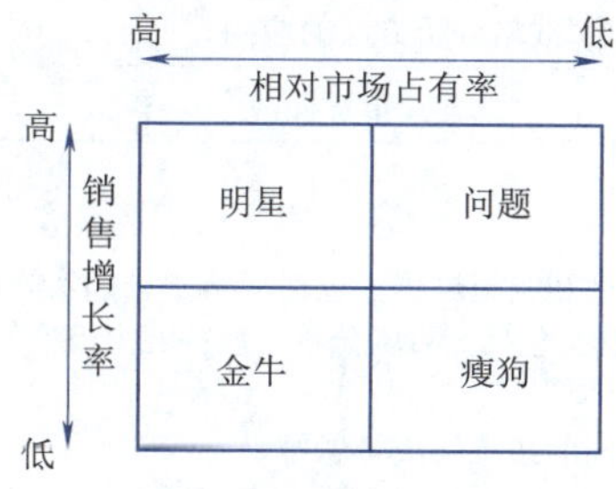

图 2-2　波士顿矩阵

以下是具体步骤：

（1）确定产品线：确定需要进行波士顿矩阵分析的产品线。

（2）收集数据：收集每个产品在市场上的销售额和市场份额，计算出其市场占有率和增长率。

（3）绘制矩阵：按照市场占有率和增长率的高低，将产品划分为明星、问题、金牛和瘦狗四个象限。

（4）分析结果：根据产品所在的象限，确定其市场地位和发展前景，制订相应的产品策略和投资决策。

例如，某快消品公司想要进行产品线优化，通过波士顿矩阵分析法找到发展机遇和应对策略。首先，该公司确定需要进行波士顿矩阵分析的产品线，包括洗发水、牙膏、肥皂等。由市场部门收集每个产品在市场上的销售额和市场份额，计算出其市场占有率和增长率。其次，按照市场占有率和增长率的高低，将产品划分为明星、问题、金牛和瘦狗四个象限。

- 明星产品：洗发水，市场占有率高，增长率也高，具有较大的发展潜力，应该加大投资，继续扩大市场份额，提高产品质量和创新力。
- 问题类产品：牙膏，市场占有率低，但增长率高，有发展机会，需要加强营销和品牌建设，提高产品质量和档次。
- 金牛类产品：肥皂，市场占有率高，但增长率低，应该保持市场份额和利润稳定，同时加强成本控制和品质管理。
- 瘦狗类产品：某款特殊用途的清洁剂，市场占有率低，增长率也低，应该考虑是否退出市场或者改变市场定位。

通过波士顿矩阵分析，总结以下应对策略：企业应该加强产品研发和品牌营销，提高产品质量和档次，增加高端产品的比重，同时开拓新兴市场，降低对单一市场的依赖；同时，企业还应该加强供应链管理和成本控制，加强与买家的沟通和合作，提高市场占有率和竞争力。

【任务实施】

任　务　单

<table>
<tr><td>学习领域</td><td colspan="3">战略管理</td></tr>
<tr><td>学习单元</td><td colspan="3">认识战略管理</td></tr>
<tr><td>任　　务</td><td>战略分析方法的应用</td><td>学时</td><td>2</td></tr>
<tr><td colspan="4">布置任务</td></tr>
<tr><td>任务目标</td><td colspan="3">职业能力目标：
• 理解企业战略的重要性和实施过程，包括战略制订和实施的步骤、方法和工具。
• 掌握各种战略分析方法，包括 SWOT 分析、波特五力模型等，能够灵活运用这些方法进行战略分析。
职业素养目标：
• 建立以企业战略为导向的系统性决策思维。
• 能够在战略制订和实施过程中运用创新思维提出解决方案。
• 培养具备团队协作和领导能力的战略管理素养</td></tr>
</table>

<table>
<tr>
<td>任务描述</td>
<td>
任务1：假设你是一家新成立的电商公司的创始人，你的公司正在开展SWOT分析，以帮助你们更好地了解自身的优势、劣势、机会和威胁，并制订相应的战略。请回答以下问题：
（1）你的公司的优势是什么？请至少列出三个。

（2）你的公司的劣势是什么？请至少列出三个。

（3）你的公司面临哪些机会？请至少列出三个。

（4）你的公司面临哪些威胁？请至少列出三个。

根据你的SWOT分析，制订一份战略计划，以利用你的优势，克服你的劣势，抓住机会，并应对威胁。
（任务分析：可以从公司的产品、品牌、市场、竞争等方面进行分析。在制订战略计划时，可以考虑产品创新、市场扩张、合作伙伴、成本控制等方面。请注意清晰地表达思路，并提供具体的解决方案。）

任务2：假设你是一家电子产品制造公司的创始人，你的公司正在使用五力模型分析竞争环境，以便更好地确定公司的战略方向。请根据以下信息回答问题：
1. 竞争对手
你的公司在当地有两家主要的竞争对手，一家是已经在当地市场占有一定份额的国际品牌，另一家是当地新兴的电子产品公司。两家公司都在生产和销售类似的电子产品。此外，还有一些其他小型的竞争对手，它们主要在当地市场上销售自己生产的电子产品。
2. 潜在竞争者
市场上还有其他一些国际品牌的电子产品公司，它们目前并不在当地市场上销售产品，但随时有可能进入市场。
3. 顾客
你的公司的电子产品主要面向个人消费者和企业客户。在个人消费者市场中，顾客通常会比较关注价格和品质；在企业客户市场中，顾客则更注重产品的可靠性和稳定性。
4. 供应商
你的公司需要从供应商处获得原材料和零部件，其中一些供应商是当地的，而其他供应商则在国外。这些供应商都是电子产品制造业的专业供应商，它们在当地市场上的实力比较强。
5. 替代品
在当地市场上，还有一些其他的电子产品和服务可以替代你的公司的产品，例如智能手机、平板电脑和云服务等。
请回答以下问题：
1. 根据以上信息，你认为哪些力量对你的公司的竞争力最具挑战性？请分别说明。

2. 针对以上分析结果，你的公司应该采取什么样的战略来应对这些挑战？请具体说明
</td>
</tr>
</table>

【任务小结】

战略是重大的、全局的、长远性的筹划。在企业战略范畴内，可以分为公司战略、经营战略和职能战略。战略管理是企业管理中的最基本的、最重要的一个方面，既包括方向、目标的制订，战略、计划的执行，还涉及最终业绩的考核。从时间序列来看，战略管理通常包括以下基本内容：企业内外部环境分析；企业战略制订；企业战略实施；企业战略绩效评价。管理会计与战略管理密切相关，可以帮助企业制订和实施战略计划。通过管理会计信息的收集和分析，企业可以更好地了解自己的内部情况和外部环境，制订符合自身实际情况的战略目标和计划。战略管理在管理会计中的重要作用体现在它可以帮助企业制订和实施战略计划、评估战略实施效果、优化决策支持以及提高资源利用效率。

任务二　绘制战略地图

【工作任务】

工作任务	技能点及任务成果	重要知识点	课时
通过学习，了解战略地图设计的基本程序，掌握公司和部门战略地图的编制方法，确定不同维度战略目标，并且了解战略地图的实施程序	1. 了解战略地图设计的基本程序； 2. 掌握公司和部门战略地图的编制方法； 3. 确定关键绩效指标和关键成功因素； 4. 能采用图标的形式呈现战略地图； 5. 了解战略地图的评估和调整	1. 战略地图的概念； 2. 战略地图设计的基本程序； 3. 战略地图的实施	2 学时

【知识准备】

一、战略地图的概念

战略地图是一种管理工具，用于帮助企业制订、实施和评估战略计划。战略地图通常以图表的形式呈现，展示企业的战略目标、关键绩效指标和关键成功因素之间的关系。战略地图的概念包括以下几个方面：

1. 以目标为导向

战略地图以企业的长期目标为导向，将企业的整体战略目标进行分解和细化，并将其与关键绩效指标联系起来。

2. 系统性

战略地图是一个系统性的工具，它将企业的战略目标和关键绩效指标组织成一个有机的系统，以反映它们之间的相互关系。

3. 明确战略因素

战略地图明确了企业实现战略目标所需的关键成功因素，以及这些因素之间的相互关系。这有助于企业识别并集中精力关注最重要的战略因素。

4. 沟通与协作

战略地图是一种通俗易懂的工具，可以帮助企业内部的各个部门以及外部的利益相关者更好地理解企业的战略目标，并协调合作，共同推进企业战略的实施。

战略地图是一种重要的管理工具，它可以帮助企业将战略目标转化为可操作的行动计划，提高战略实施的效率和效果。同时，它也可以帮助企业识别和管理与战略实施相关的风险和机遇，以更好地应对市场的变化和竞争的挑战。

二、战略地图的主要功能

战略地图是一种强大的管理工具，用于呈现和传达组织的战略愿景、目标以及达成这些目标的路径。它是一种视觉化的工具，能够帮助组织更清晰地理解自身战略，并促使团队朝着共同的目标努力。战略地图的主要功能可以分为以下几个方面：

1. 明确战略愿景和目标

战略地图通过清晰地展示组织的愿景和目标，帮助所有成员更好地理解并产生共鸣。这种可视化的方式使战略不再是抽象的概念，而是一幅清晰的画面，激发团队成员的归属感和使命感。

2. 串联战略与绩效指标

战略地图有效地连接了组织的战略目标与实际业务绩效指标。通过将战略目标分解为关键绩效指标，团队可以更容易地了解它们的工作如何保证整体战略的实现。这种关联性确保战略不仅仅是口号，而是与实际业务运作深度融合。

3. 强调战略优先级

战略地图帮助组织识别和强调战略优先级。通过将目标和举措以层次结构的方式呈现，战略地图使得团队能够更清晰地了解哪些方面是当前关键的，哪些是长期的，从而更好地分配资源和努力。

4. 促进沟通和协作

战略地图是一个强大的沟通工具。通过将战略可视化，组织可以更容易地传达其愿景和计划，确保所有团队成员都理解并朝着相同的方向前进。这促进了更有效的沟通和协作，避免了战略误解和方向偏差。

5. 提供战略学习和适应性

战略地图不仅帮助组织明确当前的战略，还为战略学习和适应性提供了平台。通过定期评估和更新战略地图，组织可以及时调整战略，以适应外部环境的变化和内部业务的发展。这种灵活性是在竞争激烈的市场中保持竞争优势的关键。

6. 提高员工参与度和动力

战略地图的参与式制订过程能够提高员工对战略的参与度和动力。通过让员工参与战略制订的过程，他们能够更好地理解组织的方向，并感到自己的工作对于实现战略目标至关重要。这种参与感有助于激发员工的积极性和创造力。

7. 有效的决策支持工具

战略地图为决策制订提供了强有力的支持。在制订决策时，团队可以参考战略地图，确保决策与整体战略一致，并能够更好地预见决策可能带来的影响。这为组织提供了更明智的决策基础。

战略地图作为一种战略管理工具，通过可视化、整合和优化战略，为组织提供了更清晰、更实用的方向。在当今不断变化的商业环境中，战略地图的应用成为推动组织成功的关键因素，有助于实现战略目标、适应市场变化并保持竞争力。

三、战略地图设计的基本程序

战略地图设计的基本程序包括以下几个步骤：

1. 确定企业的长期战略目标

企业应该根据自身的愿景、使命和价值观等，确定长期战略目标。这些目标应该是具体、可度量、可行和符合企业愿景的。例如，一家快递公司的长期战略目标可能是“成为全球最大的快递服务供应商”。

2. 制订战略地图框架

战略地图框架应该包括企业的目标层、战略主题层和绩效指标层。目标层是指企业的长期战略目标，战略主题层是指支撑实现战略目标的主要战略方向，绩效指标层是指反映战略主题实现情况的关键绩效指标。例如，上述快递公司的战略地图框架可以包括“市场占有率”“客户满意度”“服务质量”等战略主题和相应的绩效指标。目标层为“市场占有率”“客户满意度”“服务质量”等，战略主题层为“提高服务质量”“拓展物流网络”“创新技术应用”等，绩效指标层为“投诉率”“派件准确率”“配送时效”等。

3. 确定关键成功因素

关键成功因素是实现战略目标所必需的内部和外部要素。企业应该认真分析内部资源、能力和流程，以及外部环境的变化和竞争压力等，确定关键成功因素，并将其与战略主题和绩效指标相对应。例如，上述快递公司的关键成功因素可能包括“技术创新能力”“物流网络覆盖范围”“品牌知名度”等。

4. 绘制战略地图

根据战略地图框架和关键成功因素绘制战略地图。战略地图通常采用图表的形式呈现，例如策略树、战略棋盘、策略画布等。战略地图应该清晰地反映企业的战略目标、战略主题、绩效指标和关键成功因素之间的相互关系。

5. 评估和调整战略地图

战略地图是一个动态的工具，需要不断地评估和调整。企业应该定期检查战略地图，评估战略目标的实现情况，分析绩效指标的变化和原因，并根据实际情况对战略地图进行调整和优化。图 2-3 所示为战略地图设计步骤。

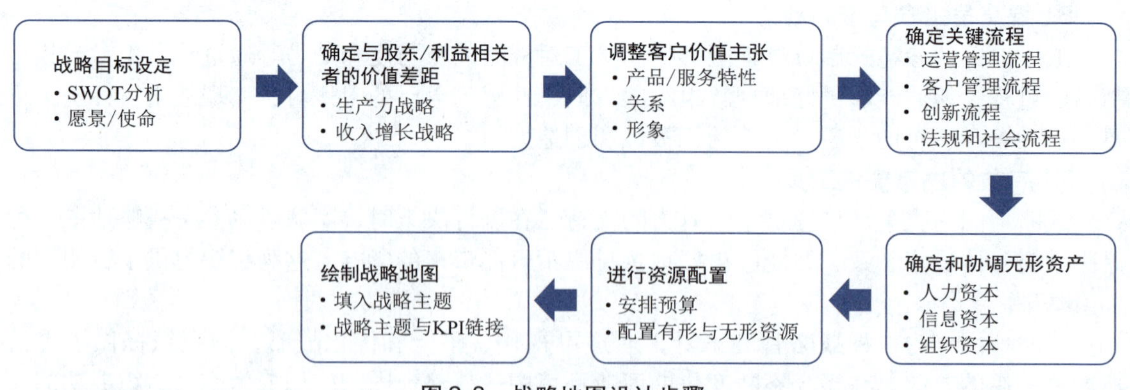

图 2-3 战略地图设计步骤

四、战略地图的实施

战略地图的实施，是指企业实现既定战略目标的过程。战略地图实施一般按照设计战略关键指标、分解战略关键指标、战略执行、编制报告、纠正战略等程序进行。

1. 设计战略关键指标

企业应用战略地图，应设计一套可以使各部门主管明确自身责任与战略目标相联系的考核指标，即进行战略 KPI（key performance indicator，关键绩效指标）设计。

2. 分解战略关键指标

企业应对战略 KPI 进行分解，落实责任并签订责任书，具体可按以下程序进行：

（1）将战略 KPI 分解为责任部门的 KPI。企业应从最高层开始，将战略 KPI 分解到各责任部门，再分解到责任团队。每一责任部门的负责人可根据上述责任表，将 KPI 在本部门进行进一步分解和责任落实，建立战略实施责任制度。

（2）签订责任书。企业应在分解明确各责任部门 KPI 的基础上签订责任书，以督促各执行部门落实责任。

3. 战略执行

企业应以责任书中所签任务为基础，按责任部门的具体人员和团队情况，对任务和 KPI 进一步分解，并制订相应的执行责任书，进行自我管控和自我评价。

4. 编制报告

企业应编制战略执行报告，反映各责任部门的战略执行情况，分析偏差原因，提出具体管控措施。

5. 纠正战略

企业应在对战略执行情况进行分析的基础上，进行持续改善，不断提升战略管控水平。

【任务实施】

任　务　单

<table>
<tr><td>学习领域</td><td colspan="3">战略管理</td></tr>
<tr><td>学习单元</td><td colspan="3">绘制战略地图</td></tr>
<tr><td>任　　务</td><td>战略地图的绘制</td><td>学时</td><td>2</td></tr>
<tr><td colspan="4">布置任务</td></tr>
<tr><td>任务目标</td><td colspan="3">职业能力目标：
●掌握战略地图设计和实施的基本程序。
●掌握战略地图绘制的方法。
职业素养目标：
●建立以企业战略为导向的系统性决策思维。
●培养绘制战略地图所需要的职业素质和态度，包括沟通能力、团队协作和责任心</td></tr>
</table>

任务描述	**任务1**：某家公司在制订未来5年的战略规划，你作为该公司的战略规划师，需要绘制一份战略地图，以帮助公司制订战略计划。请根据以下信息绘制出该公司未来5年的战略地图： • 公司使命：为客户提供高质量的产品和服务，以满足客户需求。 • 公司愿景：成为行业领先的企业，并在国际市场上取得成功。 • 公司价值观：诚信、创新、卓越、责任。 • 市场情况：市场竞争激烈，需求不断变化。 • 竞争对手：存在多个强有力的竞争对手。 • 内部资源和能力：拥有一批优秀的员工和高效的生产设备。 • 目标：实现年均20%的增长率，提高市场份额。 请根据以上信息，制订战略地图的框架，确定关键成功因素，并绘制出该公司未来5年的战略地图。在绘制过程中，要注意反映目标、主题、指标和因素之间的相互关系，以及与公司使命、愿景和价值观的一致性
任务描述	**任务2**：某家企业决定进军新的市场，并请你作为战略规划师来绘制一份战略地图，以帮助企业制订进入新市场的战略计划。以下是相关信息： • 企业主营业务：生产高端电子产品，市场占有率较高。 • 新市场情况：市场需求量大，但存在多个强有力的竞争对手。 • 目标：在新市场占有一定的市场份额，实现年均5%的增长率。 • 内部资源和能力：拥有一批优秀的研发团队和高效的生产设备，以及一定的资金和人力资源。 • 竞争优势：品牌知名度高、产品质量稳定、价格具有竞争力。 • 风险和挑战：新市场的政策法规复杂，需要与当地政府和企业合作。 请根据以上信息，制订战略地图的框架，确定关键成功因素，并绘制出该企业进入新市场的战略地图。在绘制过程中，要注意反映目标、主题、指标和因素之间的相互关系，以及与企业主营业务的协调一致。同时，要考虑风和挑战，并制订相应的应对措施

【任务小结】

战略地图可以帮助企业制订长期的战略计划，并明确企业的目标、主题、指标和因素之间的相互关系。基于战略地图，企业可以制订相应的战略目标和策略，根据不同的目标和策略制订相应的预算和计划。战略地图还可以帮助企业管理层更加清晰地了解企业的内部和外部环境，提高管理决策的准确性和科学性。基于战略地图，企业可以制订相应的管理决策，进而提高企业整体绩效和竞争力。通过战略地图的实施，帮助企业制订相应的绩效指标和评价体系，实现对企业绩效的全面管理。根据战略地图，企业可以制订相应的绩效目标和指标，通过监控绩效指标，及时调整战略计划和管理决策，进而提高企业绩效和竞争力。战略地图在战略管理会计中具有重要的意义，可以帮助企业制订长远的战略计划，优化资源配置，提高管理决策水平，促进绩效管理，进而提高企业的整体绩效和竞争力。

【寓思育人】

社会责任在企业战略管理中发挥着举足轻重的作用，并被视为企业成功的关键因素之一。企业履行社会责任会为企业创造出更多的无形资产，从而增加企业的价值。近年来，大众对于白象食品股份有限公司的关注度持续上升，“拒绝外资收购、三分之一员工为残疾人、低调助力公益”等消息被媒体争相报道。一时间关于“白象”的新闻频频登上热搜，让更多的人了解了这个国货品牌始终坚守本心、回馈社会的企业态度。根据正商研究院发布的《中国民营企业社会责任优秀案例分析》显示，味知香、益仓、糖友饱饱等21家民营企业入选2022第一季度中国民营企业社会责任优秀案例。这些民营企业能够主动响应党的号召，立足人民需求，积极履职贡献；更加注重联合区域力量、整合行业资源，撬动更多社会力量共同承担社会责任，提高影响力；重视社会责任感在企业运行中的作用，将其融入企业决策运行全过程。

能力训练

一、判断题

1. 战略是企业从全局考虑而做出的长远性的谋划。（　　）
2. 分析环境的目的在于发现机会与威胁。（　　）
3. 战略地图通常以会计、客户、内部业务流程、学习与成长四个维度为主要内容，通过分析各维度的相互关系，绘制战略因果关系图。（　　）
4. 企业应从最高层开始，将战略 KPI 分解到各责任部门，再分解到责任团队。（　　）
5. 投资回报率、经济增加值、营业利润属于财务维度的指标。（　　）

二、单项选择题

1. 下列各项中，不属于战略地图中客户维度指标的是（　　）。

A. 目标市场销售额　　B. 新客户开发率
C. 客户满意度　　D. 销售增长率

2. 下列各项中，不属于内部业务流程维度中子流程的是（　　）。

A. 创新流程　　B. 经营流程
C. 客户管理流程　　D. 员工培训流程

3. 某公司卓越、快速的产品开发能力依赖于技术人员的高素质，尤其是他们的专业能力及其将不同学科的新技术应用到最终产品上的能力。下列各项指标中，属于学习和成长维度的内容是（　　）。

A. 关键员工保留率
B. 新产品收入增长率
C. 新产品客户满意度
D. 新产品交付时间

4. “战略”一词源于（　　）。
A. 军事
B. 企业管理
C. 政治
D. 外交

5. 通过分析企业的内部因素可以确定（　　）。
A. 机会与优势
B. 优势与劣势
C. 机会与威胁
D. 威胁与劣势

三、多项选择题

1. 下列属于制订战略的方法的有（　　）。
A. 自上而下
B. 自下而上
C. 上下结合
D. 高层管理者直接制订

2. 下列项目中，属于企业外部环境的有（　　）。
A. 宏观环境
B. 产业环境
C. 竞争环境
D. 市场需求状况

3. 企业进行环境分析时，所采用的方法有（　　）。
A. SWOT 分析法
B. 波特五力分析法
C. 波士顿矩阵分析法
D. 趋势分析法

4. 下列项目中，属于战略调整的有（　　）。
A. 调整企业的愿景
B. 长期发展方向
C. 战略目标
D. 战略举措

5. 下列属于战略地图层面的有（　　）。
A. 财务
B. 客户
C. 内部业务流程
D. 学习与成长

四、思考题

1. 战略地图的主要优缺点分别是什么？
2. 简述战略地图设计的基本程序。
3. 简述战略地图实施的基本程序。

项目三　预算管理

【学习目标】

- 了解全面预算的含义及其在企业管理中的地位和作用。
- 掌握全面预算的基本构成。
- 掌握全面预算的编制程序和方法。
- 理解预算管理与企业战略、绩效管理的关系。

【能力目标】

- 能够运用预算管理的基本原理和方法，制订、执行和监控企业全面预算。
- 能够对企业的各类预算进行分析和评价，判断预算的合理性和可行性。

【素质目标】

- 具有良好的沟通和协调能力，能够与各部门协作，制订合理的预算计划。
- 具有高度的责任心和敬业精神，能够认真、准确地制订、执行和监控企业预算。

【案例导入】

格力是中国知名的家电品牌企业，拥有完整的产业链和多元化业务。如何实现企业财务的精细化管理成为格力集团管理层关注的焦点之一。为此，公司实施了全面预算管理，从多个维度进行预算控制和支出管理，取得了显著的成效。

格力集团在预算编制时，首先进行中长期设定，主要围绕企业战略目标，明确长期投资计划和发展方向。然后，根据中长期设定制订年度预算，包括各项收支预算、资金计划和资产负债表等，确保财务目标与企业战略的协调和一致性。在预算编制过程中，格力集团还开展了多种预算会议和评估机制，如财务预算会议、经营预算评审会、预算汇报会等，确保各级管理层对预算的理解和掌握，同时保障各级别的预算编制与执行的协调性和一致性。

格力集团还实施了资金预算管理，主要包括资金计划、资金预警、现金流量预测、资本支出预算等方面。资金预算采用事前预算与事后核对相结合的方法，确保资金支出的及时性和有效性，同时对多项信贷、保理等融资方式和渠道进行了深入的研究，实现资金高效利用和风险控制的有机结合。

格力集团还开展了收支预算管理，主要包括费用预算、销售预算、利润预算等方面。通过精细化的成本管理、有效的销售策略和生产管理手段，确保了企业收支的稳定性和平衡性，同时实现了利润的持续增长和企业价值的提升。

格力集团全面预算管理的实施，从多个维度加强了财务管理精细化和协调性，提高了企业的信息化水平和决策效率，为企业实现可持续发展奠定了坚实的财务基础。

问题：

(1) 格力的全面预算体系在企业管理中能够发挥什么作用？

(2) 全面预算都包括哪些具体预算？这些预算的编制方法和程序是什么？

带着这些问题，让我们进入本项目的学习。

【任务导入】

预算管理是企业管理体系中的重要组成部分，对于企业的运营和发展具有重要的作用。通过本项目，我们将深入探究预算管理的重要作用，掌握预算管理体系的构成，熟悉预算编制的原则和程序。

任务一　认识预算管理

【工作任务】

工作任务	技能点及任务成果	重要知识点	课时
通过学习，探究预算管理的重要作用，掌握预算管理体系的构成，熟悉预算编制的原则和程序	1. 掌握预算、预算管理的含义； 2. 掌握预算体系的构成； 3. 熟悉预算编制的基本程序	1. 预算的含义； 2. 预算管理的含义； 3. 预算管理的作用； 4. 预算编制的原则； 5. 预算编制的一般程序	2 学时

【知识准备】

一、预算的含义

预算是面向未来，围绕资源配置，对业务活动、经营管理进行的规划，其重点在于通过对资源的优化配置达到价值最大增值的目的。

二、预算管理的含义

预算管理是现代企业管理的重要组成部分之一。现代企业管理理念强调利用科技手段和管理方法，对企业的资源使用和经营活动进行有效的规划和管理，以达到最大化利用和优化配置的目的。预算管理作为现代企业管理的重要手段之一，对于提高企业的竞争力和经济效益具有重要意义。

预算管理是通过制订预算、执行预算和控制预算等环节，对企业的财务状况、经营活动和资源配置进行有效的规划、控制和管理，以实现企业的经济效益最大化和资源利用最优化。具体来说，预算管理包括以下几个方面：

1. 预算制订

企业根据自身的实际情况，制订资金预算、成本预算、营销预算、人力资源预算等各项预算，以明确企业的财务状况和经营目标。

2. 预算执行

企业按照预算计划进行资金、成本、营销和人力资源的使用和管理，确保企业的经营活动按照计划进行。

3. 预算控制

企业通过成本分析、预算控制、资金监管等手段，对企业的预算进行有效的控制和管理，以确保预算计划的顺利实施。

4. 预算调整

企业根据实际情况对预算计划进行及时的调整和审查，以适应外部环境和内部需求的变化。

三、预算管理的作用

全面预算为企业整体及各部门确立了明确的目标，同时也是评价企业生产经营活动各项工作成果的基本尺度。企业从预算中获益良多，具体包括：

1. 明确计划期的工作目标和任务

预算作为一种计划，规定了企业一定时期的总目标及各部门的具体目标。

2. 协调各个职能部门的工作

全面预算把企业各方面的工作纳入了统一计划中，促使企业内部各部门的预算相互协调，环环紧扣，达到平衡。例如，在以销定产的经营方针下，生产预算应当以销售预算为依据，材料采购预算必须与生产预算相衔接。

3. 控制企业的日常经济活动

在预算的执行过程中，各部门通过计量、对比，及时发现实际脱离预算的差异并进行分析，采取必要措施，消除薄弱环节，保证预算目标的顺利完成。

4. 考核评价实际工作业绩

企业预算确定的各项指标，也是考核各部门工作成绩的基本尺度。通过分析偏离预算的程度和原因，划清责任，奖罚分明，促使各部门为完成预算规定的目标努力工作。

四、预算管理的具体内容

全面预算的基本构成包括三个关键部分：业务预算、专门决策预算和财务预算。

首先，业务预算作为整个预算体系的基础，涵盖了企业日常业务的方方面面。其中，销售预算被视为业务预算的起点，通过预测销售额为其他预算提供了基础数据。随后的生产预算旨在根据销售预算规划生产活动，以确保企业能够满足市场需求。直接材料及采购预算涵盖了原材料需求和采购计划，以保障生产所需材料的充足。直接人工预算则计划了与生产相关的人力资源成本，包括薪酬和相关费用。制造费用预算考虑了制造过程中的其他费用，如能源和设备维护。产品成本预算估算了制造一个单位产品的总成本。期末存货预算则预测了期末存货的数量和价值，以维持生产与销售的平衡。最后，销售及管理费用预算预测了销售和管理方面的费用，包括市场推广和销售人员薪酬。

其次，专门决策预算针对在预算期内不经常发生的、一次性业务活动进行规划。资本支出预算关注长期投资决策，包括固定资产的购置、更新、改造等计划和成本。生产经营决策预算则与资源开发、产品改造和新产品试制等一次性业务活动有关，为这些特定项目提供了经济预测和资源需求计划。

最后，财务预算则主要反映了企业在预算期内的现金收支、经营成果和财务状况，包括现金预算、预计利润表和预计资产负债表，这些财务预算汇总了业务预算和专门决策预算的信息，构成了整个预算体系的主体。这一全面的预算体系为企业提供了有力的财务规划和管理工具，确保了对经营活动的全面把控。预算管理的基本内容如图 3-1 所示。

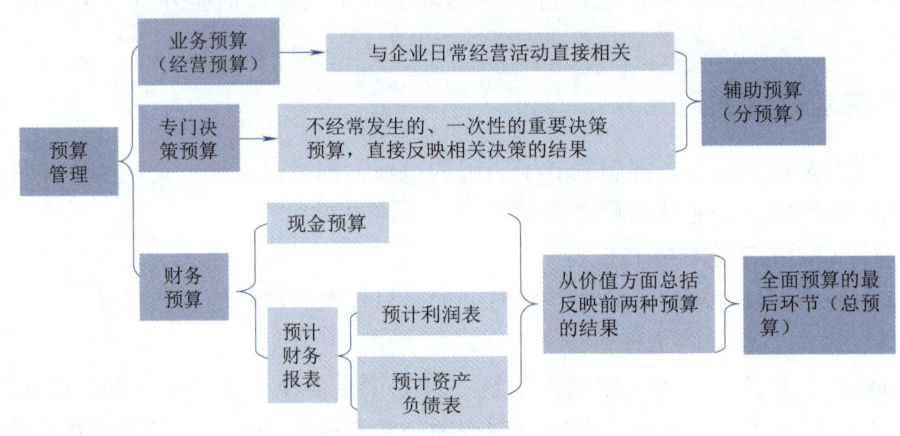

图 3-1 预算管理的基本内容

五、预算管理原则

全面预算是管理会计中的一种预算编制方法，它是指在预算编制过程中，全面考虑企业所有经营活动和所有预算项目，综合分析和制定全面的预算计划。全面预算的编制原则包括以下几个方面：

1. 全面性原则

全面预算需要对企业所有的经营活动和所有预算项目进行全面考虑和制订，包括收入预算、成本预算、资产预算、资金预算、投资预算、人力资源预算等，以实现全面规划和控制企业的财务资源和经营活动。

2. 综合性原则

全面预算需要对企业的各项预算项目进行综合分析和制订，考虑预算项目之间的相互影响和关系，避免单项预算计划对其他预算项目的影响和局限性，以实现各项预算计划的协调和统一。

3. 实用性原则

全面预算需要考虑预算计划的实际可行性和有效性，以满足企业的实际经营需求和市场需求，避免预算计划与实际情况存在较大差距。

4. 灵活性原则

全面预算需要考虑预算计划的灵活性和可调性，对于市场环境和经营情况的变化，需要及时对预算计划进行调整和修正，以确保企业的经济效益和市场竞争力。

在全面预算的编制过程中，需要充分分析和考虑企业的财务状况、经营计划、市场需求、竞争环境等因素，制订出合理的预算计划。例如，制造企业可以制订全面的生产成本预算，包括人工成本、原材料成本、能源成本、设备维护成本等；服务企业可以制订全面的销售预算，包括人工成本、促销费用、差旅费用、客户管理费用等。

六、预算编制的基本程序

预算编制程序的第一步是编制销售预算，精确的销售预算是整个预算编制程序的关键。全面预算的所有其他部分都依赖于销售预算，如果销售预算不够准确，其他预算也就会不准确。销售预算基于公司的销售进行预测，可能需要运用复杂的数学模型和统计工具。销售预算会影响销售和管理费用预算的变动部分，并为生产预算提供信息，进而决定预算期间的生产量。随后，根据生产预算可编制生产成本预算，具体包括直接材料预算、直接人工预算和制造费用预算，进而编制期末产成品存货预算。全面预算以现金预算、预计利润表和预计资产负债表为终点。现金预算反映现金筹集与运用的详细计划；预计利润表反映企业在预算期间的净利润计划水平。作为全面预算的最终环节，预计资产负债表将反映企业在预算期末的资产、负债和股东权益状况。

掌握预算框架蓝图也是非常重要的，以制造企业为例，全面预算要能够回答以下十个关键问题：

（1）企业的销售额能达到多少？
（2）企业能够从客户那里收到多少现金？
（3）企业需要购买多少原材料？
（4）企业将会发生多少生产成本？
（5）企业将向供应商和直接人工支付多少现金，又会为制造费用项目耗用多少现金？
（6）有多少产成品存货会转入销货成本？
（7）企业将会发生多少销售和管理费用，因此产生多少现金流出？
（8）企业将借用或偿还多少债务（包括利息）？
（9）企业能实现多少经营净利润？
（10）预算期末，企业的资产负债表会是什么样的？

七、全面预算管理企业应用案例

很多企业都建立了比较完善的预算管理体系，比如深圳航空有限责任公司（以下简称“深航”）是一家股份制航空运输企业，主要经营航空客运业务。从 2001 年开始，深航就开始实行全面预算管理，坚持以降低成本作为预算管理的总体指导思想，将一切经济业务纳入预算管理，做到事前有预测、事中有控制、事后有反馈考核。深航采用用友 NC 系统预算管理模块，对预算实行实时监控，把预算控制落实到各个部门的各项工作中，对生产经营链条中每一环节进行财务成本控制，最大限度降低公司成本水平，大大提高了公司的经济效益。

再比如，国家开发投资公司包括实业、金融服务业、国有资产经营三大业务类型，涉及煤炭、电力、港口、机械、化肥、基金、保险等诸多业务领域。基于前期的业务设计基础，国家开发投资公司在预算管理系统中设计了“集团通用、板块通用、板块专用”三类预算模板，分别用于满足集团总部、各板块间及板块内的预算管理需求。预算管理从业务预算出发，按照业务部门的专业特点管理内容，覆盖包括投资、人力资源、固定资产管理、资金预算、IT 专项支出等业务预算，由业务预算形成财务预算指标的全面预算管理内容。此外，在年度预算编制的基础上，国家开发投资公司根据管理需求的深入不断优化完善预算管理体系，先后实现季度滚动预测、预算调整、预算与实际数据的集成分析、预算控制、预算编制数据校验功能等内容，形成全过程的预算管理闭环。

预算管理是企业的一项重大管理活动，也是一项工作量大、涉及面广、时间性强、操作复杂的系统工程。为保证预算工作的有序进行和实施，建立健全预算管理的组织体制是实现预算功能的保障。全面预算是企业经营管理的“纲”，它是一个关于未来支出的计划，全面预算是企业经营管理的基础性工作，要做好这项工作，必须明确它的概念，全面把握全面预算的具体内容，同时，做好全面预算的编制、执行和考评等工作，推动企业经营目标的顺利实现。

【任务实施】

任　务　单

<table>
<tr><td>学习领域</td><td colspan="3">预算管理</td></tr>
<tr><td>学习单元</td><td colspan="3">认识预算管理</td></tr>
<tr><td>任　　务</td><td>掌握预算管理体系的内容</td><td>学时</td><td>2</td></tr>
<tr><td colspan="4">布置任务</td></tr>
<tr><td>任务目标</td><td colspan="3">职业能力目标：
• 掌握预算管理体系的内容。
• 理解预算管理在企业管理中的重要作用。
职业素养目标：
• 具有责任心和敬业精神，能够认真履行职责和任务，为企业的长期发展提供有利的支持和保障。
• 具有诚信和道德素养，能够遵守职业道德规范</td></tr>
<tr><td>任务描述</td><td colspan="3">任务 1：全面预算体系主要包括日常业务预算、专门决策预算和财务预算三大部分。请将下列部分预算按照上述划分方法进行归类，将细分预算对应选项填入预算分类表中（表 3-1）：
A. 销售预算　B. 现金预算　C. 长期筹资预算　D. 利润预算　E. 生产预算
F. 费用预算　G. 长期投资预算　H. 财务状况预算　I. 成本预算
表 3-1　预算分类表<table><tr><td>全面预算体系构成</td><td>细分预算对应选项</td></tr><tr><td>日常业务预算</td><td></td></tr><tr><td>专门决策预算</td><td></td></tr><tr><td>财务预算</td><td></td></tr></table>任务 2：张丽在天天饮品有限公司实习，主管让她试着制订下一年度的全面预算，张丽不知从何处着手。如果你是张丽，你会从编制（　　）开始。
A. 生产预算　B. 资本预算　C. 材料采购预算　D. 销售预算</td></tr>
</table>

<table>
<tr><td>任务描述</td><td>

任务3：天天饮品有限公司是一家专业饮品原料供应商，配置全自动生产线，以先进领先的技术先后投产果蔬汁、浓缩果汁、果粒果酱、Q果产品、烘焙果酱等产品。近年来，由于公司内部管理粗放、外部环境发生较大变化，公司经营业绩持续下滑。为优化公司业绩评价体系，管理层决定于2022年起全面深化预算管理。

全面预算编制流程如下：2022年之前，公司年度预算由预算管理机构直接向各预算单位下达年度预算指标并要求严格执行；2022年，公司预算管理机构制定了“二上二下”的预算编制流程，各预算单位主要指标均经上下沟通后形成。

任务要求：分别判断2022年前及2022年预算编制流程方式，填写表3-2。

表3-2　预算编制流程

<table>
<tr><td>项目</td><td>预算编制流程</td></tr>
<tr><td>2022年之前</td><td></td></tr>
<tr><td>2022年</td><td></td></tr>
</table>

</td></tr>
</table>

【任务小结】

全面预算是以货币等形式展示的未来某一期间内企业全部经营活动的各项目标及其资源配置的定量说明，主要包括经营预算、财务预算和专门决策预算。在组织里，通过全面预算可以促使企业制订计划，改善沟通与协调，明确部门之间的工作目标，并为业绩评价提供依据。预算管理体系是企业为了有效规划、控制和管理财务资源和经营活动而建立的一套完整的管理系统。它包括预算编制、执行和监控等环节，以实现企业经济效益和资源利用最优化。

任务二　掌握编制预算的基本方法

【工作任务】

工作任务	技能点及任务成果	重要知识点	课时
通过学习，掌握编制预算的基本方法	1. 掌握固定预算和弹性预算的编制方法； 2. 掌握增量预算和零基预算的编制方法； 3. 掌握定期预算和滚动预算的编制方法	1. 固定预算； 2. 弹性预算； 3. 增量预算； 4. 零基预算； 5. 定期预算； 6. 滚动预算	2学时

【知识准备】

一、固定预算和弹性预算

预算按其是否可按业务量调整，分为固定预算和弹性预算两种。

1. 固定预算

固定预算，又称为静态预算，是指在预算期内预先确定的、不受实际业务量和成本变化影响的预算。它的特点是在预算期内预先确定，不会随着实际经营情况的变化而变化，一般适用于生产性固定成本较高、销售量和成本相对稳定的企业。

固定预算的两个基本特征是：

（1）预算仅以某个估计的生产数量或者销售数量为编制基础，不考虑实际产量与预算产销量发生的差异。

（2）将实际结果与按预算期内计划规定的某一业务量水平所确定的预算数进行比较分析，并据以进行业绩评价。

固定预算的编制分为两个步骤：确定固定成本和确定销售量。固定成本包括设备、人工、房租等固定支出，销售量是指预计在预算期内的销售数量。

举例来说，某家专门生产篮球的企业，其设备、人工和房租等成本都是固定的，每年需要投入 80 万美元。假设预计每年销售量为 10 万个篮球，每个篮球的售价为 10 美元，那么预计销售收入为 100 万美元。此时，企业可以制订一个固定预算，即在预算期内，成本为 80 万美元，销售收入为 100 万美元。如果企业在预算期内能够按照预算销售 10 万个篮球，那么它的固定预算就是成功的。如果销售量达不到预算，企业就需要对预算进行调整，以满足实际经营需求。

固定预算的优点是：

（1）相对比较稳定。固定预算是根据历史数据和市场变化预先确定的，因此相对比较稳定，能够为企业提供一定的预算依据。

（2）管理成本较低。固定预算是根据历史数据和市场变化预先确定的，因此相对比较稳定，企业可以在预算期内安排好预算，从而降低管理成本。

（3）有助于控制成本。固定预算将成本和销售量预先确定，能够帮助企业控制成本，减少浪费和不必要的支出。

固定预算的缺点是不适用于变动较大的行业。固定预算适用于生产性固定成本较高、销售量和成本相对稳定的企业，不适用于变动较大的行业。其次，固定预算是在预算期内预先确定的、不会随着实际业务量和成本变化而变化，因此缺乏灵活性。并且，固定预算是根据历史数据和市场变化预先确定的，如果企业的经营环境、市场变化等因素发生改变，固定预算可能会失真，从而导致预算执行的困难。

固定预算适用于一些稳定的行业，能够为企业提供一定的预算依据和参考，但是也存在一些缺点，比如缺乏灵活性和可能导致预算失真等问题。企业在制定预算时，应该根据自身的实际情况选择适合自己的预算方案。

2. 弹性预算

弹性预算就是按照预算期内几种可能的业务量水平编制的预算，也就是说，其确定的预算数不是一个而是好几个，可以适应实际业务量的增减变化，从而使得预算对企业在预算期的实际情况更有针对性，所以又称为动态预算或变动预算。

弹性预算主要用于规划和控制属于混合成本性质的费用支出，如制造费用和销售费用等。其内容包含两部分：一是不受业务量影响的固定成本或固定费用；二是随业务量变化而增减的变动成本或变动费用。在执行中，前者按总额控制或考核，而后者按根据实际业务量调整后的预算数进行控制和考核。可见，弹性预算比固定预算更便于区分和落实责任。

【例 3-1】天天饮品有限公司预计 2024 年度可利用的生产能力为 30 000 ~ 45 000 工时，其固定制造费用为 500 000 元，变动制造费用为 20 元/工时。

要求：编制相关预算表。

根据上述资料，编制的制造费用预算见表 3-3。

表 3-3　制造费用预算表

（2024 年度）

作业水平（工时）	30 000	35 000	40 000	45 000
变动制造费用率（元/工时）	20	20	20	20
变动制造费用（元）	600 000	700 000	800 000	900 000
固定制造费用（元）	500 000	500 000	500 000	500 000
制造费用合计（元）	1 100 000	1 200 000	1 300 000	1 400 000

弹性预算的优点是：

（1）反映实际经营情况：弹性预算能够根据实际业务量和成本情况的变化而变化，更加贴近实际经营情况，能够更好地反映企业的实际经营状况。

（2）更加灵活：弹性预算能够根据实际经营情况的变化而变化，更加灵活，能够更好地适应市场变化和业务需求的变化。

（3）提高预算的准确性：弹性预算能够根据实际经营情况的变化而变化，能够更加准确地预测和控制成本和收入，提高预算的准确性。

弹性预算的缺点是：

（1）管理成本较高：弹性预算需要企业跟踪和监控实际业务量和成本情况的变化，需要更多的时间和精力，管理成本较高。

（2）需要较强的预算管理能力：弹性预算需要企业具备较强的预算管理能力，能够根据实际情况及时调整预算，否则就可能导致预算失控。

（3）预算不够稳定：弹性预算根据实际经营情况的变化而变化，整体预算不够稳定，可能会给企业带来一定的不确定性和风险。

二、增量预算和零基预算

1. 增量预算

预算按其编制是否以基期水平为基础可分为增量预算和零基预算。增量预算是在基期预算执行结果的基础上，结合预算期的情况加以调整来编制预算的方法，它适用于比较稳定的成熟企业预算的编制。该方法的基本假设是：①企业现有的每项活动都是企业不断发展所必需的；②在未来预算期内企业至少必须以现有的费用水平继续存在；③现有费用已得到有效的利用。因此，这种方法在指导思想上是以承认现实的基本合理性为出发点，原来不合理的费用开支还可能继续存在下去。这种假设常常导致预算部门安于现状，并且竭力用尽全年的预算指标，并不会认真评价部门提供的服务水平和效率，预算不断增加，最终造成资金浪费。它的特点是能够确保企业在满足业务需求的同时，控制成本。增量预算主要适用于企业业务量和成本变化较小的情况，能够更好地控制和管理成本。

增量预算的编制方法是：

（1）确定基础预算：基础预算是指在一定的业务量和成本情况下，预算的数量和构成。企业可以根据历史数据和市场情况确定基础预算。

（2）确定业务需求和成本变化：企业需要根据实际经营情况，确定预算期内的业务需求和成本变化情况。这些变化可以是正向的，也可以是反向的。

（3）计算增量预算：企业可以通过计算基础预算和业务需求、成本变化的差异，来确定增量预算的数量和构成。

例如，某企业是一家生产家具的制造商，预计在未来一年内，销售量和成本会有一定的变化。该企业决定采用增量预算来适应这些变化。首先，该企业基于历史销售数据和市场情况，确定了一个基础预算，预计在未来一年内，销售额为500万美元，成本为300万美元。其次，该企业预计销售量和成本将有以下变化：

- 销售量增加：在预算期内，该企业预计销售量将增加5%，销售额将增加25万美元。
- 成本增加：在预算期内，该企业预计由于原材料价格上涨等因素，成本将增加20万美元。

基于这些变化，该企业可以计算出增量预算，即销售额增加25万美元，成本增加20万美元。如果销售量和成本情况符合预期，该企业就可以按照增量预算来安排预算和实际经营。如果销售量或成本发生变化，该企业可以根据增量预算来进行相应的调整，以满足实际经营需要。

2. 零基预算

零基预算是区别于增量预算的另一种费用预算方法。该方法对现有的各项作业进行分析，并根据其对企业或组织的需要和用途，决定作业的取舍，前一年度的预算水平不再视为理所当然，而是以零为基础，从根本上考虑各开支项目的必要性、合理性和实际需要量来编制的一种预算。

零基预算与增量预算的不同之处在于：它不是以现有费用水平为基础，而是以“零”为起点，规划预算期内的业务活动及其费用开支标准。其基本做法是：首先，划分基层预算单位；其次，对基层预算单位的业务活动计划的目的性及需要开支的费用逐项进行考核；再次，由基层预算单位对本身的业务活动作具体分析，并提出“一揽子业务方案”；然后，对每项业务活动计划进行“费用—效益”分析，权衡得失，排出优先次序，并把它们分成等级；最后，根据生产经营的客观需要与一定期间内资金供应的实际可能，判定纳入预算中的费用项目可以达到几级，并对已确定可纳入预算中的费用进行加工、汇总，形成综合性的预算。

零基预算具备以下优点：

（1）更加精细化：零基预算要求企业重新审视所有预算项目，可以帮助企业更加精细地分析和管理成本，从而提高预算的准确性和有效性。

（2）更加透明化：零基预算要求企业对每个预算项目进行详细的解释和说明，可以帮助企业更加透明地管理预算，提高财务透明度。

(3) 更加关注核心业务：零基预算通过重新审视预算项目，可以帮助企业更加关注核心业务，避免不必要的支出和浪费。

但是，零基预算却有以下缺点：

(1) 时间和精力成本高：零基预算要求企业重新审视所有预算项目，需要投入大量的时间和精力，管理成本较高。

(2) 需要较强的预算管理能力：零基预算要求企业具备较强的预算管理能力，能够根据实际情况及时调整预算，否则就可能会导致预算失控。

(3) 可能会影响企业稳定性：零基预算将所有预算项目都视为新的项目，可能会影响企业的稳定性，给企业带来一定的不确定性和风险。

零基预算能够帮助企业更加精细地管理成本，提高预算的准确性和有效性，提高财务透明度，但是，它也存在时间和精力成本高、需要较强的预算管理能力和可能会影响企业稳定性等缺点。企业在制定预算时，应该根据自身情况选择适合自己的预算方案。

三、定期预算和滚动预算

1. 定期预算

定期预算是指企业按照一定的时间间隔（通常为一年）制订的预算。定期预算一般在其执行年度开始前两三个月进行编制，执行到最后两三个月再编制的预算。一年一次定期进行预算的编制。

这种预算方法的优点在于与会计年度相配合，便于对预算执行结果的考核与评价，但其缺陷在于：

(1) 定期预算多是在其执行年度前两三个月进行，在编制时，难以预测预算期的某些活动，特别是对预算期的后半阶段，往往只能提出一个笼统的预算，从而给预算的执行带来种种困难。

(2) 预算中所规划的各种经营活动在预算期内往往发生变化，而定期预算却不能及时调整，从而使原有的预算显得不相适应。

(3) 在预算执行过程中，由于受预算期的限制，管理人员的决策视野局限于剩余的预算期间的活动，从而不利于企业长期稳定的发展，为了克服定期预算的缺陷，在实践中可采用滚动预算的方法编制预算。

2. 滚动预算

滚动预算又称为连续预算。它在预算的执行过程中自动延伸，使预算期永远保持在一年。其基本特点是：凡预算执行过 1 个月后，即根据前 1 个月的经营成果，结合执行过程中发生的变化等信息，对剩余的 11 个月加以修订，并自动后续 1 个月，重新编制新一年的预算。这样逐期向后滚动，连续不断地以预算的形式规划未来的经营活动。滚动预算如图 3-2 所示。

滚动预算的预算期与会计年度相脱节，但始终保持 12 个月或四个季度的预算。

较之定期预算，滚动预算具有以下优点：

(1) 可以保持预算的连续性与完整性，使有关人员能从动态的预算中把握企业的未来，了解企业的总体规划和近期目标。

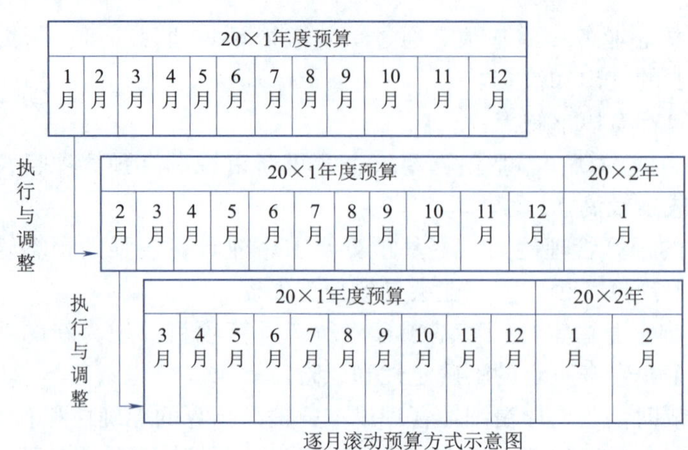

图 3-2 滚动预算

（2）可以根据前期预算的执行结果，结合各种新的变化信息，不断调整或修订预算，从而使预算与实际情况更相适应，有利于充分发挥预算的指导和控制作用。

（3）可以使各级管理人员始终保持对未来 12 个月甚至更长远的生产经营活动做周密的考虑和全盘规划，确保企业各项工作有条不紊地进行。

采用滚动预算法不足之处是编制预算的工作量大。因此，也可以采用按季度滚动来编制预算，而在执行预算的那个季度里，再按月份具体地编制各月份的预算，这样可以适当地简化预算的编制工作。总之，预算的滚动期应视实际需要而定。

【任务实施】

任 务 单

学习领域	预算管理		
学习单元	编制预算的基本方法		
任　　务	掌握编制预算的基本方法	学时	2
布置任务			
任务目标	**职业能力目标：** ●掌握预算制定的基本方法，能够根据企业的实际情况，制订合理的预算方案，为企业的经营管理提供有力支持。 **职业素养目标：** ●责任意识：具有高度的责任意识，能够认真对待预算制定工作，保证预算的准确性和有效性。 ●团队合作精神：具有良好的团队合作精神，能够与企业其他部门紧密配合，共同完成预算制订工作		
任务描述	**任务1：**天天饮品有限公司是一家专业饮品原料供应商，配置全自动生产线，以先进领先的技术先后投产果蔬汁、浓缩果汁、果粒果酱、Q 果产品、烘焙果酱等产品。天天饮品有限公司生产的果蔬汁，销售单价为 50 元/瓶。请根据背景资料（图 3-3），运用固定预算编制方法，编制 2023 年销售收入预算（表 3-4）。		

任务描述

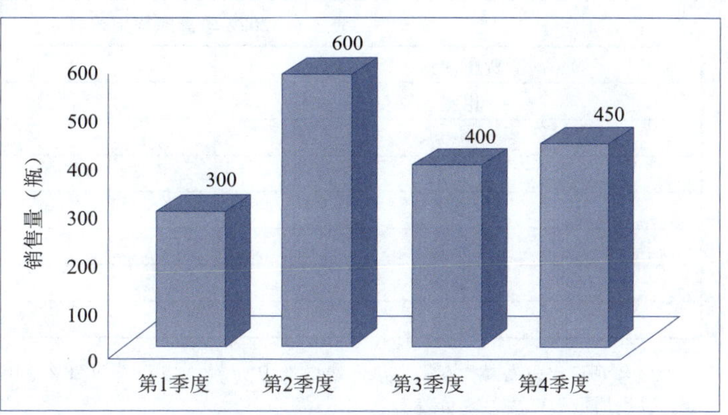

图 3-3　2023 年各季度销售量

表 3-4　2023 年销售收入预算

项　目	第一季度	第二季度	第三季度	第四季度	全年合计
预计销售量（瓶）					
预计单价（元/瓶）					
预计销售收入（元）					

任务 2：天天饮品有限公司已经编制完成的 2023 年度制造费用预算明细项目如下：

间接人工：基本工资 3 000 元，补助津贴为 0.1 元/工时；物料费为 0.15 元/工时；折旧费为 5 000 元；固定维护费为 2 000 元，变动维护费为 0.08 元/工时；固定水电费为 1 000 元，单位变动水电费为 0.2 元/工时。

根据任务资料，采用列表法编制天天饮品有限公司弹性制造费用预算（产能的相关范围为 3 000 ~ 6 000工时、弹性间隔为 1 000 工时）填写表 3-5。

表 3-5　2023 年制造费用预算　　单位：元

项　目	3 000 工时	4 000 工时	5 000 工时	6 000 工时
直接人工工时				
变动性制造费用				
直接人工				
物料费				
维护费				
水电费				
固定性制造费用				
间接人工				
折旧费				
维护费				
水电费				
制造费用合计				

任务 3：天天饮品有限公司现有的各项业务活动都是必需的，公司 2023 年将采取一系列措施，包括扩大影响力、增加业务量、节约办公费等，预计将对管理费用产生一定的影响，请根据背景资料，编制 2023 年管理费用增量预算。

背景资料见表 3-6。

<table>
<tr>
<td>任务描述</td>
<td>
表 3-6　2022 年管理费用资料　　单位：元
<table>
<tr><th>费用项目</th><th>金　额</th></tr>
<tr><td>租金</td><td>30 000</td></tr>
<tr><td>水电费</td><td>6 000</td></tr>
<tr><td>办公费</td><td>40 000</td></tr>
<tr><td>保险费</td><td>20 000</td></tr>
<tr><td>差旅费</td><td>10 000</td></tr>
<tr><td>培训费</td><td>4 000</td></tr>
<tr><td>合计</td><td>110 000</td></tr>
</table>
2023 年预计水电费减少 5%，办公费增加 10%，差旅费增加 20%，培训费减少 10%，其余项目不变。采用增量预算法，填写表 3-7。
表 3-7　2023 年管理费用预算　　单位：元
<table>
<tr><th>费用项目</th><th>金　额</th></tr>
<tr><td>租金</td><td></td></tr>
<tr><td>水电费</td><td></td></tr>
<tr><td>办公费</td><td></td></tr>
<tr><td>保险费</td><td></td></tr>
<tr><td>差旅费</td><td></td></tr>
<tr><td>培训费</td><td></td></tr>
<tr><td>合计</td><td></td></tr>
</table>
</td>
</tr>
</table>

【任务小结】

全面预算主要包括经营预算、投资预算、筹资预算和财务预算等，构成内容比较复杂，编制预算需要采用适当的方法。预算管理领域应用的管理会计工具方法，一般包括固定预算、弹性预算、增量预算、零基预算、定期预算和滚动预算。编制预算的方法按其业务量的数量特征不同，分为固定预算方法和弹性预算方法两大类。编制预算的方法按其出发点的特征不同，分为增量预算和零基预算两大类。编制预算的方法按预算期的时间特征不同，可分为定期预算和滚动预算两大类。

任务三　编制经营预算

【工作任务】

工作任务	技能点及任务成果	重要知识点	课时
通过学习，掌握编制经营预算的具体方法	1. 能够编制销售预算； 2. 能够编制生产预算； 3. 能够编制直接材料、直接人工、制造费用预算； 4. 能够编制成本预算； 5. 能够编制销售费用和管理费用预算	1. 销售预算编制方法； 2. 生产预算编制方法； 3. 直接材料、直接人工、制造费用预算编制方法； 4. 成本预算编制方法； 5. 销售费用和管理费用预算编制方法	2 学时

【知识准备】

制造企业预算编制的顺序通常是先编制销售预算，然后再按照“以销定产”的要求，依次编制生产预算、直接材料采购预算、直接人工预算、制造费用预算、销售及管理费用预算等，以形成完整的经营预算，在基于各项专门决策的资本支出预算编制完成后，最终编制财务预算。经营预算是对未来一定期间产品生产（或劳务提供）过程及其结果的规划，预算期间通常为一年，与企业的会计年度一致。

1. 销售预算

销售预算预测公司产品或服务的销售取得的收入，它是根据销售预测来编制的。销售预测需考虑许多因素，如过去销售情况、定价政策、未交货订单、市场研究、总体经济形势、行业经济形势、广告和促销计划、竞争等。销售预算是编制全面预算的起点。全面预算中的几乎全部其他项目（包括产量要求、采购及经营费用）都取决于销售预算。因此，销售预算应尽量准确，这很重要。而销售预算的准确性取决于准确的销售预测。管理层设定的目标有时不切实际，他们以为这样的目标会激励销售人员增加销量。然而，不切实际的销售预测得出的预算将不能反映公司产品的市场状况。管理会计师应同销售和营销人员密切协作，以确保销售预算切实可行。

销售预算根据预计销售量乘以销售单位编制：

$$预计销售收入=预计销售量\times预计销售单价$$

如果公司制造的产品超过一种，那么每种产品都重复进行以上计算，得出的各种产品的销售额再加总，算出总销售额。

通常，销售预算会附有一份预算期的预计收现计划表，该表用于编制现金预算。预计收现计划表与销售预算一同编制，因为销售部门通常控制着提供给客户的信用条件。任一季度的预计现金收入是以下二者的合计：①该季的预计现金销售；②以前各季所作赊销的现金回款。

【例 3-2】 A 公司只生产一种产品，销售单价为 200 元/件，预算年度内 4 个季度的销售量分别为 300 件、600 件、400 件和 450 件。根据以往经验，销货款在当季可收到 70%，其余部分将在下一季度收到。预计预算年度第 1 季度可收回上年第 4 季度的应收账款 18 000 元。

根据以上资料编制销售预算及预计现金收入，见表 3-8。

表 3-8　A 公司销售预测表（2023 年度）

项　目	第 1 季度	第 2 季度	第 3 季度	第 4 季度	全年
预计销售量（件）	300	600	400	450	1 750
销售单价（元/件）	200	200	200	200	200
预计销售额（元）	60 000	120 000	80 000	90 000	350 000
收回上季应收销货款（元）	18 000	18 000	36 000	24 000	96 000
收到本季销货款（元）	42 000	84 000	56 000	63 000	245 000
现金收入合计（元）	60 000	102 000	92 000	87 000	341 000

2. 生产预算

销售预算编制完成后，当期的产量要求可以根据现有存货和预计销售算出，从而生产预算得以编制。生产预算确定为满足公司的销售和存货需要必须产出的产品数量。在编制生产预算时，管理层必须考虑到生产所需的存货数量。许多公司愿意保有一定数量的原材料和产成品库存以防实际需求超出预计。这样的存货通常称为安全储备，除了要生产足够的数量来满足市场需求以外，公司还必须生产足够的数量来为预期的期末存货水平做好准备。期初产成品存货（上期期末存货）已满足了一部分产量需求。因此，预计生产量的计算公式如下：

预计生产量 = 预计销售量 + 预计期末存货数量 − 预计期初存货数量

选择期末存货量的大小，需要平衡两个相冲突的目标：一是公司要保证充足的存货储备，以保证生产经营的连续性和节奏性；二是尽量减少不必要的存货，以提高资金利用水平和降低成本耗费。因此，企业要在存货储备成本和未能满足客户需要所致的可能销售损失之间进行比较。公司的存货储备取决于以下多个因素：①公司客户的订货模式；②生产和发运产品所需时间；③原材料的可得性；④原材料供应商的可靠性。

为了确切了解现有生产能力是否能够完成预计的生产量，生产设备管理部门还必须审核生产预算，若无法完成，预算委员会可以修订销售预算或者考虑增加生产能力；若生产能力超过需求，则可以考虑把剩余生产能力用于其他方面。编制生产预算的过程中，如果发现销售预算与生产能力不匹配，则应采取相应的补救措施，以避免生产能力不足或者不必要的生产能力闲置而降低企业生产经营的经济效益。一旦知道了公司的预计产量要求，就可以对生产中耗用的资源进行预算。直接材料、直接人工和制造费用的各项预算都要依据生产预算中的产品数量预算。

【例 3-3】A 公司只生产一种产品，销售单价为 200 元/件，预算年度内 4 个季度的销售量分别为 300 件、600 件、400 件和 450 件。如果甲公司期末存货量为下一季销售量的 10%，预算年度第 1 季度期初存货量为 50 件，预算年度期末存货量为 40 件。

根据销售预算的预计销售量和上述有关数据，可编制预算年度的生产预算表，见表 3-9。

表 3-9 A 公司生产预算表（2023 年度） 单位：件

项　目	第 1 季度	第 2 季度	第 3 季度	第 4 季度	全年
预计销售量	300	600	400	450	1 750
加：预计期末存货量	60	40	45	40	40
减：期初存货量	50	60	40	45	50
预计生产量	310	580	405	445	1 740

3. 直接预算

直接材料预算是一项采购预算，为公司的生产需要提供所需要的材料数量。公司需要充足的材料用于当期生产并为原材料的预期期末存货水平做好准备，某些原材料已经以期初原材料存货的形式存在，其余的将向供应商采购。前期的期末存货都成为下期的期初存货。如果制造产品所需材料超过一种，那么计划表要按照材料的种类分别编制，然后将各种材料的成本加总，得出直接材料总成本。预算期所需直接材料的采购量可用下列公式求得：

直接材料预算＝预计生产量×单位产品原材料标准用量＋预期期末存货－预期期初存货

在编制直接材料预算的同时，一般还要编制材料的预计现金支出计划表，用于编制现金预算。该表根据采购部门预期从供应商那里取得的信用条件来编制。

【例3-4】 承接例3-3，如果A公司所生产的产品只需要一种原材料，单位产品消耗原材料定额为4 kg，单位成本为12元/kg，每季度末的材料存量为下一季度生产用量的30%，每季度的购料款当季付60%，其余款项在下一季度支付。预算年度第1季度应付上年第4季度赊购材料款6 000元，估计预算年度期初材料存量为510 kg，期末材料存量为500 kg。

生产预算确定后，就可以根据预计的生产量和上述单位产品的材料消耗定额，及期初、期末的材料存量，编制材料采购预算表。在编制材料采购预算后，还要根据采购预算的预计材料采购量、单位成本和有关材料采购款的支付情况，编制材料采购现金支出。表3-10所示为A公司直接材料预算表。

表3-10　A公司直接材料预算表（2023年度）

项　目	第1季度	第2季度	第3季度	第4季度	全年
预计销售量（件）	310	580	405	445	1 740
单位产品材料消耗定额	4	4	4	4	4
生产需要量（件）	1 240	2 320	1 620	1 780	6 960
加：期末存量（件）	696	486	534	500	500
减：期初存量（件）	510	696	486	534	510
材料采购量（件）	1 426	2 110	1 668	1 746	6 950
材料单位成本（元）	12	12	12	12	12
预计材料采购额（元）	17 112	25 320	20 016	20 952	83 400
应付上季赊购款（元）	6 000	6 844. 8	10 128	8 006. 4	30 979. 2
应付本季现购款（元）	10 267. 2	15 192	12 009. 6	12 571. 2	50 040
现金支出（元）	16 267. 2	22 036. 8	22 137. 6	20 577. 6	81 019. 2

4. 直接人工预算

直接人工预算列示了根据预计生产量进行生产所需的直接人工工时及相应的成本。人工需求量可以预测，企业可以直接人工预算为基础对人工需求进行计划，如果不对人工需求进行计划，可能的后果是人工短缺、不必要的加班或者临时裁员，这些后果会影响员工士气并使员工流动率上升。为预测直接人工的预计总成本、直接人工预算也是必要的。

直接人工需要量是根据预算期的预计生产的数量（在生产预算中确定）乘以生产单位产品所需的直接人工工时数计算得出的。直接人工工时总需要量再换算为预计直接人工成本。虽然一家公司由于不同员工的工资率有差异，各项人工成本可能差异很大，但往往只采用单一的平均费用率来计算直接人工成本。有些公司在各项人工费用率之间差别比较大时为每项人工编制单独的计划表。个别人工计划表必须按产品分别编制，因为不同产品耗用的人工数量有别。直接人工成本的预算数通常从生产管理部门和工程技术部门获得，其计算公式如下：

预计直接人工总成本 = 预计生产量 × 单位产品直接人工工时数 × 单位工时工资

在此计算公式中，工资率一般是用每工时平均工资来计算的。

【例 3-5】 承接例 3-4，如果 A 公司在预算期内所需直接人工工时工资均为 50 元，单位产品的定额工时为 3 小时，并且 A 公司以现金支付的直接人工工资均于当期付款。

根据所给的直接人工工时工资、单位产品的定额工时和产品的预计生产量，就可以编制直接人工预算表，见表 3-11。

表 3-11　A 公司直接人工预算表（2023 年度）

项　目	第 1 季度	第 2 季度	第 3 季度	第 4 季度	全年
预计销售量（件）	310	580	405	445	1 740
单位产品工时定额（工时/件）	3	3	3	3	3
总工时（工时）	930	1 740	1 215	1 335	5 220
单位工时工资（元/工时）	50	50	50	50	50
预计直接人工成本（元）	46 500	87 000	60 750	66 750	261 000

5. 制造费用预算

制造费用预算提供一张包含除直接材料和直接人工以外的所有生产成本的计划表。与直接材料和直接人工不同，制造费用项目不存在易于辨认的投入产出关系，其预算需要根据生产水平、管理层的意愿、长期生产经营能力、公司政策和国家的税收政策等外部因素进行编制。为了简化预算的编制程序，我们按成本性态把制造费用划分为固定性制造费用和变动性制造费用两大类。

（1）固定性制造费用包括厂房和设备的折旧、租金及一些车间管理费用、财产税等，它们支撑企业总体的生产经营能力，一经形成，在较短期内会保持不变。

（2）变动性制造费用通常包括动力、维修费、间接材料、间接制造人工等。计算变动性制造费用的关键在于确认哪些具体项目是可变的，并选择成本分配的基础，如机时、工时、产量、作业量等，然后计算变动制造费用的分配率。

预计制造费用 = 预计变动性制造费用 + 预计固定性制造费用
= 预计业务量（机时、工时等）× 预计变动制造费用分配率 +
预计固定性制造费用

为了给编制现金预算提供必要的信息，在制造费用预算中，通常包括费用方面预算的现金支出。尽管固定资产折旧是计算制造费用分配率所必需的，但由于它在预算期内无须现金支出，因此，在编制制造费用现金时，应将折旧这一项目扣除。

预计需要支付现金的制造费用 = 预计制造费用 − 折旧

【例 3-6】 假定预测 A 公司在预算期间的变动间接制造费用为 31 320 元（其中间接人工 10 000 元，间接材料 8 000 元，水电费 12 000 元，维修费 1 320 元），固定间接制造费用 46 980元（其中管理人工工资 12 000 元，维护费 4 980 元，保险费 10 000 元，设备折旧费 20 000 元），其他条件同前例。A 公司的变动间接制造费用分配率按产量计算，以现金支付的各项间接制造费用均于当期付款。

根据所给条件，可求出变动间接制造费用分配率：

变动间接制造费用分配率 = 变动间接制造费用 ÷ 预算期生产总量

= 31 320 ÷ 1 740 = 18

根据所求出的变动制造费用分配率可编制间接制造费用预计现金支出计算表（见表3-12）。

表 3-12 A 公司间接制造费用预计现金支出计算表（2023 年度）

项 目	第 1 季度	第 2 季度	第 3 季度	第 4 季度	全年
预计销售量（件）	310	580	405	445	1 740
变动间接制造费用现金支出（元）	5 580	10 440	7 290	8 010	31 320
固定间接制造费用（元）	11 745	11 745	11 745	11 745	11 745
减：折旧（元）	5 000	5 000	5 000	5 000	5 000
间接制造费用现金支出合计（元）	12 325	17 185	14 035	14 755	58 300

6. 期末产成品存货预算

期末产成品存货预算不仅提供了编制预计资产负债表所需的信息，同时也为编制预计损益表提供了产品销售成本的数据，其编制的基本步骤为：先计算确定产成品单位成本（根据前述的直接材料、直接人工、变动和固定制造费用的预算材料），然后将产成品单位成本乘以预计期末产成品存货数量，即可得出预计期末产成品存货额。

【例 3-7】 既定预测 A 公司在预算期间的变动销售及管理费用总计为 3 500 元，按销售量计算分配率；固定销售及管理费用为 13 600 元。

承接前面案例，可编制产品单位成本及期末存货预算表（见表 3-13）。

表 3-13 A 公司产品单位成本及期末存货预算表

成本项目	价格标准	用量定额	合计金额（元）
直接材料	12 元/kg	4 kg	48
直接人工	50 元/工时	3 工时	150
制造费用	（31 320 + 46 980）÷ 1 740 元		45
产品单位成本（元）			108
产品期末存货量（件）			40
产品期末存货成本（元）			4 320

7. 销售与管理费用预算

销售与管理费用预算包含预算期内将发生的非制造性作业的各项费用。该预算一般由承担各项职责的经理们编制的许多个别预算构成。组成全面预算中这一部分的项目，数量可能非常庞大（取决于组织的规模和复杂程度），它们包括各种活动，如营销、会计、人力资源等。像制造费用一样，销售与管理费用也可划分为变动部分和固定部分。变动性销售与管理费用通常包括销售佣金、运杂费和物料用品费等，它们随着销售量的变动而变动；固定性销售与管理费用在一定范围内不受销售量的影响，如租金、保险、折旧和基本工资等，其编制方法与制造费用预算的编制方法相同。在编制销售与管理费用预算时，非现金开支（如折旧）要单独提出，从现金预算中扣除。注意，尽管不随产量的变动而变动，固定费用仍会在各季之间波动，这可能是由于年内新增或报废设备导致折旧变动等这样一些因素造成的。

根据上述条件及前述例子中的资料，可编制销售及管理费用预算表，见表3-14。

表3-14　A公司销售及管理费用预算表

项　目	第1季度	第2季度	第3季度	第4季度	全年
预计销售量（件）	300	600	400	450	1 750
变动销售及管理费用分配率（元/件）	2	2	2	2	2
变动销售及管理费用现金支出（元）	600	1 200	800	900	3 500
固定销售及管理费用现金支出（元）	3 400	3 400	3 400	3 400	13 600
现金支出总额（元）	4 000	4 600	4 200	4 300	17 100

【任务实施】

任　务　单

<table>
<tr><td>学习领域</td><td colspan="3">预算管理</td></tr>
<tr><td>学习单元</td><td colspan="3">经营预算的编制方法</td></tr>
<tr><td>任　　务</td><td>编制经营预算</td><td>学时</td><td>2</td></tr>
<tr><td colspan="4">布置任务</td></tr>
<tr><td>任务目标</td><td colspan="3">职业能力目标：
• 掌握经营预算的具体编制方法，包括销售预算、生产预算、直接材料预算、直接人工预算、制造费用预算、成本预算、销售及管理费用预算等。
职业素养目标：
• 培养严谨的工作态度和高度的责任心，确保预算任务的准确性和及时性。
• 保持良好的职业道德和职业操守，遵守职业规范和道德准则</td></tr>
<tr><td>任务描述</td><td colspan="3">综合任务：天天建筑公司只生产和销售一种标准的混凝土块，产品成本采用变动成本法计算，其有关资料如下：
资料1：2022年资产负债表，见表3-15。
表3-15　资产负债表
2022年12月31日　　单位：万元
<table>
<tr><td>流动资产</td><td></td><td>流动负债</td><td></td></tr>
<tr><td>现金</td><td>120</td><td>应付账款</td><td>100</td></tr>
<tr><td>应收账款</td><td>300</td><td>流动负债合计</td><td>100</td></tr>
<tr><td>存货</td><td></td><td>股东权益</td><td></td></tr>
<tr><td>原材料</td><td>50</td><td>普通股</td><td>600</td></tr>
<tr><td>产成品</td><td>53</td><td>留存收益</td><td>6 823</td></tr>
<tr><td>流动资产合计</td><td>523</td><td>股东权益合计</td><td>7 423</td></tr>
<tr><td>固定资产</td><td></td><td></td><td></td></tr>
<tr><td>厂房设备</td><td>11 500</td><td></td><td></td></tr>
<tr><td>减：累计折旧</td><td>4 500</td><td></td><td></td></tr>
<tr><td>固定资产合计</td><td>7 000</td><td></td><td></td></tr>
<tr><td>资产总额</td><td>7 523</td><td>负债及股东权益总额</td><td>7 523</td></tr>
</table>
</td></tr>
</table>

任务描述

资料2：2023 年各季度的预计销售量和销售单价资料见表 3-16。

表 3-16　2023 年各季度的预计销售量和销售单价

项　目	第 1 季度	第 2 季度	第 3 季度	第 4 季度	全年
预计销售量（万块）	2 000	6 000	6 000	2 000	16 000
单位售价（元）	0. 7	0. 7	0. 8	0. 8	0. 75

其中一半的销售以现金结算，另一半是赊销，其 70% 的赊销款在销售当季收讫，余下的 30% 在下季度收讫。2022 年第四季度的销售额为 2 000 万元。

资料3：设该公司政策要求在第一、第四季度应保持 100 万块混凝土的期初存货，在第二、第三季度的期初则应保持 500 万块，第四季度末的存货数量应保持 100 万块。

资料4：生产混凝土块需要的原材料主要有水泥、砂子、砾石、页岩和水，为方便起见，我们将所有原材料当成一个整体，假定每一混凝土块需要 2. 6 千克原材料，每千克原材料 0. 1 元。该公司存货政策要求第三、四季度末原材料存货为500 万千克，第一、二季度末为800 万千克，第一季度初为500 万千克。购料款中，80% 以现金结算，20% 赊购，其购料款在下一季度支付。2022 年第四季度购料款为 500 万元。

资料5：设生产每件产品需要直接人工成本为 0. 015 工时，每小时直接人工成本为 10 元。

资料6：假定该公司变动制造费用分配率是 8 元/工时，固定性制造费用的预算全年为 1 280 万元（每季度 320 万元，其中折旧为 200 万元）。

资料7：设单位变动性销售及管理费用为 0. 05 元/块，固定性销售及管理费用预算第一、二、四季度为 65 万元，第三季度为 80 万元，其中包括每季度折旧 15 万元。

根据上述资料，编制经营预算。

任务1：编制销售预算（见表 3-17）

表 3-17　销售预算（2023 年度）

项　目	第 1 季度	第 2 季度	第 3 季度	第 4 季度	全年
预计销售量（万块）					
销售单价（元）					
预计销售额（元）					
收回上季应收销货款（元）					
收到本季销货款（元）					
现金收入合计（元）					

任务2：编制生产预算（见表 3-18）

表 3-18　生产预算（2023 年度）　　单位：万块

项　目	第 1 季度	第 2 季度	第 3 季度	第 4 季度	全年
预计销售量					
加：预计期末存货					
合计					
减：预计期初存货					
预计生产量					

任务描述

任务3：编制直接材料预算（见表3-19）

表3-19　直接材料预算表（2023年度）

项　目	第1季度	第2季度	第3季度	第4季度	全年
预计销售量（万块）					
单位产品材料消耗定额					
生产需要量（万块）					
加：期末存量（万块）					
减：期初存量（万块）					
材料采购量（万千克）					
材料单位成本（元）					
预计材料采购额（元）					
应付上季赊购款（元）					
应付本季现购款（元）					
现金支出（元）					

任务4：编制直接人工预算（见表3-20）

表3-20　直接人工预算表（2023年度）

项　目	第1季度	第2季度	第3季度	第4季度	全年
预计销售量（万块）					
单位产品直接人工成本（工时）					
直接人工总成本（万小时）					
每小时平均工资（元）					
预计的直接人工（万元）					

任务5：编制制造费用预算（见表3-21）

表3-21　制造费用预算表（2023年度）

项　目	第1季度	第2季度	第3季度	第4季度	全年
预计直接人工（万工时）					
变动制造费用分配率（元/工时）					
预计变动制造费用（元）					
预计固定制造费用（元）					
预计制造费用合计（元）					
减：折旧（元）					
预计现金支付的制造费用（元）					

任务描述

任务6：编制期末产成本存货预算（见表3-22）

表3-22　单位成本及期末存货预算表（2023年度）

成本项目	价格标准	用量定额	合计金额
直接材料			
直接人工			
制造费用			
产品单位成本			
产品期末存货量			
产品期末存货成本			

任务7：编制销售及管理费用预算（见表3-23）

表3-23　销售及管理费用预算表（2023年度）

项　目	第1季度	第2季度	第3季度	第4季度	全年
预计销售量（万块）					
单位变动性销售及管理费用（元）					
预计变动性销售及管理费用（元）					
固定性销售及管理费用（元）					
工资（元）					
广告费（元）					
折旧费（元）					
保险费（元）					
差旅费（元）					
固定费用合计（元）					
预计销售及管理费用（元）					
减：折旧（元）					
预计现金支付的销售及管理费用（元）					

任务四　编制财务预算

【工作任务】

工作任务	技能点及任务成果	重要知识点	课时
通过学习，掌握编制财务预算的具体方法	1. 能够编制现金预算； 2. 能够编制预计资产负债表； 3. 能够编制预计利润表	1. 现金预算的编制程序； 2. 预计资产负债表的编制方法； 3. 预计利润表的编制方法	2学时

【知识准备】

一、编制现金预算

现金预算（cash budget）描述预算期的现金流量。现金预算综合了所有预算活动对现金的预计影响，还列示了预算期内的现金流入和流出状况。通过现金预算，管理者确保企业将有足够的现金开展计划的各项活动，提前安排适当的融资渠道，以避免负担过高的融资成本，对持有的多余现金，也应进行投资筹划，以争取获得可能最高的收益。因此，现金预算可视为全面预算中的一个重要环节。

现金预算一般包括以下四个主要部分：

（1）现金收入。

（2）现金支出。

（3）现金冗余或短缺。

（4）资金的筹集与运用。

这四部分的基本关系是：

期初现金余额 + 现金收入 = 当期可动用现金合计

当期可动用现金合计 – 现金支出 = 现金冗余或短缺

现金冗余或短缺 + 资金的筹集与利用 = 期末现金余额

预计的现金收入部分是相应期间现金的所有来源，包括现销、应收账款收回、应收票据到期兑现、票据贴现收入、出售长期性资产、收回投资等产生现金的业务。现金的主要来源是销售，由于大部分销售通常是采用赊销方式，因此，企业的一个主要任务就是确定其应收账款的收款方式。

现金支出指预算期内预计发生的现金支出，包括采购材料支付货款、缴纳税金、股利支出、工资支出、制造费用和管理费用各项预算中的现金支出及资本性支出等。所有那些不导致现金支出的费用都应排除在外，如折旧费等。短期借款的利息不列入该项，而应放在资金的筹集与运用上。

现金冗余或短缺是预计可动用现金合计数与预计现金支出合计数之间的差额。这一部分的重要性在于它揭示了现金短缺时公司需要借入的款项；当现金冗余时，公司应作出计划，将冗余资金投放出去，以提高资金利用效率。

现金的筹集与运用是根据预算期现金收支差额和企业有关资金管理的各项政策确定筹集与运用资金的数额。如果现金不足，可向银行取得借款或者通过其他方式筹措资金，并预计还本付息的期限和数额；如果现金多余，除了可用于偿还借款外，还可用于购买作为短期投资的有价证券。这一部分现金预算使得企业可以同贷款人密切合作，确保必要时随时可以获得现金。企业常常在多家银行有信用额度，以满足短期现金需要。这部分有助于经理们确定是否有必要在现有信用额度以外寻求任何特殊的借款安排。

现金预算是全面预算的重要部分。即便公司产生了净收益，但如果手头没有日常运作所需的资金，也会遇到严重困难。例如，公司要是无法及时结清应付账款，往往会损失折扣，还可能因付款延迟而收到罚款。更严重的是，供应商可能会拒绝本公司赊账。最严重的后果就是因无法偿还到期债务而被迫破产。因此，对公司的现金需要作出计划是良好的财务管理所必不可少的。

现金的预算的编制比较复杂，首先，以销售预算现金收入、直接材料预算的现金支出、制造费用和销售及管理费用预算为基础，并将建设分厂、支付所得税的现金支出转入现金预算中的现金支出部分，然后加总各季度的现金支出数。其次，考虑公司预定的最低现金余额，求出现金需求总量，并计算现金溢余（短缺）数。最后，根据现金溢余（短缺）余额，决定是借款还是还款，还要计算各季度的利息支出数。

【例 3-8】假定 A 公司预计在第 1 季度花费 94 000 元购置设备。期末现金余额不得少于 20 000 元，否则将向银行借款，借款利率为年息 10%。预计预算期间期初现金余额为 45 000 元。预算期内按季度编制现金预算。根据上述资料和前面例题中的各项预算数据，可编制现金预算表（见表 3-24）。

表 3-24　A 公司现金预算（2023 年度）　　单位：万元

项　目	第 1 季度	第 2 季度	第 3 季度	第 4 季度	全年
期初现金余额	45 000	26 257.8	58 236	86 288.4	45 000
加：现金收入					
收回赊销款和现销收入	60 000	102 000	92 000	87 000	341 000
可供使用的现金余额	105 000	128 257.8	150 236	173 288.4	386 000
减：现金支出					
直接材料	16 267.2	22 036.8	22 137.6	20 577.6	81 019.2
直接人工	4 650	8 700	6 075	6 675	26 100
制造费用	12 325	17 185	14 035	14 755	58 300
销售及管理费用	4 000	4 600	4 200	4 300	17 100
所得税	17 500	17 500	17 500	17 500	70 000
资本支出	94 000				
现金支付总额	148 742.2	70 021.8	63 947.6	63 807.6	346 519.2
现金结余或不足	-43 742.2	58 236	86 288.4	109 480.8	39 480.8
筹措资金					
向银行借款	70 000				70 000
归还借款				70 000	70 000
支付利息				7 000	7 000
期末现金余额	26 257.8	58 236	86 288.4	32 480.8	32 480.8

二、编制预计利润表

预计利润表是指以货币形式综合反映预算期内企业经营活动成果（包括利润总额、净利润）计划水平的一种财务预算。

该预算需要在销售预算、产品成本预算、应交税费预算、制造费用预算、销售费用预算、管理费用预算和财务费用预算等经营预算的基础上编制。预计利润表一般由财务部门负责编制。A 公司预计利润表见表 3-25。

表 3-25 A 公司预计利润表（2023 年）　　单位：元

项目	金额
销售收入	350 000
减：变动成本	189 000
销售毛利	161 000
减：销售及管理费用	17 100
营业净利润	143 900
减：利息费用	7 000
税前利润	136 900
减：所得税	70 000
净利润	66 900

三、预计资产负债表

预计资产负债表反映的是企业预算期期末各账户的预计余额，企业管理层可以据此了解到企业未来期间的财务状况，以便采取有效措施，防止企业不良财务状况的出现。

预计资产负债表是在预算期期初资产负债表的基础上，根据经营预算、资本支出预算和现金预算的有关结果，对有关项目进行调整后编制而成的。

根据表 3-26 和前面例题中的各项预算数据，可编制预计资产负债表，见表 3-27。

表 3-26 A 公司期初资产负债表　　单位：元

流动资产		流动负债	
现金	45 000	应付账款	6 000
应收账款	18 000	长期负债	
原材料存货	6 120	负债合计	6 000
产成品存货	5 400		
流动资产合计	74 520		
固定资产		所有者权益	
土地	60 000	实收资本	200 000
房屋及设备	240 000	盈余公积	128 520
减：折旧	40 000	所有者权益合计	328 520
固定资产合计	260 000		
资产合计	334 520	负债及所有者权益合计	334 520

表 3-27　A 公司预计资产负债表（2023 年）　　单位：元

流动资产		流动负债	
现金	32 480. 8	应付账款	8 380. 8
应收账款	27 000	长期负债	
原材料存货	6 000	负债合计	8 380. 8
产成品存货	4 320		
流动资产合计	69 800. 8		
固定资产		所有者权益	
土地	60 000	实收资本	200 000
房屋及设备	334 000	盈余公积	195 420
减：折旧	60 000	所有者权益合计	395 420
固定资产合计	334 000		
资产合计	403 800. 8	负债及所有者权益合计	403 800. 8

【任务实施】

任　务　单

<table>
<tr><td>学习领域</td><td colspan="3">预算管理</td></tr>
<tr><td>学习单元</td><td colspan="3">财务预算的编制方法</td></tr>
<tr><td>任　　务</td><td>编制财务预算</td><td>学时</td><td>2</td></tr>
<tr><td colspan="4">布置任务</td></tr>
<tr><td>任务目标</td><td colspan="3">职业能力目标：
•掌握财务预算的具体编制方法，包括现金预算表编制、预计利润表和预计资产负债表的编制等。
职业素养目标：
•培养严谨的工作态度和高度的责任心，确保预算任务的准确性和及时性。
•保持良好的职业道德和职业操守，遵守职业规范和道德准则</td></tr>
<tr><td>任务描述</td><td colspan="3">综合任务：天天建筑公司只生产和销售一种标准的混凝土块，产品成本采用变动成本法计算，其有关资料如下：
资料 1：2022 年资产负债表，见表 3-28。
表 3-28　资产负债表
2022 年 12 月 31 日　　单位：万元
<table>
<tr><td>流动资产</td><td></td><td>流动负债</td><td></td></tr>
<tr><td>现金</td><td>120</td><td>应付账款</td><td>100</td></tr>
<tr><td>应收账款</td><td>300</td><td>流动负债合计</td><td>100</td></tr>
<tr><td>存货</td><td></td><td>股东权益</td><td></td></tr>
<tr><td>原材料</td><td>50</td><td>普通股</td><td>600</td></tr>
<tr><td>产成品</td><td>53</td><td>留存收益</td><td>6 823</td></tr>
<tr><td>流动资产合计</td><td>523</td><td>股东权益合计</td><td>7 423</td></tr>
<tr><td>固定资产</td><td></td><td></td><td></td></tr>
<tr><td>厂房设备</td><td>11 500</td><td></td><td></td></tr>
<tr><td>减：累计折旧</td><td>4 500</td><td></td><td></td></tr>
<tr><td>固定资产合计</td><td>7 000</td><td></td><td></td></tr>
<tr><td>资产总额</td><td>7 523</td><td>负债及股东权益总额</td><td>7 523</td></tr>
</table>
</td></tr>
</table>

任务描述

资料 2：2023 年各季度的预计销售量和销售单价资料见表 3-29。

表 3-29　2023 年各季度的预计销售量和销售单价

项目	第 1 季度	第 2 季度	第 3 季度	第 4 季度	全年
预计销售量（万块）	2 000	6 000	6 000	2 000	16 000
单位售价（元）	0. 7	0. 7	0. 8	0. 8	0. 75

其中，一半的销售以现金结算，另一半是赊销，其 70% 的赊销款在销售当季收讫，余下的 30% 在下季度收讫。2022 年第四季度的销售额为 2 000 万元。

资料 3：设该公司政策要求在第一、第四季度应保持 100 万块混凝土的期初存货，在第二、第三季度的期初则应保持 500 万块，第四季度末的存货数量应保持 100 万块。

资料 4：生产混凝土块需要的原材料主要有水泥、砂子、砾石、页岩和水，为方便起见，我们将所有原材料当成一个整体，假定每一混凝土块需要 2. 6 千克原材料，每千克原材料 0. 1 元。该公司存货政策要求第三、四季度末原材料存货为 500 万千克，第一、二季度末为 800 万千克，第一季度初为 500 万千克。购料款中，80% 以现金结算，20% 赊购，其购料款在下一季度支付。2015 年第四季度购料款为 500 万元。

资料 5：设生产每件产品需要 0. 015 直接人工小时，每小时直接人工成本为 10 元。

资料 6：假定该公司变动制造费用分配率是 8 元/人工小时，固定性制造费用的预算全年为 1 280 元（每季度 320 万元，其中折旧为 200 万元）。

资料 7：设单位变动性销售及管理费用为 0. 05 元/块，固定性销售及管理费用预算第一、二、四季度为 65 万元，第三季度为 80 万元，其中包括每季度折旧 15 万元。

根据上述资料，编制财务预算。

任务 1：编制现金预算（见表 3-30）

表 3-30　现金预算表（2023 年）　　单位：元

项目	第 1 季度	第 2 季度	第 3 季度	第 4 季度	全年
期初现金余额					
加：现金收入					
收回赊销款和现销收入					
可供使用的现金余额					
减：现金支出					
直接材料					
直接人工					
制造费用					
销售及管理费用					
所得税					
资本支出					
现金支付总额					
最低现金余额					
现金需求总额					
现金溢余（短缺）					
筹资与运用					
借款（期初）					
还款（期末）					
利息					
合计					
期末现金余额					

任务描述

任务 2：编制预计利润表（见表 3-31）

表 3-31　预计利润表（2023 年）　　单位：元

销售收入	
减：变动成本	
销售毛利	
减：销售及管理费用	
营业净利润	
减：利息费用	
税前利润	
减：所得税	
净利润	

任务 3：编制预计资产负债表（见表 3-32）

表 3-32　预计资产负债表（2023 年）　　单位：元

流动资产		流动负债	
现金		应付账款	
应收账款		长期负债	
原材料存货		负债合计	
产成品存货		所有者权益	
流动资产合计		实收资本	
固定资产		盈余公积	
减：累计折旧		所有者权益合计	
固定资产合计			
资产合计		负债及所有者权益合计	

【任务小结】

全面预算是以货币等形式展示的未来某一期间内企业全部经营活动的各项目标及其资源配置的定量说明，主要包括经营预算、财务预算和专门决策预算。在组织里，通过全面预算可以促使企业制订计划，改善沟通与协调，明确部门之间的工作目标，并为业绩评价提供依据。以目标利润为导向的企业预算管理的组织体系是管理过程中起主导作用的集合体，它由预算管理委员会、预算专职部门及预算责任中心构成。全面预算通过预算管理委员会来指导，并借助预算专职部门来落实。全面预算的编制要遵循一定的程序。

预算控制是通过一种能由各个责任中心的管理者负责的预算体系，并定期地将实际业绩与预算目标进行比较的一种控制方法。按业务量是否可以调整分为固定预算和弹性预算两种；预算按其编制是否以基期水平为基础可分为增量预算和零基预算；编制预算按预算期是否连续可分为定期预算和滚动预算。

全面预算管理的意义是将预算管理理念贯穿于企业的各个方面，全面掌握企业财务状况，实现预算与实际之间的有效衔接。全面预算管理可以帮助企业制订全面、科学、具有可操作性的预算计划，有助于企业决策者更好地把握企业的财务状况，制订更为科学、合理的经营决策；全面预算管理可以帮助企业全面掌握财务状况，及时发现风险，有效控制风险，降低企业经营风险；全面预算管理可以帮助企业根据实际情况对预算进行调整，及时发现和解决问题，提高企业经济效益；全面预算管理可以帮助企业精细化管理，加强内部控制，提高资源利用效率，降低运营成本，提高企业管理效率；全面预算管理可以帮助企业建立健全的内部预算管理机制，确保企业各项决策的科学性和合理性，提高企业内部控制水平。

能力训练

一、判断题

1. 销售预算是以生产预算为依据编制的。（ ）

2. 各种经营预算的编制，均同时使用实物量和价值量作为计量单位。（ ）

3. 产品成本预算需要在生产预算、直接材料预算、直接人工预算和制造费用预算的基础上编制。（ ）

4. 一般来说，固定预算方法只适用于业务量水平较为稳定的企业或非营利组织编制预算。（ ）

5. 定期预算方法的最大特点是预算期与会计年度相一致。（ ）

二、单项选择题

1. 下列各项中，能够揭示滚动预算方法基本特点的表述是（ ）。

A. 预算期是相对固定的　　B. 预算期是连续不断的

C. 预算期与会计年度一致　　D. 预算期不可随意变动

2. 预计期初存货 50 件，期末存货 40 件，本期销售 250 件，则本期生产量为（ ）件。

A. 250　　B. 240　　C. 260　　D. 230

3. 某产品销售款的回收情况是：销售当月收款 60%，次月收款 40%，2024 年 1~3 月的销售额估计为 7 000 元、9 000 元、6 000 元。由此可预测 2024 年 2 月的现金收入为（ ）元。

A. 7 200　　B. 7 800　　C. 8 200　　D. 9 000

4. 现金预算属于（ ）。

A. 经营预算　　B. 生产预算　　C. 专门决策预算　　D. 财务预算

5. 直接材料预算的编制基础是（ ）。

A. 销售预算　　B. 直接人工预算　　C. 财务预算　　D. 生产预算

三、多项选择题

1. 预算编制的基本流程包括（ ）。

A. 制订预算计划　　B. 收集和分析预算数据

C. 编制预算计划　　D. 审批和实施预算计划

E. 监督和控制预算执行情况

2. 全面预算管理的主要意义是（ ）。

A. 提高企业决策水平　　B. 管理企业财务风险

C. 提高企业经济效益　　D. 提高企业管理效率
E. 建立良好的内部控制机制

3. 下列各项中，属于产品成本预算编制基础的有（　　）。
A. 财务预算　　B. 生产预算　　C. 直接材料采购预算
D. 直接人工预算　　E. 制造费用预算

4. 财务预算的内容包括（　　）。
A. 经营预算　　B. 资本支出预算　　C. 预计资产负债表
D. 预计利润表　　E. 现金预算

5. 现金预算是各有关现金收支预算的汇总，通常包括（　　）四个组成部分。
A. 现金收入　　B. 现金支出　　C. 现金多余或现金不足
D. 资金的筹集与应用　　E. 资金的分配

四、思考题

1. 有人说："永远不变的是变化"，以至于"年度预算，编制一年"，预算编制"耗时耗力，得不偿失"。你对此有何感想？怎样才能解决环境变动下的预算管理有效性问题？

2. 预算对企业中的每个人，包括预算编制者、使用预算进行决策者以及预算被评价者可能产生哪些行为影响及道德问题？

项目四　投资管理

【学习目标】

- 了解投资管理的基本概念、理论和方法，掌握投资管理的基本流程。
- 理解货币时间价值、现金流量等概念。
- 掌握项目投资可行性分析评价指标。
- 理解投资管理的风险与收益。

【能力目标】

- 能够准确应用各投资决策指标的计算方法。
- 能熟练掌握资金时间价值的计算方法并灵活运用。
- 能掌握现金流量的计算方法。
- 能够进行投资项目的风险评估和收益分析，做出合理的投资决策。

【素养目标】

- 培养学生的责任感和社会责任意识，能够在投资管理中兼顾社会效益和经济效益。
- 培养学生的信息素养和数据分析能力，能够运用信息技术和数据分析方法进行投资管理。
- 培养终身学习意识和自我发展能力，能够不断学习和提升自己的投资管理能力。

【案例导入】

某公司考虑投资一家新开发的技术公司，该技术公司的产品在市场上有很大的潜力，但是还处于开发阶段，没有实现盈利。该公司考虑以20%的股权投资100万美元，以期在未来5年内获得回报。该公司认为该投资应该经过精心的分析和评估，以确保投资的收益和风险都得到充分的考虑。

该公司的财务部门进行了以下分析和评估：

1. 市场分析

该技术公司的产品属于一个新兴市场，市场规模很大，但是激烈竞争。该公司采用了市场调研和竞争分析的方法，得出了该市场的发展趋势和该技术公司的竞争优势和劣势。

2. 财务分析

该公司对该技术公司的财务状况进行了分析，包括现金流量、资产负债表、利润表等。该公司还进行了资本预算分析和投资回报分析，以确定该投资的收益和风险。

3. 风险分析

该公司进行了风险分析，包括市场风险、技术风险、管理风险等。该公司还进行了灵敏度分析和场景分析，以确定不同情况下的投资回报和风险。

最终，该公司认为该投资具有很大的潜力，但也存在一定的风险。该公司决定投资100万美元，取得该技术公司20%的股权。该公司还制订了详细的投资计划和管理方案，以确保投资的收益和风险得到有效的管理和控制。

这个案例展示了一个企业在进行长期投资决策时的思考过程和方法。企业需要进行市场分析、财务分析和风险分析，以确定投资的收益和风险。企业还需要制订详细的投资计划和管理方案，以确保投资的收益和风险得到有效的管理和控制。

问题：

（1）企业在进行长期投资决策时需要考虑哪些因素？

（2）如何评价一个投资项目的财务可行性？

带着这些问题，让我们进入本项目的学习领域。

【任务导入】

长期投资决策是指拟定长期投资方案，用科学的方法对长期投资方案进行分析、评价，选择最佳长期投资方案的过程。长期投资决策是涉及企业生产经营全面性和战略性问题的决策，其最终目的是为了提高企业总体经营能力和获利能力。因而，长期投资决策的正确进行，有助于企业生产经营长远规划的实现。这些长远规划从总体上确定了企业将来的经营方向、规模大小、人员配备、资本总量、资本支出的运用，以及企业长期的利润增长率等，它们既是企业未来行动的纲领性文件，也是企业进行长期投资决策的主要依据。长期投资决策一旦作出，就要编制资本支出预算，对长期投资决策已选定的方案进行系统化、表格化的集中和概括。因此，长期投资决策又称资本支出决策或资本预算决策。

任务一　掌握资金时间价值原理

【工作任务】

工作任务	技能点及任务成果	重要知识点	课时
通过学习，掌握资金时间价值的计算方法	1. 能进行一次性收付款项终值和现值的计算； 2. 能进行年金终值和现值的计算	1. 货币时间价值的含义； 2. 单利终值和现值的计算； 3. 复利终值和现值的计算	4学时

【知识准备】

一、资金时间价值的含义

资金时间价值是指相同金额的资金在不同时间点的价值不同，因为时间的流逝会导致资金的价值发生变化。在投资决策中，资金时间价值是一个非常重要的概念，因为它可以帮助投资者计算出不同投资方案的真实收益率。

具体来说，资金时间价值的含义是，同一笔资金在未来的收益与现在的收益是不一样的。因为如果现在投资了一笔资金，那么它可以在未来通过利息、股息或者资本增值等方式产生收益，而这些收益会随着时间的推移不断累积。因此，同样的一笔资金，如果现在投资，那么它未来的价值要比过一段时间再去投资要高。

假设现在可以选择拿到 1 000 元，或者等待一年后再拿到 1 000 元，你会选择哪个？大部分人会选现在拿到 1 000 元，因为时间价值的影响，现在的 1 000 元比未来的时间点的 1 000元更有价值。这就是资金时间价值的含义，即同样的资金在不同时间点的价值会有所不同。再比如，将 100 元存入银行，假设银行年利率是 5%，1 年以后将得到本息 105 元。100 元经过 1 年时间的投资增加了 5 元，这就是资金时间价值。

在投资决策中，资金时间价值是一个重要的概念，因为它可以帮助投资者在不同时间点比较不同投资方案的价值。

资金时间价值可以从以下五个方面进行理解：

（1）资金时间价值的表现形式。时间价值的表现形式有两种：一种是绝对数形式，即利息、盈利或收益；另一种是相对数形式，即利率、盈利率或收益率等。在实际工作中，为便于理解比较和计算，简化其数量描述，时间价值一般是用相对数表示的。

（2）资金时间价值一般表现为社会平均资金利润率。由于竞争的存在，各部门的资金利润率将趋于平均化，保证企业的投资项目至少要取得社会平均资金利润率，否则就会投资其他项目和其他行业。因此，资金时间价值通常表示没有风险和通货膨胀条件下的社会平均资金利润率。

（3）资金时间价值不等同于投资收益率。银行存款利率、贷款利率、各种债券利率、股票股利率都可以看成投资收益率，但实际上它们与资金时间价值都是有区别的，以上利率除了包括资金时间价值以外，还包括风险价值和通货膨胀因素。因此，只有在没有风险和通货膨胀条件下，资金时间价值才与上述各收益率相等。

（4）资金本身不会自行增值。马克思认为，资金只有当做资本投入生产和流通后才能增值。因此，并不是所有的资金都有时间价值，只有把资金作为资本投入生产经营活动才能产生价值。

（5）从实质上看，资金时间价值是劳动者创造的剩余价值的一部分。在商品经济发达的条件下，最后从流通中取出的资金，多于起初投入的资金。可见，原预付价值不仅在流通中保存下来，而且在流通中发生了增值，增值部分是工人劳动创造的剩余价值。

另外，在财务规划和财务分析中，资金时间价值也是一个重要的概念。例如，企业需要考虑将来的现金流量和利润，以确定是否值得进行某项投资。使用资金时间价值的概念，企业可以计算出投资的现值和未来值，以确定该投资是否有利可图。在贷款和借款方面，资金时间价值也可以用来计算每期还款金额和总还款金额，以帮助借款人和贷款人做出决策。资金时间价值是一个重要的概念，在投资决策、财务规划和财务分析中都有广泛的应用。投资者和企业需要了解和应用资金时间价值的概念，以便能够做出明智的决策。

二、资金时间价值的表现形式

资金时间价值是指相同金额的资金在不同时间点的价值不同，因为时间的流逝会导致资金的价值发生变化。资金时间价值可以用绝对数或者相对数来表示。在实际工作中，为便于理解、比较和计算，简化其数量描述，资金时间价值一般用相对数来表示。资金时间价值通常有以下几种表现形式：

1. 未来价值

未来价值（future value，FV）是指未来某一时刻资金的价值，它取决于现在投入的资金量、投资期限、利率等因素。未来价值可以通过现值和利率计算得出。

2. 现值

现值（present value，PV）是指未来某一时刻的资金价值，以现在的货币价值计算。在投资决策中，现值通常是指将未来的收益或支出贴现到现在的价值。

3. 终值

终值（terminal value，TV）是指某个投资的最终价值，即到期时的价值。终值可以通过投资的本金、投资期限和利率等因素计算得出。

4. 贴现率

贴现率（discount rate）是投资回报率的倒数，它也被称为折现率。贴现率是用于计算现值的利率，它反映了资金的时间价值。

这些表现形式是资金时间价值的基本概念，它们的应用涉及投资决策、财务分析、资本预算管理、债券估值等领域。在实际应用中，投资者需要根据具体的情况选择合适的表现形式，并进行计算和分析，以便做出更明智的投资决策。

三、资金时间价值的计算

（一）单利终值和现值的计算

货币时间价值的计算方法一般分为单利法和复利法两种。单利法是指不论时间长短，只按本金计算利息而利息不参加计息的方法。

1. 单利终值的计算

单利终值是指在单利计息方式下，一笔资金在经过一定期限后所得到的总值。单利终值的计算方法如下：

$$F = P \times (1 + i \times n)$$

式中，F 为单利终值（本利和）；P 为现值（也就是投入的本金）；i 为年利率；n 为投资的期限（以年为单位）。

例如，如果现在投资了 10 000 元，年利率是 5%，投资期限是 2 年，那么单利终值的计算公式如下：

$$F = 10\ 000 \times (1 + 5\% \times 2) = 11\ 000\ （元）$$

也就是说，经过 2 年时间，你的投资会变成 11 000 元，其中 10 000 元是本金，1 000 元是利息。

2. 单利现值的计算

单利现值是指在单利计息方式下，未来某一时刻的资金价值，以现在的货币价值计算。单利现值的计算方法如下：

$$P = F/(1 + i \times n)$$

式中，P 为单利现值；F 为未来某一时刻的资金价值；i 为年利率；n 为未来的期限（以年为单位）。

例如，如果希望在未来 2 年后得到 1 000 元的现金，年利率是 5%，那么单利现值的计算公式如下：

$$P = 1\ 000/(1 + 5\% \times 2) = 905.71\ (元)$$

也就是说，如果现在投资 905.71 元，经过 2 年的时间，你的投资会变成 1 000 元，其中 905.71 元是现值，94.29 元是利息。

需要注意的是，单利计息方式下，利息不会复利计息，而是在投资期限结束时一次性支付。因此，单利终值的计算方法比较简单，但是计算结果可能会偏低，因为它没有考虑到复利的效应。在某些特定情况下，单利终值也具有一定的应用价值，比如在短期借贷、票据贴现等方面。

（二）复利终值和现值的计算

1. 复利终值的计算

复利终值是指在复利计息方式下，一笔资金在经过一定期限后所得到的总值。复利是指在计算利息时，将本金和已经获得的利息一起计算的一种计息方式。复利终值的计算方法如下：

$$F = P \times (1 + i)^n$$

式中，F 为复利终值；P 为现值（也就是投入的本金）；i 为年利率；n 为投资的期限（以年为单位）。

例如，如果现在投资了 10 000 元，年利率是 5%，投资期限是 2 年，那么复利终值的计算公式如下：

$$F = 10\ 000 \times (1 + 5\%)^2 = 11\ 025\ (元)$$

也就是说，经过 2 年时间，你的投资会变成 11 025 元，其中 10 000 元是本金，1 025 元是利息。

式中，$(1+i)^n$ 又称为复利终值系数，可用（F/P，i，n）来表示，其含义为当利率为 i 时，经过 n 期后，1 元本金的最终价值。可以查阅复利终值系数表。例如，（F/P，10%，5）表示利率为 10%，经过 5 期后，1 元本金的终值是 1.610 5 元。

【例 4-1】 华润公司有一笔 123 600 元的资金，准备存入银行，希望在 7 年后利用这笔款项的本利和购买一套生产设备，银行存款年利率为 10%，该设备的预计价格为 240 000 元。试用数据说明 7 年后华润公司能否用这笔款项的本利和购买设备。

$$\begin{aligned} F &= 123\ 600 \times (F/P,\ 10\%,\ 7) \\ &= 123\ 600 \times 1.948\ 7 \\ &= 240\ 859.32\ (元) \end{aligned}$$

可见，7 年后华润公司能够用这笔款项的本利和购买设备。

2. 复利现值的计算

复利现值是指在复利计息方式下，未来某一时刻的资金价值，以现在的货币价值计算。复利现值的计算方法如下：

$$P = F/(1 + i)^n$$

式中，P 为复利现值；F 为未来某一时刻的资金价值；i 为年利率；n 为未来的期限（以年为单位）。

例如，如果希望在未来 5 年后得到 10 000 元的现金，年利率是 4%，那么复利现值的计算公式如下：

$$P=10\,000/(1+4\%)^5\approx 8\,219\ (元)$$

也就是说，如果现在投资 8 219 元，经过 5 年的时间，投资会变成 10 000 元，其中 8 235.05元是现值，764.95 元是利息。

式中，$1/(1+i)^n$ 又称为复利现值系数，可用（P/F，i，n）来表示，相关数值可以查阅复利现值系数表。

【例 4-2】 某人拟在 5 年后能够从银行取出 10 000 元，假设年利率为 3%，他现在应投入多少元?

$$P = F\times(P/F,i,n) = 10\,000\times(P/F,3\%,5) = 10\,000\times 0.862\,6 = 862\,6(元)$$

即他现在应投入 8 626 元。

需要注意的是，复利计息方式下，利息会随着时间的推移逐渐增加，因此复利终值的计算方法比较复杂，但是计算结果会比单利终值高，因为它考虑到了复利的效应。在实际投资中，人们更多地使用复利终值来计算投资回报，因为复利终值可以更准确地反映资金时间价值的变化。

（三）普通年金终值和现值的计算

年金是指一定期间内相等金额的系列收付款，如固定资产折旧、无形资产摊销、房屋和设备的租金、利息、保险金、养老金等都属于年金。由于每次收付发生的时点不同，年金可以分为普通年金、预付年金、递延年金、永续年金四类。其中，普通年金的应用最为广泛，其他年金的计算都可以普通年金为基础。

普通年金又称为后付年金，是指从第一期起一定时期内每期期末收付的年金，如下所示。

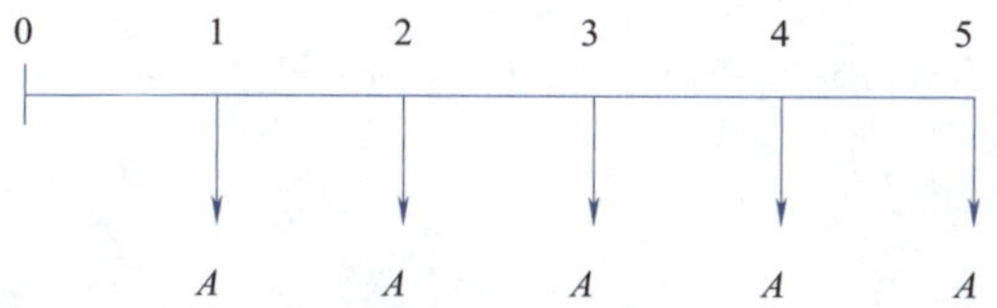

1. 普通年金终值的计算

$$F=A\times(F/A,\ i,\ n)$$

式中，F 为年金终值，A 为年金，i 为年利率，n 为期限，（F/A，i，n）为普通年金终值系数，可通过查找年金终值系数表求得有关数据。

【例 4-3】 李木定期在每年年末存入银行 2 000 元，年利率为 6%，10 年后李木可以一次性从银行取出多少款项?

$$F=A\times(F/A,\ 6\%,\ 10)=2\,000\times 13.18=26\,360\ (元)$$

即 10 年后李木能一次性从银行取出 26 360 元。

2. 普通年金现值的计算

$$P=A\times(P/A,\ i,\ n)$$

式中，P 为年金终值；A 为年金；i 为年利率；n 为期限；（P/A，i，n）为普通年金现值系数，可通过查找年金现值系数表求得有关数据。

【例 4-4】假设张强在今后的 10 年内，每年年末需要支付保险费 660 元，银行年利率为 10%，则他现在应一次性存入银行的现金为多少？

$$P = A \times (P/A, i, n) = 660 \times (P/A, 10\%, 10) = 660 \times 6.1446 = 4\ 055.44\text{（元）}$$

即张强现在应一次性存入银行的现金为 4 055.44（元）。

【任务实施】

任　务　单

<table>
<tr><td>学习领域</td><td colspan="3">投资管理</td></tr>
<tr><td>学习单元</td><td colspan="3">运用资金时间价值原理</td></tr>
<tr><td>任　务</td><td>计算一次性收付款和年金的终值和现值</td><td>学时</td><td>2</td></tr>
<tr><td colspan="4">布置任务</td></tr>
<tr><td>任务目标</td><td colspan="3">职业能力目标：
●能够理解和运用时间价值的概念，计算一次性收付款和年金的终值和现值。
●能够运用资金时间价值的原理，对不同投资方案进行比较和评估，从而做出明智的投资决策。
●具有扎实的财务知识和计算能力，能够运用各种工具和方法进行财务分析和决策。
职业素养目标：
●具有严谨的工作态度和精益求精的工作精神，能够在工作中认真负责，确保计算的准确性和可靠性。
●具有创新精神和应变能力，能够灵活应对复杂的财务问题和不确定的市场情况，为企业和客户提供创新的解决方案</td></tr>
<tr><td>任务描述</td><td colspan="3">任务 1：一次性收付款项复利终值和现值的计算
1. 天天饮品有限公司现在存入银行 1 000 万元，银行存款年利率为 6%，该存款 3 年后的本利和为多少？

2. 天天饮品有限公司 5 年后可获得 200 万元投资回报，预期投资报酬率为 6%，那么这项投资回报现在的价值为多少？

任务 2：年金终值和现值的计算
1. 假设天天饮品有限公司董事会决定从今年开始，每年年末都存入银行 2 000 万元以便用于 5 年后的设备更新，试计算公司 5 年后可用于设备更新的资金有多少（假设银行存款年利率为 6%，并按复利法计算）？

2. 天天饮品有限公司年初拟投资 3 000 万元购买一台设备，该设备在其使用寿命的 10 年中每年年末都可为企业创造 450 万元的现金流入，试分析购置该设备的经济合理性（假设该企业要求的最低投资报酬率为 10%）。</td></tr>
</table>

<table>
<tr><td>任务描述</td><td>3. 天天饮品有限公司拟购买一台设备，现有两种付款方式：一种是年初一次性付款5 300万元；另一种是在今后的3年内每年年初付款2 000万元。试分析该企业选择哪种付款方案更有利（假设该企业的预期投资报酬率为15%）。

任务3：案例分析
某网球馆的经营主管方杰正在考虑是否替换球场中正在使用的30台网球陪练机。这些陪练机已经使用了5年，已提足折旧，账面价值为零，且不能再投入使用。如果把这些陪练机拿到废品市场上出售，则每台可获得变现收入112.5元。
现有A、B两个公司都向方杰推销自己的新款陪练机。A公司的开价是每台1 200元，预计可使用5年，期满每台残值为150元。B公司则愿意以每年300元、年底付租金的方式向网球馆出租陪练机5年，5年结束时陪练机归还B公司。在上述两种情况下，每年每台陪练机都需维护费225元，每年该网球馆的总收入预计为45万元。
方杰粗略分析认为，若采用购买方式，即使设备不计残值，不到两年就可收回初始投资。若采取租赁方式，每台陪练机5年的总租金为1 500元，其金额不仅超过购买价格，且无残值收入。因此，方杰认为应采取购买方式而非租赁方式。
于是，方杰便在董事会上提出此方案，有一位董事反对方杰的粗略分析，他说："即使不考虑通货膨胀，现在就付1 200元也不见得比5年每年年末支付300元有利。因为，若采取购买的方式，也许能得到利率为6%的贷款，虽然每1元钱利息费用可以节省税金0.3元，实际利率可能更低，但租赁费用也有抵税效果，因此哪种方案比较有利，则要看公司目前的融资状况，也就是看公司的资本成本，所以我们应该请会计部门的人员进行具体的计算再作决定。"
假设该网球馆如果采用购买的方式，可以6%的利率向银行贷款，公司目前的资本成本率为10%，所得税税率为30%。
要求：请采用合适的方法分析该网球馆的陪练机应从A公司购买还是B公司租赁，并说明理由</td></tr>
</table>

任务二　估算项目投资现金流量

【工作任务】

工作任务	技能点及任务成果	重要知识点	课时
通过学习，掌握项目投资现金流量的估算方法	1. 理解投资决策采用现金流量的原因； 2. 了解现金流量的构成； 3. 估算项目投资现金流量	1. 现金流量的概念； 2. 现金流量的作用； 3. 现金流量的内容； 4. 现金流量的估算方法	2学时

【知识准备】

一、现金流量的概念

现金流量在投资决策中是指一个项目引起的企业现金流入量与现金流出量的总称，它是计算项目投资决策评价指标的主要依据和重要信息之一。这里的"现金"是广义的现金，它不仅包含各种货币资金，而且包括项目所需要投入的企业拥有的非货币资金的变现价值。例如，一个投资项目需要使用原有的厂房、设备和材料的变现价值等。现金流量是在一个较长时期内表现出来的，受资金时间价值的影响，一定数额现金在不同时期的价值是不同的。因此，研究现金流量及其发生的期间对正确评价投资项目的效益有着重要的作用。

二、现金流量的假设

为方便现金流量的确定，需要做出以下假设：

1. 现金流量的时间点假设

假设现金流量均发生在年初和年末。为了便于利用资金时间价值，现金流量无论是流入还是流出，都假设只发生在年初和年末两个时点上。其中，投资都假设在年初或年末投入；项目所需流动资金均假设在项目建设期末投入；经营期内各年发生的收入、成本、折旧、利润、税金等项目的确认均假设在期末；项目最终报废清理所产生的现金流量均发生在经营期结束（更新改造项目除外）；假设收入均为现金，购货均支付了现金。这样做可以方便进行财务分析和决策，并且使得不同的投资方案可以进行比较和评估。

2. 现金流量的大小假设

现金流量的大小假设是指假设所有的现金流量是确定的和可预测的，例如假设所有的收入和支出都是确定的，没有任何的波动或者不确定性。

3. 现金流量的利率假设

现金流量的利率假设是指假设所有的现金流量的利率是确定的和不变的，例如假设所有的借款和存款的利率都是确定的，没有任何的波动或者不确定性。

需要注意的是，现金流量假设是在一定程度上的理论假设，在实际应用中可能会存在误差和不确定性。因此，在进行财务分析和决策时，需要考虑不同的假设条件，并且进行风险分析和敏感性分析，以确保做出的决策是可靠和合理的。

三、投资决策采用现金流量的原因

在进行投资决策时，采用现金流量作为决策依据的原因主要有以下几点：

1. 现金流量是投资的最终目的

投资的最终目的是获得现金流量，因此将现金流量作为决策依据可以更加准确地评估投资的效益。其他指标如净收益、利润等，虽然也可以反映投资的效益，但是这些指标与现金流量存在时间和风险的差异，不能完全代替现金流量。

2. 现金流量可以反映真实的经济效益

现金流量反映的是实际发生的现金收入和支出，可以更加真实地反映投资的经济效益。其他指标如净收益、利润等可能会受到会计核算的影响，不能完全反映经济效益。

3. 现金流量可以考虑时间价值的影响

现金流量可以考虑时间价值的影响，即同一金额的现金流量在不同时间点的价值是不同的。因此采用现金流量作为决策依据可以更加准确地评估投资的收益率和风险，从而做出更加明智的投资决策。

总之，采用现金流量作为投资决策的依据可以更加准确地评估投资的效益，反映真实的经济效益，并且考虑时间价值的影响。因此，在进行投资决策时，现金流量是一个重要的参考指标。

四、现金流量的内容

现金流量包含三项内容，即现金流出量、现金流入量和现金净流量。

1. 现金流出量

一个项目投资的现金流出量是指该项投资引起的企业现金支出的增加量，一个项目投资的现金流出量主要包括以下四个部分：

（1）建设投资。这是建设期发生的主要现金流出量，包括固定资产投资和无形资产投资。

（2）流动资金投资。流动资金投资是项目投产后为保证其生产活动得以正常进行所必须的周转资金。

（3）营业成本。营业成本是指需要每年支付现金的营业成本，又称为付现成本，它是项目投产后最主要的现金流出。

（4）所得税支出。所得税支出是指项目投产后依法缴纳的所得税。

2. 现金流入量

一个项目投资的现金流入量是指该项目投资引起的企业现金收入的增加额。一个项目投资的现金流入量主要包括以下三个部分：

（1）营业收入。营业收入是指项目投产后所取得的全部销售收入或业务收入，它是投资项目的最主要的现金流入。

（2）回收固定资产残值。回收固定资产残值是指投资项目的固定资产出售或报废时的现金收入。

（3）回收流动资金。投资项目出售或报废时，原流动资产投资可用于其他目的，回收的流动资金也属于项目投资现金流入量的构成内容。

3. 现金净流量

现金净流量又称为净现金流量，是指一定期间现金流入量减去现金流出量的差额。这里所说的“一定期间”一般是指一年期间，现金流入量大于现金流出量时，现金净流量为正值；反之，现金净流量为负值。

现金净流量的计算公式为：

$$\text{现金净流量}（NCF_t）=\text{现金流入量}-\text{现金流出量}$$

五、现金流量的估算方法

在实际工作中，一般采用简化计算公式的形式计算现金净流量，即根据项目投资计算期不同阶段的现金流入量和现金流出量的具体内容，直接计算现金净流量。

1. 初始现金流量

初始现金流量是项目投资中非常重要的一部分，对整个项目或投资的现金流量和收益率都有很大的影响。因此，在进行项目或投资决策时，需要充分考虑初始现金流量，进行准确的估算和分析。

（1）固定资产投资，即指固定资产（如设备和厂房）的买价、运输成本和安装成本等。

（2）营运资金的垫支，即指投资项目建成投产后，为保证其生产经营活动得以正常进行所必须垫支的周转资金，包括在原材料、在产品、产成品等方面的投资。

（3）原有固定资产的变价收入，即指固定资产更新时处置原有固定资产所获得的现金收入。

（4）设备变现损失（收益）的抵税。当原有固定资产变现价值高于该固定资产账面净值时，其售价与账面净值的差额需缴纳企业所得税；当原有固定资产变现价值低于该固定资产账面净值时，其售价与账面净值的差额可抵减企业的应纳税所得额。

2. 营业现金流量

营业现金流量是指投资项目投产运营后在其寿命周期内由生产经营活动所产生的现金流入量和现金流出量，主要包括如下内容：

（1）销售收入，即指投资项目为企业创造的现金流入。

（2）付现成本，即指企业以现金形式所支付的成本。成本中不需以现金支付的成本，即非付现成本，如折旧、待摊费用等。因此，付现成本可用全部成本扣除非付现成本后得到。

（3）企业所得税。

综上所述，营业净现金流量可用下式表示：

营业净现金流量 = 销售收入 − 付现成本 − 企业所得税

= 净利润 + 折旧

企业的折旧虽然作为一项费用，在计算应纳税所得额的时候冲减企业的收入，但是企业并没有实际地支出现金，这就是折旧的抵税作用。根据这个原理，营业净现金流量就可以用企业的税后现金收支净额加折旧抵税额来进行计算，即：

营业净现金流量 =（销售收入 − 成本）×（1 − 所得税税率）+ 折旧 × 税率

3. 终结现金流量

终结现金流量是指投资项目终结时所发生的现金流量，主要包括如下内容：

（1）固定资产残值的回收，即指投资项目终结时处置固定资产所产生的现金净收入。这时，如果处置固定资产所得没有超过按照税法规定的残值，那么该项收入可以不用缴税；如果处置固定资产所得超过了税法规定的残值，则超出的部分要缴纳所得税。

（2）营运资金垫支的回收，即指在项目投产时垫付的营运资金需在投资项目寿命结束时如数收回。

【例 4-5】用简化计算方法和编制现金流量表法计算该项目的净现金流量。东方公司进行一项目投资，固定资产需要一次投入价款 1 000 万元，建设期为 1 年，建设期资本化利息 100 万元。该固定资产预计使用 10 年，按照年限平均法计提折旧，期满预计净残值 100 万元。投入使用后可使经营期每年增加销售收入 780 万元，每年付现成本增加 400 万元，税金及附加增加 7 万元，该企业适用所得税税率 25%。

要求：分别按照简化计算方法和编制现金流量表法计算该项目的净现金流量。

首先预测该项目盈利情况，然后计算净现金流量。

项目计算期 = 1 + 10 = 11（年）

固定资产原值 = 1 000 + 100 = 1 100（万元）

年折旧额 =(1 100 - 100)/10 = 100（万元）

经营期每年总成本费用增加额 = 400 + 100 + 7 = 507（万元）

经营期营业利润 = 780 - 507 = 273（万元）

经营期所得税 = 273 × 25% = 68.25（万元）

经营期净利润 = 273 - 68.25 = 204.75（万元）

净现金流量简化计算方法：

NCF_0 = -1 000（万元）

NCF_1 = 0

NCF_{2-10} = 204.75 + 100 = 304.75（万元）

NCF_{11} = 204.75 + 100 + 100 = 404.75（万元）

【例 4-6】 海利公司打算变卖一套尚可使用 5 年的旧设备，另行购置一套新设备来替换它。取得新设备的投资额为 72 万元，旧设备的变价净收入为 32 万元，到第 5 年年末新设备与继续使用旧设备届时的预计净残值相等。使用新设备可使企业在 5 年内每年增加营业收入 28 万元，并增加付现成本 10 万元。设备采用直线法计提折旧。新、旧设备的替换不会妨碍企业的正常经营（更新设备的建设期为零）。假定企业所得税税率为 25%。根据上述资料计算现金净流量。

更新设备比继续使用旧设备增加的投资额 = 72 - 32 = 40（万元）

经营期每年折旧的变动额 = 40 ÷ 5 = 8（万元）

经营期每年总成本的变动额 = 10 + 8 = 18（万元）

经营期每年营业利润的变动额 = 28 - 18 = 10（万元）

经营期每年所得税的变动额 = 10 × 25% = 2.5（万元）

经营期每年净利润的变动额 = 10 - 2.5 = 7.5（万元）

项目计算期各年现金净流量分别为：

NCF_0 = -40（万元）

NCF_{1-5} = 7.5 + 8 = 15.5（万元）

【任务实施】

任　务　单

学习领域	投资管理		
学习单元	估算项目投资现金流量		
任　　务	现金流量的估算	学时	2
布置任务			
任务目标	**职业能力目标：** • 能够掌握项目投资不同阶段现金流量的计算方法。 • 能够利用现金流量估算结果，做出合理的投资决策。 **职业素养目标：** • 培养良好的财务素养和风险意识。 • 具有责任心和诚信，能够遵守职业道德和规范。 • 具有学习和创新意识，能够不断学习和提升自己的现金流量估算能力		

任务描述

任务1：天天饮品有限公司为扩大产能，于2022年初投资购入一台新设备。假设不考虑所得税影响，请根据背景资料（图4-1）填写项目投资现金净流量计算表（表4-1）。

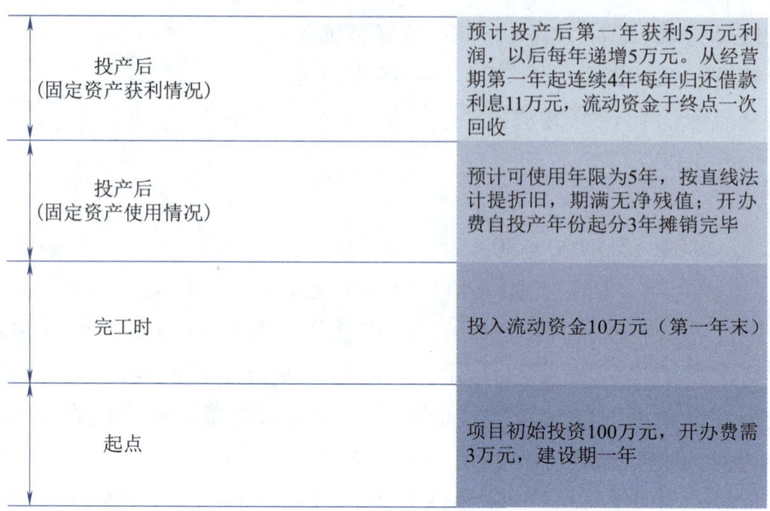

图4-1　背景资料

表4-1　项目投资现金净流量计算表

项　目	金额（万元）
初始现金流量（第0年）	
初始现金流量（第1年）	
营业现金流量（第2年）	
营业现金流量（第3年）	
营业现金流量（第4年）	
营业现金流量（第5年）	
终结现金流量（第6年）	

任务2：天天饮品有限公司准备购入一项固定资产，现有甲、乙两个方案可供选择。

甲方案：无建设期，需投资10 000元，使用寿命5年，采用直线法计提折旧，5年后无残值。5年中每年销售收入为6 000元，每年付现成本为2 000元。

乙方案：无建设期，需投资12 000元，另需垫支营运资金3 000元，使用寿命5年，采用直线法计提折旧，残值收入2 000元。5年中每年销售收入为8 000元，付现成本第1年为3 000元，以后每年增加修理费400元。

该企业适用的所得税税率为25%。请填写投资项目现金流量计算表（表4-2）。

任务描述

表 4-2　投资项目现金流量计算表　　单位：元

方　案	项　目	0	1	2	3	4	5
甲方案	固定资产投资						
	营业现金流量						
	现金流量合计						
乙方案	固定资产投资						
	营运资金垫支						
	营业现金流量						
	固定资产残值						
	营运资金收回						
	现金流量合计						

任务 3：天天饮品有限公司为生产新研制成功的产品，决定新建一座厂房。假设不考虑所得税影响，请根据背景资料（图 4-2）填写项目投资现金净流量计算表（表 4-3）。

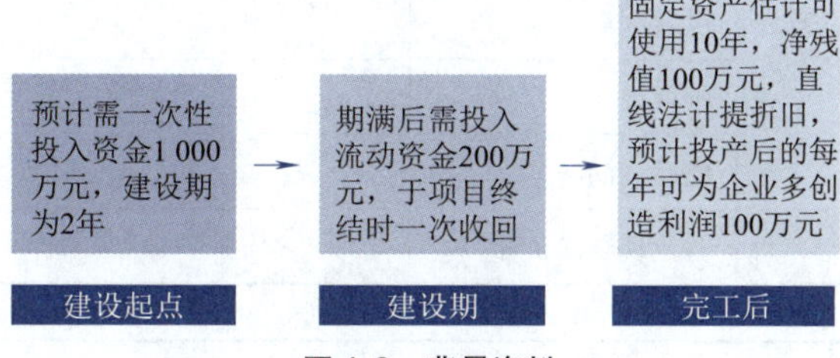

图 4-2　背景资料

表 4-3　现金净流量计算表

项　目	金额（万元）
初始现金流量（第 0 年）	
初始现金流量（第 1 年）	
初始现金流量（第 2 年）	
营业现金流量（第 3 ~ 11 年每年）	
终结现金流量（第 12 年）	

任务 4：天天饮品有限公司准备购入一项固定资产，现有甲、乙两个方案可供选择。

甲方案：无建设期，需投资 10 000 元，使用寿命 5 年，采用直线法计提折旧，5 年后无残值。5 年中每年销售收入为 6 000 元，每年付现成本为 2 000 元。

乙方案：无建设期，需投资 12 000 元，另需垫支营运资金 3 000 元，使用寿命 5 年，采用直线法计提折旧，残值收入 2 000 元。5 年中每年销售收入为 8 000 元，付现成本第 1 年为 3 000 元，以后每年增加修理费 400 元。

任务描述

该企业适用的所得税税率为25%，请填写年折旧额计算表（表4-4）。

表4-4　编制项目投资现金流量计算表　　单位：万元

方案	项　目	1	2	3	4	5
甲方案	销售收入					
	付现成本					
	折旧					
	税前利润					
	所得税					
	税后利润					
	营业现金净流量					
乙方案	销售收入					
	付现成本					
	折旧					
	税后利润					
	所得税					
	税后利润					
	营业现金净流量					

【任务小结】

现金流量是企业经营活动中最基本的财务指标之一，计算现金流量的任务包括以下几个方面：

（1）确定计算现金流量的时间段。一般来说，现金流量的计算周期可以为一个会计年度、一个财务季度或任意其他时间段。确定计算现金流量的时间段是计算现金流量的基础。

（2）计算经营活动现金流量。经营活动现金流量是指企业主营业务的现金流入和流出情况，包括销售收入、采购成本、人工成本、税金等。计算经营活动现金流量需要准确的财务数据和会计准则。

（3）计算投资活动现金流量。投资活动现金流量是指企业投资活动的现金流入和流出情况，包括购买和出售固定资产、投资股权等。计算投资活动现金流量需要对企业投资活动的具体情况进行分析和披露。需要注意的是，现金流量的计算需要准确、全面、真实、可靠的财务数据，同时需要遵守相关的会计准则和法律法规。只有通过准确的计算和分析，企业才能更好地了解自身的现金流量状况，做出科学的决策，提高企业的经营效益和盈利能力。

任务三　进行项目投资可行性分析

【工作任务】

工作任务	技能点及任务成果	重要知识点	课时
通过学习，掌握项目投资的财务可行性分析方法，包括静态财务分析和动态财务分析	1. 评估项目在整个项目周期内的现金流状况； 2. 能计算项目投资决策分析的主要指标，包括静态指标，如静态投资期和投资利润率，以及动态指标，如净现值、现值指数、内部报酬率	1. 静态指标的计算：静态投资期和投资利润率； 2. 动态指标的计算：净现值、现值指数、内部报酬率； 3. 独立投资方案和互斥投资方案的评价	4 学时

【知识准备】

项目投资决策分析评价指标主要分为两大类：一类为折现指标，即考虑资金时间价值的指标，主要有净现值、净现值率、现值指数和内部报酬率；另一类为非贴现指标，即不考虑资金时间价值的指标，主要有静态投资回收期和投资利润率。

一、动态指标的计算

1. 净现值

净现值指的是在方案的整个实施运行过程中，所有现金净流入年份的现值之和与所有现金净流出年份的现值之和的差额，净现值（net present value，NPV）是一种投资项目评价方法，它考虑了现金流的时间价值和投资的风险，可以帮助投资者决定是否将资金投入到某个项目中。计算净现值的公式如下：

$$NPV = -C_0 + C_1/(1+r)^1 + C_2/(1+r)^2 + \cdots + C_n/(1+r)^n$$

式中，C_0 为初始投资成本，$C_1 \sim C_n$ 为每年或每期的现金流入量，r 为折现率。

用净现值指标评价方案时，首先要将各年的净现金流量按预定的贴现率折算现值，再计算代数和。如果净现值为正数，表示该项目可以带来满足投资者期望的收益，投资者可以考虑投资；如果净现值为负数，则意味着该项目不能带来足够的收益，投资者应该避免投资。

需要注意的是，计算净现值需要预测未来的现金流量，因此净现值的计算结果会受到预测的不确定性和投资风险的影响。同时，折现率的选择也会对净现值的计算结果产生影响，因此需要根据具体情况选择合适的折现率。

【例 4-7】假设天天饮品有限公司决定投资新建一条新生产线，目前有三个方案可供选择，见表 4-5。假定公司的必要报酬率为 10%，请分别计算三个方案的净现值，填写投资决策表（净现值法）。（计算结果保留两位小数）

表 4-5 新生产线现金净流量情况 单位：万元

年 份	A 方案	B 方案	C 方案
0	-40 000	-18 000	-18 000
1	23 600	2 400	6 900
2	26 480	12 000	6 900
3	—	12 000	6 900
合计	10 080	8 400	2 700

NPV_A =23 600×(P/F，10%，1)+26 480×(P/F，10%，2)-40 000
=23 600×0.909 1+26 480×0.826 4-40 000
=3 337.83（万元）

NPV_B =2 400×(P/F，10%，1)+12 000×(P/F，10%，2)+12 000×(P/F，10%，3)-18 000
=2 400×0.909 1+12 000×0.826 4+12 000×0.751 3-18 000
=3 114.24（万元）

NPV_C =6 900×(P/A，10%，3)-18 000=6 900×2.486 9-18 000=-840.39（万元）

方案 C 的净现值小于 0，说明该方案的报酬率小于预定报酬率 10%，如果项目要求的最低报酬率或资金成本率为 10%，则该方案无法给企业最终带来收益，因此，应该放弃该方案。方案 A 和方案 B 的净现值均大于 0，表明两个方案都可取。但是我们很难对方案 A 和方案 B 进行优劣比较，因为虽然方案 A 的净现值大于方案 B，但它的投资额同时也大于 B 方案。如果仅用净现值法来判断评价方案，也显得太过于片面。

2. 现值指数

现值指数（profitability index，PI）又称为获利指数，是指投资项目未来现金净流量总现值与原始投资额现值之比。现值指数法就是根据投资方案的现值指数来评价方案是否可行的决策分析方法。

现值指数=未来现金净流量现值÷原始投资额现值

如果现值指数大于 1，表示该项目可以带来收益，投资者可以考虑投资；如果现值指数小于 1，则意味着该项目不能带来足够的收益，投资者应该避免投资。

需要注意的是，现值指数只是一种评价投资项目的方法之一，投资者需要结合其他因素，如投资项目的风险、市场需求、竞争情况等，做出最终的决策。

【例 4-8】假设天天饮品有限公司决定投资新建一条新生产线，目前有三个方案可供选择，假定公司的必要报酬率为 10%，请分别计算三个方案的现值指数（表 4-6），填写投资决策表（现值指数法）。（计算结果保留两位小数）

表 4-6 新生产线现金净流量情况 单位：万元

年 份	A 方案	B 方案	C 方案
0	-40 000	-18 000	-18 000
1	23 600	2 400	6 900

续表

年 份	A 方案	B 方案	C 方案
2	26 480	12 000	6 900
3	—	12 000	6 900
合 计	10 080	8 400	2 700

现值指数(A) = {23 600 × (P/F, 10%, 1) + 26 480 × (P/F, 10%, 2)} ÷ 40 000
= (23 600 × 0.909 1 + 26 480 × 0.826 4) ÷ 40 000
= 1.08

现值指数(B) = {2 400 × (P/F, 10%, 1) + 12 000 × (P/F, 10%, 2) + 12 000 × (P/F, 10%, 3)} ÷ 18 000
= (2 400 × 0.909 1 + 12 000 × 0.826 4 + 12 000 × 0.751 3) ÷ 18 000
= 1.17

现值指数(C) = 6 900 × (P/A, 10%, 3) − 18 000
= 6 900 × 2.486 9 ÷ 18 000
= 0.95

方案 C 的获利指数小于 1，表明其报酬率没有达到预定的贴现率；方案 A 和方案 B 的获利指数均大于 1，说明它们的贴现率均已超过预定的贴现率，两个方案都可以接受。另外，方案 B 的获利指数大于方案 A，则表明方案 B 的报酬率高于方案 A。

3. 内部报酬率

内部报酬率（internal rate of return，IRR）是一种用于衡量投资项目收益率的指标，它是指使得投资项目净现值等于零的折现率。计算内部报酬率的过程如下：

（1）如果每年的现金净流量相等，则按下列步骤计算：

第一步：计算年金现值系数。

年金现值系数 = 初始投资额 ÷ 每年现金净流量

第二步：查年金现值系数表，在相同的期数内，找出与上述年金现值系数相邻近的较大和较小的两个折现率。

第三步：根据上述两个邻近的折现率和已求得的年金现值系数，采用插值法计算出该投资项目的内部报酬率。

（2）如果每年的现金净流量不相等，则按下列步骤计算：

第一步：先预估一个折现率，并按此折现率计算净现值。如果计算出的净现值为正数，则表明预估的折现率小于该投资项目的实际内部报酬率，应予以提高，再进行测算；如果计算出的净现值为负数，则表明预估的折现率大于该投资项目的实际内部报酬率，应予以降低，再进行测算，经过如此反复的测算，找到净现值由正到负并且比较接近于零的两个折现率。

第二步：根据上述两个临近的折现率再采用插值法，计算出投资项目的实际内部报酬率。

需要注意的是，内部报酬率的计算需要预测未来现金流量的大小和时间，因此其计算结果会受到预测的不确定性和投资风险的影响。

如果内部报酬率大于投资者的机会成本，则说明该投资项目可以带来收益，投资者可以考虑投资；如果内部报酬率小于机会成本，则说明该项目不能带来足够的收益，投资者应该避免投资。

【例4-9】假设天天饮品有限公司决定投资新建一条新生产线，目前有三个方案可供选择（表4-7），假定公司的必要报酬率为10%，请计算方案C的内部报酬率。（计算结果保留两位小数）

表4-7 新生产线现金净流量情况 单位：万元

年 份	A方案	B方案	C方案
0	-40 000	-18 000	-18 000
1	23 600	2 400	6 900
2	26 480	12 000	6 900
3	—	12 000	6 900
合计	10 080	8 400	2 700

由于C方案的每年现金净流量相等，可以采用下列方法计算内部报酬率。

$$\text{年金现值系数} = 18\ 000 \div 6\ 900 = 2.608\ 7$$

查年金现值系数表，年金现值系数在7%～8%之间。

用插值法计算如下：

$$\text{方案C的内部报酬率} = 7\% + \frac{2.608\ 7 - 2.624\ 3}{2.577\ 1 - 2.624\ 3} \times (8\% - 7\%) = 7.33\%$$

内部报酬率指标的优点为：

（1）客观。不受行业基准收益高低的影响，比较客观。

（2）考虑了时间价值。内部报酬率考虑了现金流量的时间价值，即未来的现金流量需要折现到现在，因此可以更准确地衡量投资项目的收益率。

（3）可比性强。由于内部报酬率是按百分比计算的，因此不论投资项目规模大小，都可以进行比较。

缺点：该指标的计算比较麻烦，当进入生产经营期又发生大量追加投资时，就有可能导致多个高低不同的内部报酬率出现，依据多个内部报酬率进行评价就会失去实际意义。

二、静态指标的计算

1. 静态投资回收期

投资者总是希望能够尽快地收回投资，投资回收期越短，对投资者越有利。静态投资回收期（简称回收期，PP），是指以投资项目经营现金净流量抵偿原始总投资所需要的全部时间。静态投资回收期指标是一种简单有效的投资回报期限指标，通常用于衡量项目的快速回收能力。

如果某一项目每年的经营现金流量相等，则投资回收期可用以下公式计算：

静态投资回收期=初始投资额÷每年经营现金流量

假设一个项目需要90 000元的初始投资，此项目每年带来的现金流量是30 000元，其投资回收期就是 3 年。

如果某一项目每年的经营现金流量不等，其投资回收期要根据每年年末尚未回收的投资额加以确定。

【例 4-10】 假设天天公司正对某一资本支出项目进行评估。该项目初始投资额为 50 000 元，期望净现金流量见表 4-8，计算其投资回收期。

表 4-8　净现金流量表

年　份	净现金流量（元）
1	15 000
2	25 000
3	40 000
4	20 000
5	10 000

该项目每年净现金流量不等，应先计算每年年末累计收回的投资额（表 4-9）。

表 4-9　年末累计收回的投资额计算表　　单位：元

年　份	净现金流量	累计回收投资额
0	0	0
1	15 000	15 000
2	25 000	40 000
3	40 000	80 000

该方案的原投资额 50 000 元的静态回收投资期在 2 期和 3 期之间，即该方案的 PP 的数值将为：$2 < PP < 3$。

可按照下列算式进行具体计算：

$$PP = 2 + (50\ 000 - 40\ 000) \div (80\ 000 - 40\ 000) = 2 + 0.25 = 2.25 \text{（年）}$$

静态投资回收期是以收回投资金额所需的时间长短来作为判断方案是否可行的依据。一般而言，投资回收期越短，则该项投资收回就越快，在未来时期所冒的风险就越小，方案就越有利；投资回收期越长，方案越不利。这种方法计算简便，并且容易被投资者理解。但这种方法也有缺点：不仅忽视了资金的时间价值，而且没有考虑回收期满以后的现金流动情况，不能完全反映投资的收益程度，因而不能完全依靠其作为投资决策的依据。

2. 投资利润率

投资利润率是以收益，而不是现金流量来衡量方案的投资报酬，是静态指标。投资利润率（ROI）是指投资项目的净利润与总投资额之间的比率，计算方法如下：

$$ROI = 年平均利润/初始投资额 \times 100\%$$

【例 4-11】 天天公司有 A、B 两个投资方案，投资总额 10 万元，全部用于固定资产建设，折旧采用年限平均法，使用时间预计 5 年，预计期末无残值。建设期一年，经营期有关资料见表4-10。根据情境案例所给资料，计算A、B方案的投资利润率。

表4-10 两个投资方案经营期有关资料 单位：万元

年份	A方案			B方案		
	年净利润	折旧	净现金流量	年净利润	折旧	净现金流量
1	2	2	4	1	2	3
2	2	2	4	2	2	4
3	2	2	4	3	2	5
4	2	2	4	3	2	5
5	2	2	4	1	2	3
合计	10	10	20	10	10	20

根据以上资料：

A方案的年平均利润 =2（万元）

A方案的投资利润率 $=2\div 10\times 100\% =20\%$

B方案的年均净利润 $=(1+2+3+3+1)\div 5=2$（万元）

B方案的投资利润率 $=2\div 10=20\%$

投资利润率的优点在于，它可以帮助投资者快速了解投资项目的盈利能力，是一种简单有效的投资回报率指标。同时，投资利润率可以与其他指标结合使用，如投资回收期、净现值等，更全面地评估投资项目的可行性。

缺点在于，投资利润率没有考虑时间价值的因素，对不同投资项目的比较可能存在误差。此外，投资利润率也不能反映投资项目的风险和流动性等因素，需要结合其他指标进行综合分析。

综上所述，投资利润率是一种常用的投资回报率指标，但在使用时需要注意其局限性，并与其他指标结合使用，以做出更加准确的投资决策。

三、决策指标的应用

1. 单一独立方案可行性评价原则

（1）如果某个投资项目的主要指标和次要、辅助指标结论均为可行，则可以断定该投资项目完全具备财务可行性。

（2）若主要指标结论可行，而次要或辅助指标结论不可行，则基本具备财务可行性。

（3）若主要指标结论不可行，而次要辅助指标结论可行，则基本不具备财务可行性。

（4）若主要指标结论不可行，次要或辅助指标结论也不可行，则完全不具备财务可行性。

（5）利用净现值、净现值率、获利指数和内部收益率指标对同一个独立项目进行评价，会得出完全相同的结论。

2. 多个互斥方案的优选原则

（1）当原始投资相同且项目投资计算期相等时，可以选择净现值大的方案作为最优方案。

（2）当原始投资不相同时，选择净现值率最大的方案作为最优方案。

（3）当项目投资计算期不相等时，使用年均净现值法决策。

大部分项目投资都会涉及两个或两个以上的寿命不等的方案选择问题。由于项目投资寿命不等，因而就不能对它们的净现值、现值指数、内部报酬率进行直接比较。年均净现值法是把项目投资总的净现值转化为项目投资每年的平均净现值，并由此比较大小做出选择。年均净现值的计算公式为：

$$ANPV_{k,n}=NPV/PVIFA_{k,n}$$

式中，$ANPV_{k,n}$为年均净现值；NPV 为净现值；$PVIFA_{k,n}$为建立在公司资本成本和项目投资寿命周期基础上的年金现值系数。

【任务实施】

任　务　单

<table>
<tr><td>学习领域</td><td colspan="3">投资管理</td></tr>
<tr><td>学习单元</td><td colspan="3">投资决策指标的应用</td></tr>
<tr><td>任　　务</td><td>投资项目可行性分析</td><td>学时</td><td>2</td></tr>
<tr><td colspan="4">布置任务</td></tr>
<tr><td>任务目标</td><td colspan="3">职业能力目标：
●了解投资决策指标的计算方法和应用场景，能够熟练使用这些指标进行投资项目的评估和决策。
●能够分析投资项目的风险和收益，并在此基础上做出明智的投资决策，以获得最大的收益和最小的风险。
职业素养目标：
●具有良好的信息获取和分析能力，能够及时获取和分析市场信息，以做出正确的投资决策。
●具有诚信、责任和专业精神，能够在投资决策中遵守伦理和法律规定</td></tr>
<tr><td>任务描述</td><td colspan="3">任务1：天天饮品有限公司2023年准备投资新建一条生产线，预计建设期1年，建设期内资本化利息为10万元。初始投资100万元和开办费5万元于建设起点投入。流动资金20万元于完工时（第一年末）投入，于终点一次收回。该生产线使用寿命为10年，按直线法计提折旧，净残值为10万元。开办费自投产年份起5年摊销完毕。预计投产后第一年获利5万元，以后每年递增5万元。从经营期第一年起连续4年，每年归还借款利息11万元。假设同期市场无风险收益率为10%，请填写项目投资决策表（投资利润率法）（表4-11）（计算结果有小数位的保留两位小数，无小数位的保留整数）。

表4-11　项目投资决策表（投资利润率法）
<table><tr><td>项　目</td><td>数　值</td></tr><tr><td>经营10年获得的利润总额（万元）</td><td></td></tr><tr><td>年平均利润（万元）</td><td></td></tr><tr><td>原始投资额（万元）</td><td></td></tr><tr><td>投资利润率（%）</td><td></td></tr><tr><td>是否可行（填写“是”或“否”）</td><td></td></tr></table></td></tr>
</table>

任务描述

任务2：天天饮品有限公司原料生产车间准备购入一台新设备。该项目筹建期为1年，生产期为5年，采用直线法计提折旧。预计新设备投产后每年可获得利润60万元，假定行业基准贴现率为10%，查询年金现值系数表可得到以下数据：（P/A，10%，6）=4.355 3，（P/A，10%，5）=3.790 8，（P/A,10%，6）=0.909 1。请根据表4-12和图4-3填写项目投资决策表（净现值法）（表4-13）。（计算结果有小数位的保留两位小数，无小数位的保留整数）

表4-12 建设投资估算表

单位：万元

序号	工程或费用名称	估算价格						占建设投资的比例（%）	备注
		建筑工程	设备购置	安装工程	其他费用	合计	其中外币		
1	固定资产投资								
1.1	建筑工程投资								
1.2	设备购置费		180			180		90%	
1.3	安装工程费			20		20		10%	
1.4	工程建设其他费用								
2	无形资产投资								
2.1	土地使用权								
2.2	其他								
3	开办费								
4	预备费								
4.1	基本预备费								
4.2	涨价预备费								
合计（1+2+3+4）			180	20		200		100%	

公司固定资产管理制度

为了加强公司固定资产管理，明确部门及员工的职责，现结合公司实际，特制定本制度。

（1）固定资产的标准。固定资产是指使用期限超过一年的房屋、建筑物、机器、机械、运输工具以及其他与生产经营有关的设备、器具工具等。不属于生产经营主要设备的物品，单位价值在2 000元以上，并且使用期限超过2年的，也应作为固定资产管理。

（2）固定资产的分类。

固定资产类别	折旧计提年限（年）	净残值率
1. 房屋及建筑物	20	10%
2. 机器设备	5	0%
3. 运输工具	10	10%
4. 计算机设备	5	10%
5. 办公家具及设备	5	10%
6. 其他		

图4-3 公司固定资产管理制度

任务描述

表 4-13 项目投资决策表（净现值法）

项 目	数 值
第 0 年的现金净流量（万元）	
第 1 年的现金净流量（万元）	
第 2 ~6 年每年的现金净流量（万元）	
项目净现值（万元）	
投资决策（填写“是”或“否”）	

任务 3：天天饮品有限责任公司决定投资新建一条新生产线，目前有三个方案可供选择（表 4-14），假定公司的必要报酬率为 10%，请分别计算三个方案的净现值和净现值率，填写投资决策表（净现值率法），见表 4-15。（计算结果保留两位小数）

表 4-14 新生产线现金净流量情况 单位：万元

年 份	A 方案	B 方案	C 方案
0	-40 000	-18 000	-18 000
1	23 600	2 400	6 900
2	26 480	12 000	6 900
3	—	12 000	6 900
合计	10 080	8 400	2 700

表 4-15 投资决策表（净现值率法）

项 目	方案 A	方案 B	方案 C
净现值（万元）			
净现值率（%）			
投资决策（填写“是”或“否”）			

任务 4：承接任务 3，请分别计算三个方案的现值指数，填写投资决策表（现值指数法）（表 4-16）。（计算结果保留两位小数）

表 4-16 投资决策表（现值指数法）

项 目	方案 A	方案 B	方案 C
经营期现金流入现值（万元）			
现值指数法（%）			
投资决策（填写“是”或“否”）			

【任务小结】

在进行长期投资决策分析时，有静态和动态两种分析方法。静态指标包括静态投资回收期、会计收益率。动态指标有净现值、现值指数、内部收益率和外部收益等。当然，使用更多的是动态指标，特别是其中的净现值和内部收益率两个指标。

在长期投资决策的比较和选优中，对于独立的投资方案，评价其经济上的可行性是决定方案取舍的重要因素。因为方案彼此独立，不存在方案之间的对比和选优问题。最常用的评价指标为净现值和内部收益率。在考虑互斥方案的投资决策时，净现值和内部收益率两个指标仍是进行评价的主要指标。

【寓思育人】

“百炼钢做成了绕指柔”，这是习近平总书记在山西考察期间对国产“手撕钢”的称赞。在第六届中国工业大奖发布会上，这款由太钢不锈钢精密带钢有限公司自主研发的世界最薄不锈钢箔“手撕钢”脱颖而出，摘得大奖。明明是一卷钢材，展开后薄如蝉翼，用手便能轻易撕开……“手撕钢”是一种宽幅超薄的精密不锈带钢。这种国家重要新兴领域急需的高精尖基础材料，我国在很长时间内不具备生产能力，一度面临只能高价进口的困境，进口一克需要数百元。近年来，随着航天、核电、新能源等新兴产业飞速发展，国内市场对这一产品的需求不断增长，关键技术受制于人导致的供需矛盾日益显现。在这一背景下，国产“手撕钢”横空出世，占据了新技术“高点”，补上了产业链“断点”，变“高价买”为“平价造”。从生产平平无奇的“大路货”到制造高端先进的“手撕钢”，背后是企业十年磨一剑的坚守。为自主生产厚度仅为普通打印纸 1/4 的钢材，太钢技术团队历经十余年攻关，先后进行 700 多次试验，攻克 170 多个设备难题、450 多个工艺难题，成功叩开 0. 02 mm不锈钢箔材的大门。2020 年，团队再次突破轧制等工艺的极限，生产出厚度为 0. 015 mm 的“手撕钢”，可用于制造新能源汽车电池。正是这份耐住性子、苦练内功的毅力和心气，才让企业具备了应对变局的实力和底气，最终完成转型升级的华丽蝶变。从“手撕钢”到汽车变速器，从超导材料到人工智能开放平台，不少获奖企业在攻关技术、制定标准的赛道上勇攀高峰，在科技创新、推动技术成果转化等方面先行先试，彰显了中国制造的硬核实力。

今日中国，作为世界第一制造大国的地位更加巩固。2019 年制造业增加值占全球 28. 1%，2020 年全国规模以上工业企业实现利润同比增长 4. 1%，“十三五”时期论证通过和启动建设国家制造业创新中心十余个……一个个数据，已化作我国加快建设制造强国的充足底气和强大自信。将提升全产业链水平作为主攻方向，不断加强自主创新，提高制造业供给体系质量，我们一定能助推中国制造不断迈向全球价值链中高端。

能力训练

一、单项选择题

1. 投资项目的建设起点与终结点之间的时间间隔称为（　　）。

A. 项目计算期　　B. 生产经营期

C. 建设期　　D. 试产期

2. 企业投资 20 万元购入一台设备，预计投产后每年获利 4 万元，固定资产年折旧额 2 万元，则投资回收期为（　　）年。

A. 6. 7　　B. 10　　C. 3. 33　　D. 5

3. 净现值和现值指数相比，其缺点是（　　）。

A. 考虑了资金时间价值　　B. 考虑了投资风险价值

C. 不便于投资额相同的方案的比较　　D. 不便于投资额不同的方案的比较

4. 当净现值相同时，则可说明（　　）。

A. 投资方案无收益　　B. 投资方案只能获得平均利润

C. 投资方案只能收回投资　　D. 投资方案亏损，应拒绝接受

5. 下列项目投资决策评价指标中，其数值越小越好的指标是（　　）。

A. 净现值率　　B. 投资回收期

C. 内部报酬率　　D. 投资利润率

二、多项选择题

1. 在经营期内的任何一年中，该年的现金净流量等于（　　）。

A. 原始投资的负值

B. 原始投资与资本化利息之和

C. 该年现金流入量与流出量之差

D. 该年利润、折旧、摊销额和利息之和

2. 项目投资决策中，可用来作为折现率的指标有（　　）。

A. 资本成本率　　B. 投资的机会成本率

C. 社会平均资金利润率　　D. 行业平均资金利润率

3. 当新建项目的建设期不为零时，建设期内各年的现金净流量可能（　　）。

A. 小于0　　B. 等于0

C. 大于0　　D. 大于1

4. 如果某一投资项目的净现值等于0，则下列说法中，正确的有（　　）。

A. 该投资项目的获利指数等于1

B. 该投资项目的净现值率等于0

C. 该投资项目的内部报酬率等于设定的折现率

D. 该投资项目的投资利润率等于0

5. 适用于评价原始投资额不相同的互斥型投资方案的方法是（　　）。

A. 投资回收期　　B. 净现值法

C. 差额投资内部收益率法　　D. 年等额净回收额法

三、判断题

1. 估计投资项目的现金流量是分析投资方案时最重要、最困难的步骤。（　　）

2. 付现成本是指需要支付现金的销售成本，在数量上等于销售收入减税后利润后，再与折旧相加之和。（　　）

3. 在对同一个独立投资项目进行评价时，用净现值、现值指数、内部报酬率等指标会得出完全相同的决策结论，而采用静态投资回收期则有可能得出与前述结论相反的决策结论。（　　）

4. 当静态投资回收期或投资报酬率得出的结论与净现值等主要指标的评价结论发生矛盾时，应当以主要指标结论为准。（　　）

5. 在长期投资决策中，内部收益率的计算本身与项目设定折现率的高低无关。（　）

6. 采用逐步测试法计算内部报酬率时，如果净现值大于零，说明该方案的内部报酬率比估计的报酬率要低，应以更低的贴现率测试。（　）

四、简答题

1. 简述净现值法的优缺点。
2. 试述在投资决策中使用现金流量的原因。
3. 为什么净现值优于内部收益率，但内部收益率却得到了广泛的应用？
4. 进行互斥项目决策分析时，通常采用哪些方法？每种方法有什么特点？
5. 在资金有限的情况下，如何进行投资项目选择？

项目五　成本管理

【学习目标】

- 领会成本管理的意义。
- 熟悉成本按不同标准进行的分类。
- 掌握变动成本法的基本概念、计算方法和操作流程。
- 掌握标准成本法的基本概念、计算方法和操作流程。
- 掌握作业成本法的基本概念、计算方法和操作流程。

【能力目标】

- 能够创造成本管理应用环境，并加以完善。
- 能够熟练运用标准成本法进行成本管理与控制。
- 能够熟练运用作业成本法进行成本管理与控制。

【素养目标】

- 通过成本控制理念树立服务意识和节约意识。
- 能够深刻领会成本管理的原则，树立“创新、协调、绿色、开放、共享”的新发展理念。

【案例导入】

重庆长江电工工业集团有限公司（以下简称“长江电工”）是国家特品生产定点企业，主要产品有特品、汽车零部件、金属材料三大系列共十余个品种。作为机械加工制造类企业，成本领先战略是长江电工持续发展的基础和必然选择。在近几年的实践中，长江电工结合自身管理现实，探索总结了标准成本编制的“五因素法”，并坚持“两个原则”，同时找准“五个切入点”，将标准成本运用融入生产经营实践，实现了标准成本与其他管理工作的有机对接，促进了技术、业务与财务的交汇融合，有效提升了企业管控决策质量。

“五因素法”分别是工艺进步因素、历史成本因素、年度预算因素、规模变动因素和产能变动因素。

“两个原则”分别是业务与财务、技术与经济综合平衡的原则，以及重视历史数据处理、保证标准成本的合理性原则。

“五个切入点”分别是确保标准价格体系的准确适用、确保标准定时修订、确保物料投入产出标准闭环、确保标准编制效率和质量平衡、编制时注意划分成本性态。

问题：

（1）企业应该如何实现成本管理？

(2) 成本管理过程中涉及的基本概念有哪些?
(3) 现代的成本管理工具有哪些?
(4) 如何运用这些成本管理工具?
带着这些问题，我们一起进入本项目的学习。

【任务导入】

在当今竞争激烈的市场环境中，企业为了获得竞争优势，必须进行有效的成本管理。成本管理不仅有助于降低成本、提高利润，还可以帮助企业更好地适应市场变化和满足客户需求。在本项目中，我们将探讨成本管理的意义、成本的不同分类方式以及重要的成本管理方法：变动成本法、标准成本法和作业成本法。通过学习这些内容，将能够掌握成本管理的核心概念和方法，从而更好地应用成本管理工具，提高企业的盈利能力和市场竞争力。

任务一　分析成本性态

【工作任务】

工作任务	技能点及任务成果	重要知识点	课时
通过学习，领会成本管理的内容和意义，了解成本管理的作用和应用环境，掌握成本的分类并充分掌握成本性态的分析方法	1. 认识成本管理的重要性 2. 清晰掌握成本管理的程序、作用 3. 运用高低点法和回归分析法进行成本性态的分析	1. 成本管理的概念 2. 成本管理的程序 3. 成本管理的作用及原则 4. 成本的分类 5. 成本性态分析及方法	2 学时

【知识准备】

一、成本管理概述

(一) 成本管理的概念

成本管理是指企业在营运过程中实施成本预测、成本决策、成本计划、成本控制、成本核算、成本分析和成本考核等一系列管理活动的总称。企业进行成本管理就是充分动员和组织企业全体人员，在保证产品质量的前提下，对企业生产经营过程的各个环节进行科学合理的管理，力求以最少生产耗费取得最大的生产成果。

(二) 成本管理的程序

结合企业管理特点和要求，为了达到企业成本管理目标，结合成本管理的职能，成本管理领域主要形成了四种成本管理特有的工具方法，包括目标成本法、变动成本法、标准成本法和作业成本法。本项目重点介绍变动成本法、标准成本法、作业成本法三种成本管理方法的运用。企业应用成本管理工具方法时，一般按照事前成本管理阶段、事中成本管理阶段、事后成本管理阶段等程序进行。

1. 事前成本管理阶段

事前成本管理阶段主要是对未来的成本水平及其发展趋势所进行的预测与规划，一般包括成本预测、成本决策和成本计划等步骤。

2. 事中成本管理阶段

事中成本管理阶段主要是对营运过程中发生的成本进行监督和控制，并根据实际情况对成本预算进行必要的修正，即成本控制。

3. 事后成本管理阶段

事后成本管理阶段主要在成本发生之后进行的核算、分析和考核，一般包括成本核算、成本分析和成本考核等步骤。

（三）成本管理的作用

成本管理是企业管理的一个重要组成部分，它要求系统而全面、科学和合理，它对于促进增产节支、加强经济核算、改进企业管理、提高企业整体管理水平具有重大意义。

第一，可以帮助企业制订更有竞争力的市场价格。

第二，可以直接增加企业的利润和现金流。

第三，企业较低的固定经营成本可以在困难时期更好地抵抗风险。

（四）成本管理的原则

企业进行成本管理，应遵循以下原则：

1. 融合性原则

成本管理应以企业业务模式为基础，与企业业务优势互补，将成本管理贯穿业务的各领域、各层次、各环节，实现成本管理责任到人、控制到位、考核严格、目标落实。

2. 适应性原则

成本管理应与企业生产经营特点和目标相适应，尤其是要与企业经营发展战略和竞争战略相适应。企业还应根据经营特点、组织类型和成本管理要求，选择恰当的成本计算对象，确定不同的成本计算方法。

3. 成本效益原则

成本管理工具方法实施应权衡其为企业带来的收益和付出的成本，避免其投入的成本大于其获得的收益。

4. 重要性原则

成本管理工具方法的实施应重点关注对成本有重大影响的项目，从简处理那些对企业不太具有重要性的项目。

二、成本的分类

（一）按经济职能分类

成本按经济职能划分，可以分成制造成本和非制造成本。

1. 制造成本

制造成本，亦称生产成本，是指生产单位为生产产品或提供劳务的过程中所发生的各项费用。生产成本是生产过程中各种资源利用情况的货币表示，是衡量企业技术和管理水平的重要指标。主要包括各项直接支出和制造费用：直接支出包括直接材料（原材料、辅助材料、备品备件、燃料及动力等）、直接工资（生产人员的工资、补贴）、其他直接支出（如福利费）；制造费用是指企业内的分厂、车间为组织和管理生产所发生的各项费用，包括分厂、车间管理人员工资、折旧费及其他制造费用（办公费、差旅费、劳保费等）。

2. 非制造成本

非制造成本，也称非生产成本，是指企业在销售和管理过程中发生的各项费用，是与企业的销售、经营和管理任务相关的成本，也叫期间费用，主要包括管理费用、销售费用和财务费用。

（二）按成本性态分类

成本性态，也称成本习性，是从成本变化规律中发展出的相关概念。成本性态就是指成本变动与业务量变动之间的依存关系，成本与业务量之间的关系是客观存在的，且有规律可循，按性态来划分成本可以说是管理会计这一学科的重要基石，管理会计进行决策的许多情形都会用到成本性态这一概念。根据业务量变化时成本是否随之改变这一特点，成本有固定成本、变动成本和混合成本之分。

1. 固定成本

固定成本是指其总额在一定时期及一定产量范围内，不随业务量变动的影响而保持固定不变的成本。固定成本总额不因业务量的变动而变动，但单位固定成本会与业务量的增减呈反向变动，如不动产税、按直线法计提的固定资产折旧费、职工教育培训费等。固定成本根据成本固定性的强弱，又可以细分为约束性固定成本和酌量性固定成本。

（1）约束性固定成本，属于企业“经营能力”成本，是企业为维持一定的业务量所必须负担的最低成本，它一般不受管理层短期决策的影响，其大小只取决于企业的规模与经营能力，所以固定性相对较强，例如机器设备的长期租赁费、保险费等。企业的经营能力一经形成，在短期内很难有重大改变，因而这部分成本具有很大的约束性。

（2）酌量性固定成本，属于企业“经营方针”成本，是企业根据经营方针确定的一定时期（通常为一年）的成本，容易受到管理层短期决策的影响。管理者可以根据实际生产经营需要改变其数额，如企业的广告费、开发费、职工培训费等，这些费用投入的多少会对企业的竞争力造成直接影响，因此每次制定这类预算时，经营者需要在充分调研的基础上再做出审慎的决策。

2. 变动成本

变动成本是指在一定范围内，其总额随着业务量成正比例变动的那部分成本。直接材料、直接人工等都属于变动成本。但单位产品变动成本不受业务量变动的影响，是始终保持不变的。与固定成本分类方式相同，根据变动成本发生的原因可将变动成本进一步分为约束性变动成本和酌量性变动成本。

（1）约束性变动成本是指管理者决策也改变不了的变动成本，是由技术因素决定的，而且随着消耗量的变动而正比例变动的成本，比如生产产品所耗费的直接材料等。这类成本受企业所生产产品的种类、性质以及所需材料的市场价格等约束，管理者的决策无法左右其数额，只能通过技术革新或提高劳动生产率来降低其单位产品成本。

（2）酌量性变动成本是指单位变动成本不受客观因素决定，可由企业管理层决策加以改变的变动成本，比如计件工人的薪资、按比例发放的销售奖励等。这类成本可以通过合理决策、控制开支、降低材料采购成本和优化劳动组合来降低。

3. 混合成本

混合成本，指兼备固定成本与变动成本的成本。它虽然也随业务量的变动而变动，但并不存在准确的比例关系，这类成本被称为混合成本。混合成本按其与业务量的关系又可分为半变动成本和半固定成本。

（1）半变动成本在混合成本中比较具有代表性，它通常在业务量尚未发生时就有一定的基础值，有固定成本的特征。在这个基础值的基础上，随业务量的增加而成比例上升，表现出变动成本的特征。例如企业的公用事业费、办公电话费等。

（2）半固定成本在初始业务量的范围内，其发生额是固定的，不随业务量的变化而变化，表现出固定成本的特征。但当业务量增长到一定程度之后，这类成本就会发生跳跃式的增长，并在新的业务量范围内保持不变，直到业务量跃升到下一个高度。例如企业产品质量检验员、化验员等人的工资等。

以上就是按成本习性的成本分类，但在前面的固定成本、变动成本的概念解释中，总要加上“在一定时期、在一定业务量范围内”，这就意味着固定成本的固定性和变动成本的变化规律都并非绝对的，而是具有一定限定条件的，这个限定条件在管理会计中被称为“相关范围”，超过这个“相关范围”，成本习性将会发生变化。

对固定成本而言，其相关范围表现在两个方面：一是在时间范围方面，固定成本的“固定性”只局限在一定时间之内，从企业长期经营的角度出发，所有的成本都不是一成不变的，固定成本也存在变动性，随着企业经营能力的逐渐完善，企业的固定成本总额也必然会发生变化；二是在空间范围方面，固定成本的固定性只是在一定的业务量水平范围内，当业务量增长到超过这一水平范围后，企业必然要扩大生产规模，而导致固定成本的增加，比如新建厂房、更新机器设备等。

与固定成本相同，变动成本总额与业务量同比例变动的线性关系也是被限制在一定范围内的，随着业务量的增长而超过这一范围后，变动成本总额与业务量的关系表现为非线性关系。例如直接人工成本，当新上岗的工人技术不够成熟时，生产效率较低，单位直接人工成本就会较高，随着工人技术逐渐熟练，直接人工成本会下降到正常水平，但当产量继续上升且突破一定限度的时候，可能需要额外支付给工人加班薪酬等，这时直接人工成本又会随产量的增加而增加。综上所述，在不同的时期，变动成本的变动方向和变动程度与产量的范围密切相关。

三、成本性态分析

成本性态分析是指在成本性态分类的基础上，企业基于成本与业务量之间的关系，按一定的程序和方法，将业务范围内发生的全部成本最终区分为固定成本和变动成本两大类，并建立相应的成本函数模型。成本函数模型通常可以用 $y = a + bx$ 来表示，其中 y 代表成本总额，a 代表固定成本总额，b 代表单位变动成本，x 代表业务量。通过成本性态分析揭示成本与业务量之间的关系，从而为应用变动成本法进行企业成本管理奠定基础。

1. 成本性态分析的特点

成本性态分析就是要用特定的办法，对成本和业务量之间的关系进行分析，选择采用高低点法和回归分析法等技术，但由于相关范围的存在，成本性态分析通常具有相对性、暂时性和可转化性等特点。

（1）相对性，是指在同一时期内同一成本项目在不同企业之间可能具有不同的性态。这种相对性决定了不同企业都有着区别于其他企业的不同的成本特性。

（2）暂时性，是指因为相关范围的存在，同一企业的同一成本项目在不同时期可能有不同的性态。从企业长远发展的角度分析，任何一种成本不可能永久地保持不变，也不可能与业务量永久地保持线性关系，这使得成本性态分析及其结果的应用必须保持在一定的相关服务和范围之内。因此成本性态分析只能应用于企业的短期分析，而不能用于长期分析。

（3）可转化性，是指在同一时空条件下，某些成本项目可以在固定成本和变动成本之间实现相互转化。

2. 成本性态分析模型

在管理会计中，总成本与半变动成本有着相同的性态，即二者同时都包含着固定成本与变动成本这两种因素。在企业的经营管理中，需要将半变动成本分解为固定成本与变动成本两部分，才能满足经营管理上多方面的需要。分解半变动成本一般有四种工具方法，分别是历史成本分析法、工程研究法、账户分类法和合同认定法。

其中，历史成本法是通过对历史成本数据的分析，依据以前各期实际成本与业务量之间的依存关系，来推算一定时期内固定成本和单位变动成本的平均值，并以此来确定成本性态的分析模型，进而估算出未来的成本。历史成本法的精确程度取决于所采用的历史数据的恰当程度。历史成本法又可具体分为高低点法、散布图法和回归分析法三种。其中前两种得到的都是近似值，只有回归分析法所得到的数据是较为精确的。本任务中我们重点学习高低点法和回归分析法。

1）高低点法

高低点法是指企业在对历史成本数据进行分析时，以一定会计期间内的最高产量和最低产量为依据，将总成本进行分解，从而推算出成本中固定成本和变动成本金额的一种方法。因为无论是总成本还是任何一项混合成本，都可以用成本函数模型 $y=a+bx$ 来表示，所以通过最高产量点和最低产量点之间的差额以及相对应的最高产量点混合成本与最低产量点混合成本之间的差额，从而得出企业的固定成本 a 和单位变动成本 b 的数值，进而确定企业的成本函数。

高低点法的具体分析步骤如下：

第一步：根据企业的历史业务数据及业务量与成本的对应关系，找出企业最高产量点和最低产量点，以及最高产量点混合成本和最低产量点混合成本，即（$x_{高}$，$y_{高}$），（$x_{低}$，$y_{低}$）。

第二步：根据两个点相关数值计算单位变动成本 b。

$$单位变动成本=\frac{最高点混合成本-最低点混合成本}{最高点产量-最低点产量}$$

即
$$b=\frac{y_{高}-y_{低}}{x_{高}-x_{低}}$$

第三步：根据两个点相关数值和单位变动成本 b 代入成本函数直线方程 $y=a+bx$，计算出固定成本 a。

$$固定成本=最高点混合成本-最高点产量\times单位变动成本$$

即
$$a=y_{高}-bx_{高}$$

或
$$固定成本=最低点混合成本-最低点产量\times单位变动成本$$

即
$$a = y_{低} - bx_{低}$$

第四步：将求得的固定成本 a 和单位变动成本 b 代入原成本函数直线方程 $y = a + bx$，即得到该企业的成本性态分析模型。

【例 5-1】表 5-1 所示为万达公司 2022 年上半年生产的毛绒玩具的数量及其总成本，请试用高低点法确定该毛绒玩具的成本性态分析模型。

表 5-1　万达公司 2022 年上半年毛绒玩具的产量及成本

生产月份	1 月	2 月	3 月	4 月	5 月	6 月
产量（件）	84	86	100	120	92	82
总成本（元）	18 200	18 600	19 400	21 200	19 600	17 780

（1）根据相关历史数据，找出业务量 x 的最高点和最低点：

最高点（4 月份）：【120，21 200】。

最低点（6 月份）：【82，17 780】。

（2）计算单位变动成本（b）：

$$b = \frac{21\ 200 - 17\ 780}{120 - 82} = 90 \text{（元/件）}$$

（3）计算固定成本（a）：

$$a = 21\ 200 - (90 \times 120) = 10\ 400 \text{（元）}$$

或
$$a = 17\ 780 - (90 \times 82) = 10\ 400 \text{（元）}$$

（4）得出成本性态分析模型：

$$y = 10\ 400 + 90x$$

在运用高低点法时需要注意最高点与最低点的选择，应以业务量 x 为选择高低点的依据，而不是选择混合成本或者总成本 y 的高低点。

用高低点法进行成本性态分析简单易算，使用较为广泛。但其缺点也非常明显，就是这种方法只是根据一定时期内的最高、最低两个点的数据进行计算，而忽视了两点之间其他业务量和成本的变化，因而计算结果往往不够精确，代表性较差。

2）回归分析法

回归分析法，是根据企业过去的一系列历史成本资料，应用数学上的最小平方法的原理，计算最能代表业务量与成本之间关系的回归直线，从而确定混合成本中固定成本和变动成本的一种成本分解方法。回归直线法是管理会计中用以分解混合成本的较为精确的方法。其基本原理是假设在散布图中存在一条 $y = a + bx$ 的直线，这条直线与各实际成本点之间的误差值之和比其他直线都要小，则这条直线就是最能代表各期实际成本的平均水平。这条直线也被称为离散各点的回归直线，对应的直线方程也被称为回归方程。

回归直线法的具体分析步骤如下：

第一步：对已知的成本数据资料进行加工，计算各求和值 $\sum x$、$\sum y$、$\sum xy$、$\sum x^2$。

第二步：利用回归分析法，将求和值代入公式，求出 a 和 b 的值。

$$b = \frac{n\sum xy - \sum x\sum y}{n\sum x^2 - (\sum x)^2}$$

$$a = \frac{\sum y - b\sum x}{n}$$

第三步：将 a 和 b 的值代入直线方程 $y = a + bx$，得出成本性态分析模型。

【例 5-2】 承上例，请用回归直线法对万达公司生产的毛绒玩具进行成本性态分析。

（1）列表计算 n、$\sum x$、$\sum y$、$\sum xy$、$\sum x^2$，详见表 5-2。

表 5-2　回归直线法成本性态分析数据

生产月份（$n=6$）	产量（x）	总成本（y）	xy	x^2
1	84	18 200	1 528 800	7 056
2	86	18 600	1 599 600	7 396
3	100	19 400	1 940 000	10 000
4	120	21 200	2 544 000	14 400
5	92	19 600	1 803 200	8 464
6	82	17 780	1 457 960	6 724
合计	$\sum x = 564$	$\sum y = 114\ 780$	$\sum xy = 10\ 873\ 560$	$\sum x^2 = 54\ 040$

（2）代入公式，求出 a 和 b 的值：

$$b = \frac{6 \times 10\ 873\ 560 - 564 \times 114\ 780}{6 \times 54\ 040 - (564)^2} = 82.27$$

$$a = \frac{114\ 780 - 82.27 \times 564}{6} = 11\ 396.62$$

（3）得出成本性态分析模型：

$$y = 11\ 396.62 + 82.27x$$

相较于其他方法，在使用回归分析法时，因为利用了最小平方法的原理，理论比较健全，计算结果也更加精确。这也要求企业提供足够的历史成本数据，一般不少于五组，从而尽可能地提高结果的精确程度。但也因其计算过程较为烦琐，加大了企业计算的工作量。所以利用回归直线法分解混合成本更适用于成本增减变动趋势较大的企业。

【任务实施】

任　务　单

学习领域	成本管理		
学习单元	分析成本性态		
任　　务	利用高低点法和回归分析法进行成本性态分析	学时	2
布置任务			
任务目标	**职业能力目标：** • 掌握成本管理的含义和分类方式，以及不同成本类别的特征。 • 熟练掌握利用高低点法和回归分析法进行成本性态分析。 **职业素养目标：** • 能够通过成本控制理念树立服务意识和节约意识。 • 建立企业成本管理思维模式，加强前瞻性思考和战略性布局		

任务描述	**任务1**：光明机械制造厂曾因产品质量标准高、持久耐用而享誉全国。但随着技术水平的革新，很多企业都采用全新的技术对产品进行升级换代的同时，大大降低了产品的制造成本。光明机械制造厂也引用先进的成本管理模式，从而尽可能地降低产品成本。第一步便是对生产机器设备进行评估，假设你是光明机械制造厂的成本会计，请根据光明机械制造厂内的主要生产设备的相关成本资料（表5-3），分别用高低点法和回归分析法进行成本性态分析。

表5-3　光明机械制造厂2020年大型设备的维修费用表

月　份	业务量（机器小时）	维修成本（元）
1	4 500	3 500
2	6 700	4 600
3	4 800	3 650
4	6 600	4 550
5	7 200	4 850
6	7 900	5 200

任务2：和平公司2022年上半年的业务量与电费（混合成本）资料见表5-4。

表5-4　业务量与电费（混合成本）

项　目	月　份					
	1	2	3	4	5	6
业务量（机器小时）	60	41	40	70	90	85
电费（元）	110	84	85	105	120	121

请采用高低点法分解该项混合成本。当业务量达到100机器小时时，预估和平公司的电费。

任务3：北辰制造有限公司2021年全年1～10月实际发生的制造费用资料见表5-5。

表5-5　2021年实际发生的制造费用

指　标	月　份									
	1	2	3	4	5	6	7	8	9	10
产量（件）	150	200	300	250	300	250	350	300	250	150
制造费用（元）	16 000	20 000	27 000	25 000	26 000	24 000	28 000	25 000	23 000	16 000

请试用高低点法对该企业的制造费用进行分解

【任务小结】

成本管理是企业管理的一个重要组成部分，它要求系统而全面、科学和合理，它对于促进增产节支、加强经济核算、改进企业管理、提高企业整体管理水平具有重大意义。而成本性态分析则是企业进行成本管理的基础，同样也是企业进行科学经营管理的重要基础。首先，成本性态分析为企业进行“成本—产量—利润”之间相互依存关系的分析提供了方便。在分析中需要使用反映成本性态的成本函数，即 $y = a + bx$，对过去的数据进行分析、研究，从而相对准确地将成本分解为固定成本和变动成本两大类。其次，成本性态分析，是正确制定经营决策的基础。在短期经营决策中大多属于非相关成本；而变动成本在大多数情况下是属于相关成本，即随产量的而变动而变动，所以正确进行短期经营决策的关键是将成本按其性态划分为固定成本与变动成本。最后，成本性态分析是正确评价企业各部门工作业绩的基础。在一般情况下，变动成本的高低，可反映出生产部门和供应部门的工作业绩，企业可以根据直接材料、直接人工和变动性制造费用是否有所节约或超支，来评价相关部门的工作业绩，这样就便于分清各部门的经济责任。而固定成本的高低通常应由管理部门负责，可以通过制定费用预算加以控制。因此，采用科学的成本分析方法和正确的成本控制方法，也有利于正确评价各部门的工作业绩，从而为企业的科学管理奠定基础。

任务二　应用变动成本法

【工作任务】

工作任务	技能点及任务成果	重要知识点	课时
了解变动成本法的含义及特点，掌握变动成本法与完全成本法的区别，以及两种方法税前净利润产生差别的原因	1. 了解变动成本法的理论基础； 2. 应用变动成本法进行利润表的编制； 3. 掌握变动成本法与完全成本法对企业税前净利润的影响，以及二者利润差额简算法	1. 变动成本法的概念； 2. 变动成本法的特点； 3. 变动成本法与完全成本法的区别及影响； 4. 变动成本法的评价	2 学时

【知识准备】

一、变动成本法的概念

随着经济的发展，企业管理的科学化要求财务人员为企业内部管理提供详尽的信息资料，用以作为对企业经济活动的预测、决策和控制，然而传统的全部成本核算方法已经无法适应竞争日益激烈的市场经济，变动成本法应运而生。第二次世界大战之后，变动成本法成为企业进行成本控制和经营决策的有效方法。由于变动成本法的产生，为了加以区别，人们就把传统的成本计算方法称为完全成本法。

变动成本法又称直接成本法，是以成本性态分析为前提条件，在产品成本的计算中，只计算产品生产过程中所消耗的直接材料、直接人工和变动性制造费用，而将与产品产销量无直接关系的固定性制造费用和其他固定成本全部作为期间费用，从当期的收益中扣除。

二、变动成本法的特点

1. 以成本性态分析为基础

变动成本法是将一定时期内企业发生的全部制造成本按照成本性态进行划分，分为“变动制造费用”和“固定制造费用”两部分，认为只有变动制造费用才构成产品成本，而固定制造费用应作为期间成本处理。

2. 强调不同的制造成本在补偿方式上存在着差异性

变动成本法认为产品的成本应该在其销售收入中获得补偿，而固定性制造费用由于只与企业的经营有关，与经营的“状态”无关，所以应该在同期收入中获得补偿，而与特定产品的销售行为无关。

3. 强调销售环节对企业利润的贡献

由于在变动成本法下，固定性制造费被列入期间费用，产品的成本只包含直接材料、直接人工和变动性制造费用，所以在一定产量条件下，损益对销量的变化更加敏感，这在客观上有刺激销售的作用。在管理会计中有一个重要概念就是贡献毛益，又称边际贡献，产品销售收入减去变动成本就是边际贡献，而边际贡献减去期间成本（包括固定制造费用和其他固定性成本）就是利润。从边际贡献这一概念不难看出，变动成本法强调的是变动成本对企业利润的影响。

三、变动成本法与完全成本法的比较

因为变动成本法与完全成本法对固定性制造费用的处理方式不同，所以变动成本法和完全成本法存在着一系列的差异，主要表现为应用的前提条件不同、产品成本及期间成本的构成内容不同、对存货的估价不同、计算盈亏的方式不同。

（一）应用的前提条件不同

变动成本法是以成本性态分析为前提，把全部成本划分为变动成本和固定成本两大部分，特别是把属于混合成本性质的制造费用按照与业务量的关系分解为变动性制造费用和固定性制造费用。同时只把与业务量关系紧密、随业务量的变动而成比例变动的变动性制造费用作为生产成本计入产品成本，把与业务量没有直接关系的固定性制造费用作为期间成本进行处理。

完全成本法则是按成本的经济用途将全部成本划分为生产成本和非生产成本两大部分。把因为生产产品而支付的全部成本均计入产品成本，包括直接材料、直接人工和全部制造费用。把发生在行政、管理、销售等与生产产品没有直接关系的部门而产生的生产经营管理费用作为期间成本，属于非生产成本计入当期损益。变动成本法与完全成本法的应用前提比较见表 5-6。

表 5-6　变动成本法与完全成本法的应用前提比较

变动成本法 （按成本性态分类）	完全成本法 （按经济用途分类）
成本： 变动成本： 　变动生产成本：直接材料、直接人工、变动制造费用 　变动非生产成本：变动销售费用、变动管理费用、变动财务费用 固定成本：固定制造费用、固定销售费用、固定管理费用、固定财务费用	成本： 生产成本：直接材料、直接人工、制造费用 非生产成本：管理费用、销售费用、财务费用

（二）产品成本及期间成本的构成内容不同

如前面所述，变动成本法下产品成本仅包括变动生产成本，而固定制造费用和变动非制造费用则全部列入期间费用。在完全成本法下，产品成本则包括全部生产成本，即变动生产成本和固定制造费用，而把非生产成本全部列入期间费用处理。所以两种方法在产品构成上的主要差异就在于是否把固定性制造费用列入产品成本之中。变动成本法与完全成本法产品成本及期间成本构成比较见表 5-7。

表 5-7　变动成本法与完全成本法产品成本及期间成本构成比较

区别	变动成本法	完全成本法
产品成本	变动生产成本：直接材料、直接人工、变动制造费用	全部生产成本：直接材料、直接人工、变动制造费用、固定制造费用
期间成本	期间成本：固定制造费用、销售费用、管理费用	期间成本：销售费用、管理费用、财务费用

【例 5-3】某企业只生产一种商品，该产品的成本资料见表 5-8。假设该企业当月月初没有在产品和产成品存货，当月该产品共生产 60 件，销售 40 件，月末结存 20 件。请分别用变动成本法和完全成本法计算该产品的单位产品成本和期间成本。

表 5-8　产品成本资料　　　单位：元

成本项目	单位产品项目成本	项目总成本
直接材料	220	13 200
直接人工	50	3 000
变动性制造费用	30	1 800
固定性制造费用		2 400
管理费用		3 300
销售费用		4 000
合　计	300	2 700

计算结果见表5-9。

表5-9　计算结果

单位：元

成本项目	变动成本法	完全成本法
直接材料 直接人工 变动性制造费用 固定性制造费用	220 50 30	220 50 30 2 400/60
单位产品成本	300	340
固定性制造费用 管理费用 销售费用	2 400 3 300 4 000	 3 300 4 000
期间成本	9 700	7 300

（三）对存货的估价不同

因为变动成本法和完全成本法对固定性制造费用的处理方法不同，导致两种成本计算法下对存货的估价也不相同。

在变动成本法下，无论是在产品、库存产品还是已销产品，产品的成本仅包含变动生产成本，而固定性制造费用被列入期间成本，直接计入当期利润表。因此，企业期末的存货是按照变动生产成本计算的，并不包括固定成本。

在完全成本法下，因为固定性制造费用与变动生产成本一样，被计入产品成本当中，所以无论是已销产品还是库存产、在产品的成本，均包含了一部分固定性制造费用。也就是说，固定性制造费用要在已销产品和存货产品之间进行分配，这样已销产品成本中的固定性制造费用转化为销货成本计入当期利润表，而存货产品成本中的固定性制造费用则随期末存货成本递延到下一会计期间。

【例5-4】依据例5-3的相关资料，请分别用变动成本法和完全成本法计算该企业的期末存货估价，其计算结果见表5-10。

表5-10　期末存货成本计算结果

单位：元

成本项目	变动成本法	完全成本法
单位产品成本	300	340
期末存货成本	600	6 800

由此可见，两种成本计算法下对存货的估价是不相同的，相较于变动成本法下的存货计价，完全成本法下的存货计价必然更高。

（四）计算盈亏的方式不同

在变动成本法下，利用边际利润的计算程序来确定当期的营业利润。首先用销售收入补偿变动成本，从而确定产品的边际贡献总额，再用边际贡献补偿固定成本来确定当期的利润盈亏。这种利润计算方法也被称为“贡献式”损益确定程序，计算公式如下：

边际贡献＝销售收入－变动成本总额

营业利润＝边际贡献－固定成本总额

即

$$营业利润=销售收入-变动成本总额-固定成本总额$$

其中：

$$变动成本总额=变动生产成本+变动销售费用+变动管理费用+变动财务费用$$

$$固定成本总额=固定制造费用+固定销售费用+固定管理费用+固定财务费用$$

在完全成本法下，利用销售毛利的计算程序来确定当期的营业利润。首先用销售收入扣减本期已销售产品的销售成本，从而确定销售毛利，然后再用销售毛利补偿非生产成本（期间费用）来确定当期损益。这种利润计算方法也被称为“传统式”损益确定程序，其计算公式如下：

$$销售毛利=销售收入-销货成本$$

$$营业利润=销售毛利-期间费用$$

即

$$营业利润=销售收入-销货成本-期间费用$$

其中：

$$销货成本=期初存货成本+本期生产成本-期末存货成本$$

$$期间费用=管理费用+销售费用$$

表5-11所示为两种成本计算方法下的利润表基本结构。

表5-11　两种成本计算方法下的利润表基本结构

变动成本法 （贡献式利润表）	完全成本法 （传统式利润表）
销售收入 减：变动成本 　　变动生产成本 　　变动管理及销售费用 　　边际贡献 减：固定成本 　　固定制造费用 　　固定销售费用 　　固定管理费用 税前净利	销售收入 减：销售成本 　　期初存货成本 　　加：本期生产成本 　　减：期末存货成本 　　销售毛利 减：期间费用 　　销售费用 　　管理费用 税前净利

【**例5-5**】依前例表5-8～表5-10的内容，若该产品售价为600元/件，分别按两种成本计算方法编制利润表，见表5-12。

表5-12　两种成本计算方法下的利润表　　单位：元

变动成本法 （贡献式利润表）		完全成本法 （传统式利润表）	
销售收入	24 000	销售收入	24 000
减：变动成本		减：销售成本	
变动生产成本	12 000	期初存货成本	0

续表

变动成本法（贡献式利润表）		完全成本法（传统式利润表）	
边际贡献	12 000	加：本期生产成本	20 400
减：固定成本		减：期末存货成本	6 800
固定制造费用	2 400	销售毛利	10 400
固定销售费用	4 000	减：期间费用	
固定管理费用	3 300	销售费用	4 000
		管理费用	3 300
税前净利	2 300	税前净利	3 100

由上例可以看出，两种成本计算方法因为对固定制造费用的处理方式不同，导致企业的当期税前净利润也是不相同的。在例5-5中，变动成本法下的税前净利要低于完全成本法下的税前净利润，但是这个规律是永久性的吗？下面我们将针对两种成本计算方法下税前利润差异的变化规律进行具体分析。

四、两种成本计算方法下税前净利润差异的变化规律

【例5-6】 万达文具厂是一家专门生产可擦拭钢笔的企业，其生产的万达牌钢笔市场单只售价20元/支，一只钢笔的单位变动生产成本为10元/支，单位变动销售及管理费用为0.6元/支，万达文具厂每年的生产量稳定，近三年产量均为8 000支/年，每年的固定成本为28 200元，其中固定制造费用20 000元，固定销售及管理费用8 200元，万达文具厂近三年的产销业务量情况见表5-13。

表5-13 万达文具厂近三年产销业务量情况表 单位：支

项 目	第1年	第2年	第3年
期初存货量	0	0	2 000
本年生产量	8 000	8 000	8 000
本年销售量	8 000	6 000	10 000
期末存货量	0	2 000	0

下面，我们将根据万达文具厂的案例，分别用变动成本法和完全成本法对其近三年的税前净利润进行计算，并分析两种成本计算方法下税前净利润差异的变化规律，见表5-14。

通过上面的案例分析我们不难发现，在两种成本计算方法下，企业同期的利润是有差异的，并且这个差异与企业当期的产销量有着密切的关系，具体分析如下：

表 5-14　两种成本计算方法下万达文具厂近三年利润表　单位：元

变动成本计算法			
时间	第 1 年	第 2 年	第 3 年
销售收入	160 000	120 000	200 000
变动成本			
变动生产成本	8 000	60 000	100 000
变动销售及管理费用	4 800	3 600	6 000
变动成本合计	84 800	63 600	106 000
边际贡献	75 200	56 400	94 000
固定成本			
固定制造费用	20 000	20 000	20 000
固定销售及管理费用	8 200	8 200	8 200
固定成本合计	28 200	28 200	28 200
税前净利润	47 000	28 200	65 800
完全成本计算法			
时间	第 1 年	第 2 年	第 3 年
销售收入	160 000	120 000	200 000
销售成本			
期初存货	0	0	25 000
本期生产成本	100 000	100 000	100 000
期末存货	0	25 000	0
销售成本总额	100 000	75 000	125 000
销售毛利	60 000	45 000	75 000
销售及管理费用	13 000	11 800	14 200
税前净利润	47 000	33 200	60 800

第一年，该企业在两种成本计算方法下的税前净利润是相等的，没有差异。主要原因为该企业第一年的产销业务量是一致的，且当年期初和期末存货量也是一致的，均为 0。在这种情况下，使用完成全本法计算利润时，随期初存货转入当期或者随期末存货转入下期的固定制造费用也为 0。所以，当企业当期的产量等于销量，即期末存货成本等于期初存货成本时，两种成本计算方法得出的税前净利润相等。

第二年，完全成本法下的税前利润大于变动成本法下的税前利润，差异为 5 000 元。主要原因为当年企业的销量小于产量，造成期末的存货量增加了 2 000 支。因为完全成本法下固定制造费用被计入产品成本，所以完全成本法下计算的单位产品成本为 12. 5 元，比变动成本法的单位产品成本高 2. 5 元。也就是说在完全成本法下，有 5 000 元固定制造费用随期末的 2 000 支存货转入了下一会计期间，本期销售的产品中只负担了 15 000 元的固定制造费用。相反，在变动成本法下，生产 8 000 支产品所产生的全部固定性制造费用全部计入了当期损益，导致完全成本法下的税前净利润比变动成本法下的税前净利润高 5 000 元。所以，当企业当期的产量大于销量，即期末存货成本大于期初存货成本时，完全成本法下计算的税前净利润更高。

第三年，完全成本法下的税前利润小于变动成本法下的税前利润，差异同样为5 000元。主要原因为当年企业的销量大于产量，期末的存货量为0。采用完全成本法将随着上一年存货转移的固定制造费用转入了本期的销售成本中，且本期生产的商品也全部销售一空，也就是说在第三年期末，企业没有未吸收的固定性制造费用转至下一期。而因为有上期转移来的存货的固定制造费用计入销售成本，导致当期完全成本法下的销售成本比变动成本法下的销售成本多了5 000元，当期税前净利润减少了5 000元。所以，当企业当期的产量小于销量，即期末存货成本小于期初存货成本时，变动成本法下计算的税前净利润更高。

结合上述的案例分析，我们将两种成本计算方法下税前净利润差异的变化规律总结如下：

- 若期末存货成本 > 期初存货成本，则完全成本法利润 > 变动成本法利润。
- 若期末存货成本 < 期初存货成本，则完全成本法利润 < 变动成本法利润。
- 若期末存货成本 = 期初存货成本，则完全成本法利润 = 变动成本法利润。

从企业长远发展的角度来看，两种方法计算出的税前净利润应该趋近于一致。上述案例仅分析了企业近三年的产销量，但是三年的产销量之和均为24 000支，且三年的总税前净利润均为141 000元。综上所述，无论是完全成本法还是变动成本法，无论是将固定制造费用计入产品成本还是计入期间费用，在企业的长远经营发展中，对企业的税前净利润之和几乎没有影响。

结合万达文具厂的案例和两种成本计算方法下税前净利润产生的原因，可以总结出两种成本计算方法税前净利润的差额简算公式：

税前净利润差额 = 完全成本法下期末存货吸收的固定制造费用 − 完全成本法下期初存货释放的固定制造费用

两种成本计算方法下税前净利润调整的简算法见表5-15。

表 5-15　两种成本计算方法下税前净利润调整的简算法　　单位：元

项　目	第1年	第2年	第3年	合计
变动成本法下税前净利润	47 000	282 000	65 800	141 000
加：期末存货中的固定制造费用	0	0	5 000	5 000
减：期初存货中的固定制造费用	0	5 000	0	5 000
完全成本法下税前净利润	47 000	33 200	60 800	141 000

五、变动成本法的评价及应用

（一）变动成本法的优点

1. 充分利用边际贡献增强成本信息的有用性

企业在进行短期决策时，最关心的是成本、业务量和利润之间的依存关系，变动成本法从成本性态出发，结合本量利分析，使企业的当期利润真正且充分地反映出企业的实际经营情况，为企业后续短期内的经营预测和决策奠定基础。

2. 能够督促企业管理层重视销售管理，防止盲目生产

完全成本法下当企业当期的产量大于销量时，利润表呈现出的税前净利润较变动成本法下要高，会产生成本下降的假象。这必然会导致企业盲目生产，扩大产量，其结果就是造成产品大量积压。这不仅会长期占用企业资金，保管成本上升，甚至可能会因为产品折价清仓、损毁或报废而导致企业永久性的损失。而采用变动成本法可以排除产量对利润的影响，企业的税前净利润只随销量的变化而变化，这样会促进企业管理层注重销售管理、开拓销售渠道、以销定产、提高产品质量等，从而促进企业长远健康的发展。

3. 有利于企业各部门的业绩考核

变动成本法下，因为严格区分了产品的固定成本与变动成本，所以也帮助企业更加清晰地划分了各部门的成本管理责任。变动成本的变化能够反映出生产部门和采购部门的业绩评价，例如直接材料、直接人工和变动制造费用的变化会立即从产品的变动生产成本上反映出来，企业便可以制定标准成本，对生产部门和采购部门进行成本控制和管理。同样，固定生产成本的变化能够反映企业管理部门的业绩情况，通过制定标准固定制造费用而对管理部门进行相关的成本管理和考核评价。

（二）变动成本法的缺点

1. 无法满足企业长期决策的需要

企业在长期的经营发展中，固定成本一定会发生变化，且变动成本与业务量的正比例变动关系也会被打破，此时变动成本法下的计算结果就会严重偏离实际，很可能造成企业错误的决策，所以变动成本法不能帮助企业进行长期决策。

2. 影响征税部门的收益和投资者的利益

当企业存在期末存货时，变动成本法的计算方式会降低期末存货的估价，从而降低了企业当期的税前净利润，在某种程度上会暂时降低所得税和股利，从而影响征税部门的收益和投资者的利益。

【任务实施】

任　务　单

<table>
<tr><td>学习领域</td><td colspan="3">成本管理</td></tr>
<tr><td>学习单元</td><td colspan="3">应用变动成本法</td></tr>
<tr><td>任　　务</td><td>掌握变动成本法和完全成本法的区别</td><td>学时</td><td>2</td></tr>
<tr><td colspan="4">布置任务</td></tr>
<tr><td>任务目标</td><td colspan="3">职业能力目标：
● 掌握变动成本法的应用前提。
● 掌握变动成本法和完全成本法的区别。
职业素养目标：
● 应用变动成本法进行利润表的编制。
● 如何能融合两种方法对企业进行创新成本管理</td></tr>
</table>

任务描述

任务 1：A 公司最近两年只生产和销售一种产品，有关该产品的产销基本情况以及按完全成本法编制的两年利润表数据见表 5-16 和表 5-17。

表 5-16　产品的基本情况表

项　　目	第一年	第二年
产量（件）	8 000	10 000
销售量（件）	8 000	8 000
销售单价（元）	15	15
单位变动成本（元）	8	8
固定成本（元）	24 000	

表 5-17　完全成本法下的利润表　　单位：元

项　　目	第一年	第二年
销售收入	120 000	120 000
销售成本	88 000	83 200
销售毛利	32 000	36 800
销售及管理费用	20 000	20 000
营业利润	12 000	168 000

假设 A 公司的固定制造费用是以生产量为基础分摊于该产品，另设该产品每件分摊的变动销售及管理费用为 1 元。

（1）请按完全成本法分别计算第一年、第二年该产品的单位产品成本。

（2）请分析为什么第二年的营业利润较第一年高出 4 800 元。

（3）请用变动成本法编制第一年和第二年的利润表。

（4）通过对两种不同方法编制的利润表进行对比，你认为哪种方法较为合适？为什么？

任务 2：合安公司从事单一产品生产，连续三年销售量均为 1 000 件，而三年的生产量分别为 1 000 件、1 200 件和 800 件。单位产品销价为 200 元/件，管理费用与销售费用均为固定成本，两项费用各年总额均为 50 000 元，单位产品变动生产成本为 90 元/件，固定制造费用为 20 000 元。

（1）不考虑税金，分别采用变动成本法和完全成本法计算各年的营业利润。

（2）根据（1）的计算结果，简单分析完全成本法与变动成本法对损益计算的影响

<table>
<tr><td rowspan="1">任务描述</td><td>

任务3：太平有限责任公司连续两年的产销量、成本和售价等资料见表5-18。

表5-18 连续两年的产销量、成本和售价

项　目	第一年	第二年
生产量（件）	8 000	10 000
销售量（件）	8 000	6 000
单位变动生产成本（元/件）	15	15
固定制造费用（元）	40 000	40 000
固定销售管理成本（元）	10 000	10 000
单位（元）	40	40

该企业按变动成本法计算的营业利润第一年为150 000元，第二年为100 000元，存货采用先进先出法计价。请根据利润差额简算法计算完全成本法下的各年营业利润

</td></tr>
</table>

【任务小结】

变动成本法是企业进行成本管理的一项基本工具，不但具有核算的功能，还能辅助管理者对企业经营做出短期决策。在管理会计学中，变动成本法是以成本性态分析作为产品成本计算的前提，将产品的变动生产成本作为产品成本的构成内容，而将固定生产成本同非生产成本计入期间费用，按贡献式损益确定税前利润的一种成本计算模式。根据我国企业会计准则的要求，虽然编制公开披露的报表是要用传统成本法来计算产品成本，但是企业内部处于管理和短期决策的需要，往往更偏向于采用变动成本法来核算产品成本，尤其是变动成本占产品总成本结构较大的企业。变动成本法与完全成本法分别有着不同的优势和劣势，并且从某种意义上而言，两种成本计算方法是优势互补的，单个成本计量法已经不能满足现阶段的企业经营模式。因此企业应建立一套统一的成本计算体系，充分结合两种结算方法的优势，满足企业各方面的需要，帮助企业的经营管理更加完善，更加科学。

任务三 应用标准成本法

【工作任务】

工作任务	技能点及任务成果	重要知识点	课时
了解标准成本及其分类，掌握标准成本的制定原则，理解标准成本差异的内涵，掌握标准成本差异的分析思路和方法	1. 掌握变动成本差异的计算方法，正确理解变动成本差异对成本管理的意义； 2. 掌握固定成本差异的计算方法，正确理解固定成本差异对成本管理的意义； 3. 掌握标准成本的账户设置和账务处理方法，并能够运用到实际工作中	1. 标准成本法内涵； 2. 标准成本的种类、制定方法和标准； 3. 标准成本的变动成本差异分析； 4. 标准成本的固定成本差异分析	2 学时

【知识准备】

一、标准成本法与标准成本

（一）标准成本法的概念

标准成本法，又称标准成本会计，是指以标准成本为基础，将实际成本与标准成本进行比较，核算并分析二者差异的一种产品成本计算方法。标准成本制度也是企业加强成本控制、评价经济业绩的一种成本控制制度，其基本思路是按照标准成本记录和反映产品成本的形成过程和结果，通过对比分析直接材料差异、直接人工差异和制造费用差异产生的原因，提出相应的控制措施，实现成本管理的目的。

（二）标准成本

标准成本法的关键是标准成本的制定。标准成本是指企业在正常的生产技术水平和经营管理之下应该实现的成本，它不是实际发生的成本，而是对产品或作业未来成本的理性预期，是与实际成本相比较从而计算差异的依据。

1. 标准成本的特点

标准成本是否合理直接影响到成本控制的效果分析，所以通过上述描述，标准成本具有以下三个特点：

（1）科学性，标准成本的制定是在对企业进行实际调查的基础上，依据科学的方法制定的，具有一定的科学性。

（2）稳定性，标准成本因为按照正常条件制定，没有考虑不可预测的异常因素，所以一旦确定便不会轻易改变，具有一定的稳定性。

（3）尺度性，标准成本是企业成本控制的目标和衡量实际成本的尺度，所以具有一定的尺度性。

2. 标准成本的分类

根据企业管理者所要达到的目的不同，标准成本分为理想标准成本、正常标准成本和现实标准成本。

1）理想标准成本

理想标准成本是企业在最理想的经营状态下的最低成本，也就是企业理想上的业绩标准、生产要素的理想价格和可能实现的最高生产能力的利用水平。这种标准排除了一切失误和浪费，是在工人最熟练的状态下全力以赴的工作，是企业生产不存在废品损失和停工时间等条件下的完美成本。也就是说，在理想标准成本下，企业生产过程材料无浪费、机器设备无故障、生产工人无怠工而达到的最优生产效率下的最优成本。这种成本是一个完美的目标，所以在现实的生产条件下很难实现，因此一般企业很少采用理想标准成本作为考核依据。

2）正常标准成本

正常标准成本是企业在正常生产经营条件下应该达到的成本水平。它以企业过去若干年内的成本平均值为基础，结合企业未来的影响因素和变动趋势进行调整而制定的。在正常标准成本的制定过程中，考量了现实生产中不可避免的合理损耗、设备故障及工人窝工等情况，因此具有一定的实用性。

3）现实标准成本

现实标准成本是企业根据现有的生产条件，以合理的工作效率、有效的管理水平下所达到的成本水平。它是根据企业现在所采用的价格水平、生产耗用量以及生产经营能力利用程度而制定的标准成本。现实标准成本考量了企业生产过程中不可避免的低效率、合理的损耗和失误等，它是企业在经过一系列的努力之后可以实现的成本，充分体现了标准成本的先进性与可操作性的统一，因此现实标准成本最接近实际成本，也最切实可行。目前现实标准成本在实际中被大多数企业所采用。

二、标准成本的制定

产品成本根据成本性态可分为固定成本和变动成本，在此基础上将产品的标准成本分为直接材料标准成本、直接人工标准成本和制造费用标准成本三项内容。无论是确定哪一个项目的标准成本，都需要分别确定其用量标准和价格标准，二者的乘积便是每一项成本的标准成本，再将三项成本的标准成本汇总，即可得到单位产品的标准成本。

（一）直接材料标准成本

单位产品的直接材料标准成本是由直接材料的价格标准和用量标准两个因素决定的。公式表示为：

$$\text{直接材料标准成本} = \sum(\text{单位产品材料用量标准} \times \text{材料价格标准})$$

1. 直接材料的价格标准

直接材料价格标准的制定通常由生产部门会同采购部门、财务部门等共同来制定。因为材料的价格经常受到外界等不可控因素的影响，所以直接材料的价格标准通常采用企业编制的计划价格，它是以企业订货的合同价格为基础，充分考虑未来的供求关系、物价水平等有关因素后按材料种类分别计算的，它包括材料的购买价格和采购费用，如运输费、保险费等。

2. 直接材料的用量标准

直接材料用量标准是指生产技术部门在一定条件下所确定的单位产品耗用的各种直接材料的数量，包括构成产品实体的材料数量、在生产中发生的合理的材料损耗以及生产过程中不可避免的废品所耗费的材料数量。直接材料用量标准的确定综合考量了企业的生产技术水平和生产中发生的必要损失和废品的可能性。

【例 5-7】嘉业有限公司生产甲产品需使用 A、B 两种材料，相关成本资料及标准成本的制定见表 5-19。

表 5-19　直接材料标准成本计算表

项　　目	A 材料	B 材料	合计
单位产品价格标准（元/kg）	10.8	12.8	—
预计买价（元/kg）	10	12	—
预计采购费用（元/kg）	0.8	0.8	—
单位产品用量标准（kg/件）	20	20	—
预计正常耗用量（kg/件）	19	18	—
预计合理损耗量（kg/件）	0.6	1.2	—
预计废品损耗量（kg/件）	0.4	0.8	—
单位产品直接材料标准成本（元/件）	216	256	472

（二）直接人工标准成本

直接人工标准成本由直接人工价格标准和直接人工用量标准共同决定。直接人工价格标准就是标准工资率，直接人工用量标准就是工时标准，其公式表示为：

$$\text{单位产品直接人工标准成本} = \text{单位小时工资率标准} \times \text{单位产品工时标准}$$

1. 直接人工的价格标准

直接人工的价格标准，即标准工资率，是指按照单位产品或单位标准工时支付的生产工人薪酬，通常由劳动工资部门根据用工情况制定，标准工作率分为计件工资和计时工资两种形式，计件工资就是为单位产品所支付的工资额，计时工资是生产工人每工作一小时应分配的工资，即小时工资率。单位产品工资率标准公式表示如下：

$$\text{小时工资率标准} = \frac{\text{预计生产工人工资总额}}{\text{标准总工时数}}$$

2. 直接人工的用量标准

直接人工的工用量标准，即直接人工工时标准，是指企业在现有的生产技术水平下，在正常的生产单位产品所需要的时间基础上，考量生产过程中必要的间歇和停工的时间。直接人工的用量标准一般由生产技术部门和劳资部门共同制定。

【例 5-8】嘉业有限公司生产甲产品的直接人工标准成本计算见表 5-20。

表 5-20　直接人工标准成本计算表

项　　目	标准成本
直接人工工资率标准（元/h）	24
单位小时工资率（元/h）	20
津贴和补贴（元/h）	4
单位产品工时标准（h/件）	8
直接加工工时/h	7
必要的间歇和停工时间（h）	0.4
废品所耗用时间（h）	0.6
单位产品直接人工标准成本（元/件）	192

（三）制造费用标准成本

制造费用标准成本同样也包括价格标准和数量标准，其中制造费用数量标准是指生产单位产品所耗用的工时数，制造费用价格标准是指制造费用分配率，即单位标准工时应分摊的制造费用。根据成本性态分析，制造费用标准成本的制定通常分为变动制造费用和固定制造费用。

1. 变动制造费用的标准成本

根据成本性态分析，变动制造费用随产量变化而成正比例变化，所以变动制造费用的数量标准就是生产单位产品所耗费的直接人工标准工时，而变动制造费用的价格标准就是变动制造费用标准分配率，其计算公式如下：

$$\text{变动制造费用标准分配率}=\frac{\text{变动制造费用预算总额}}{\text{直接人工标准总工时}}$$

单位产品变动制造费用标准成本 = 变动制造费用标准分配率 × 单位产品直接人工工时标准

2. 固定制造费用的标准成本

固定制造费用，指在一定产量范围内，其总额不会随产量变化而变化。固定制造费用的标准成本一般由财务部门会同生产、采购、技术、营销等部门共同制定，其计算方式与变动制造费用标准成本基本相同，计算公式如下：

$$\text{固定制造费用标准分配率}=\frac{\text{固定制造费用预算总额}}{\text{直接人工标准总工时}}$$

单位产品固定制造费用标准成本 = 固定制造费用标准分配率 × 单位产品直接人工工时标准

【例 5-9】 嘉业有限公司生产的甲产品制造费用预算见表 5-21。

表 5-21　制造费用的预算

项　目	预　算
单位产品直接人工工时标准（h/件）	8
生产量（件）	8 400
直接人工标准总工时（h）	67 200
变动制造费用预算总额（元）	134 400
固定制造费用预算总额（元）	201 600

变动制造费用标准分配率 = 134 400/67 200 = 2（元/h）

固定制造费用标准分配率 = 201 600/67 200 = 3（元/h）

单位产品变动制造费用标准成本 = 2 × 8 = 16（元/件）

单位产品固定制造费用标准成本 = 3 × 8 = 24（元/件）

单位产品制造费用标准成本 = 16 + 24 = 40（元/件）

根据例 5-7 ~ 例 5-9 的资料，编制嘉业有限公司甲产品的标准成本计算表（见表 5-22）。

表 5-22　标准成本计算表

成本项目		用量标准	价格标准	标准成本
直接材料	A 材料	20 kg	10.8 元/kg	216 元
	B 材料	20 kg	12.8 元/kg	256 元
直接人工		8 h	24 元/h	192 元
变动制造费用		8 h	2 元/h	16 元
固定制造费用		8 h	3 元/h	24 元
单位产品标准成本				704 元

三、标准成本的差异计算与分析

标准成本差异是指企业所生产的产品实际成本与标准成本之间的差额，也称标准差异。通过标准成本差异的分析，找到企业预算执行结果与标准成本产生差异的深层原因，并一次作为后续考核评价的依据，帮助企业明确责任、改善经营管理、提高经济效益。

根据成本的构成不同，标准成本差异分为直接材料成本差异、直接人工成本差异和制造费用成本差异，其中制造费用成本差异按其形成的原因和分析方法不同又分为变动制造费用成本差异和固定制造费用成本差异。因为标准成本是根据用量标准和价格标准计算出来的，而实际成本是根据实际数量和实际价格计算的，所以由数量因素形成的差异称为用量差异，由价格因素形成的差异称为价格差异。如果实际成本小于标准成本，则形成的差异为有利差异，也称为顺差；如果实际成本大于标准成本，则形成的差异为不利差异，也称为逆差。

（一）直接材料成本的差异计算与分析

1. 直接材料成本的差异计算

直接材料成本差异是直接材料实际总成本与直接材料标准成本之间的差异，分为直接材料价格差异和用量差异两部分。

直接材料成本差异 = 直接材料实际成本 − 实际产量下直接材料标准成本
= 实际耗用量 × 实际单价 − 实际产量下标准耗用量 × 标准单价
= 直接材料价格差异 + 直接材料用量差异

直接材料价格差异是企业在采购过程中，因直接材料的实际价格偏离标准价格所形成的差额，其计算公式如下：

直接材料价格差异 = 实际单价 × 实际用量 − 标准单价 × 实际用量
= (实际单价 − 标准单价) × 实际用量

直接材料用量差异是指在产品生产过程中，直接材料实际耗用量偏离标准耗用量所形成的差额，其计算公式如下：

直接材料用量差异 = 实际用量 × 标准价格 − 实际产量下的标准用量 × 标准价格
= (实际用量 − 实际产量下的标准用量) × 标准价格

【例 5-10】嘉业有限公司本期实际生产甲产品 4 000 件，领用 A 材料 84 000 kg，领用 B 材料 75 000 kg，A 材料实际单价为 12 元/kg，B 材料的实际单价为 11.8 元/kg，其他有关资料见例 5-7，请计算 A 产品的直接材料成本差异。

直接材料价格差异 =(12 - 10.8) ×84 000 + (11.8 - 12.8) ×75 000 =25 800（元）（不利差异）

直接材料用量差异 =(84 000 - 4 000 ×20) ×10.8 + (75 000 - 4 000 ×20) ×12.8
= -20 800（元）（有利差异）

直接材料成本差异 =25 800 + (-20 800) =5 000（元）（不利差异）

或

直接材料成本差异 =84 000 ×12 +75 000 ×11.8 - 4 000 × (216 +256) =5 000（元）（不利差异）

从上述例题可知，嘉业公司的直接材料成本上升了 5 000 元。其中价格方面，直接材料成本上升了 25 800 元，而材料用量方面的节约是使成本下降了 20 800 元。

2. 直接材料成本的差异分析

直接材料的价格差异是在采购过程中产生的，例如原材料采购方式的变动、因材料短缺而紧急进货或购货折扣的变动等。直接材料的价格差异主要由企业的采购部门负责，但也要注意具体问题具体分析，例如宏观经济变化引起的原材料市场价格波动等原因就属于不可控制的客观原因。因此在分析价格差异时，要注意区别主观因素和客观因素，尤其要对主观因素进行重点分析研究。

直接材料的用量差异是在产品的生产过程中材料的耗用所形成的，例如生产工人技术熟练程度的高低、材料规格质量的差异、机器设备使用效率的高低、产品设计结构的优劣等，所以直接材料的用量差异一般由企业的生产部门负责。因为直接材料的用量直接会影响产品的质量，所以在分析用量差异时还要结合产品的质量进行综合分析。

（二）直接人工成本的差异计算与分析

1. 直接人工成本的差异计算

直接人工成本差异是直接人工的实际成本与直接人工的标准成本之间的差额，分为直接人工效率差异和直接人工工资率差异两部分。

直接人工成本差异 = 直接人工实际成本 - 实际产量下直接人工标准成本
= 实际人工总工时 × 实际工资率 - 实际产量下标准总工时 × 标准工资率
= 直接人工工资率差异 + 直接人工效率差异

直接人工工资率差异就是直接人工成本的价格差异，是指因直接人工实际工资率偏离其标准工资率所形成的差异，其计算公式如下：

直接人工工资率差异 = 实际工资率 × 实际总工时 - 标准工资率 × 实际总工时
=(实际工资率 - 标准工资率) × 实际用量

直接人工效率差异就是直接人工成本的用量差异，是指因生产单位产品时耗用的实际人工工时偏离标准工时所形成的差异，其计算公式如下：

直接人工效率差异 = 实际总工时 × 标准工资率 - 实际产量下标准总工时 × 标准工资率
=(实际总工时 - 实际产量下标准总工时) × 标准工资率

【例 5-11】 嘉业有限公司生产甲产品耗用的实际总工时为 30 000 小时，实际每小时工资率为 25 元，请结合例 5-8 ~ 例 5-10 计算嘉业有限公司的直接人工成本差异。

直接人工工资率差异 = (25 − 24) × 30 000 = 30 000（元）　　（不利差异）

直接人工效率差异 = (30 000 − 8 × 4 000) × 24 = −48 000（元）　　（有利差异）

直接人工成本差异 = 30 000 + (−48 000) = −18 000（元）　　（有利差异）

或

直接人工成本差异 = 30 000 × 25 − 4 000 × 8 × 24 = −18 000（元）　　（有利差异）

从上述例题可知，嘉业公司的实际直接人工成本下降了 18 000 元。主要是因为工人效率的提升导致直接人工效率差异下降了 48 000 元，同时因为增加了工人工资导致直接人工工资率差异增加了 30 000 元，最终导致直接人工成本差异出现有利差异。

2. 直接人工成本的差异分析

直接人工工资率差异是由企业给工人支付的工资或者津贴而产生的，所以一般由劳资部门和生产部门共同负责。产生直接人工工资率差异的原因多且复杂，例如不同熟练程度的工人工资等级不同且安排不合理导致大材小用、受外部劳动力市场影响导致员工整体工资水平调整、季节性变化、出勤率变化或额外支付加班工资等。

直接人工效率差异产生的主要原因主要包括工人的熟练程度、生产设备的状况、原材料的质量、生产安排的合理性等。所以一般由企业的生产部门负责，但也要根据具体实际情况进行综合考核评价。

（三）制造费用成本的差异计算与分析

1. 变动制造费用成本的差异计算与分析

1）变动制造费用成本的差异计算

变动制造费用成本的差异是指变动制造费用实际的发生额与变动制造费用的标准成本之间的差额，分为变动制造费用耗费差异和变动制造费用效率差异两部分。

变动制造费用成本差异 = 变动制造费用实际成本 − 实际产量下变动制造费用标准成本
= 变动制造费用耗费差异 + 变动制造费用效率差异

变动制造费用耗费差异就是变动制造费用的价格差异，是指因变动制造费用实际分配率偏离其标准分配率而形成的差异，所以也称变动制造费用分配率差异，其计算公式如下：

变动制造费用耗费差异 = 变动制造费用实际分配率 × 实际总工时 − 变动制造费用标准分配率 × 实际总工时
= (变动制造费用实际分配率 − 变动制造费用标准分配率) × 实际总工时

变动制造费用效率差异就是变动制造费用的数量差异，是指因生产单位产品耗用的实际人工工时偏离标准人工工时而形成的差异，其计算公式如下：

变动制造费用效率差异 = 实际总工时 × 变动制造费用标准分配率 − 实际产量下标准总工时 × 变动制造费用标准分配率
= (实际总工时 − 实际产量下标准总工时) × 变动制造费用标准分配率

【例 5-12】 嘉业有限公司生产甲产品的变动制造费用实际分配率为 1.8 元/小时，生产工时借用直接人工工时，请根据例 5-8 ~ 例 5-11 计算其变动制造费用的差异。

变动制造费用耗费差异 = (1.8 − 2) × 30 000 = −6 000（元）　　（有利差异）

变动制造费用效率差异 = (30 000 − 4 000 × 8) × 2 = −4 000（元）　　（有利差异）

变动制造费用成本差异 = −60 000 + (−40 000) = −10 000（元）　　（有利差异）

或

变动制造费用成本差异 = 30 000 × 1.8 − 4 000 × 8 × 2 = −10 000（元）　　（有利差异）

从上述例题可知，嘉业公司的变动制造费用下降了 10 000 元。主要是因为变动制造费用的耗费差异和变动制造费用的效率差异分别下降了 6 000 元和 4 000 元，最终导致变动制造费用成本差异出现有利差异。

2）变动制造费用成本的差异分析

变动制造费用耗费差异产生的原因很多，例如间接材料价格波动、间接材料质量变化导致耗用量的变化、间接人工工资水平的调整、各项间接费用开支浪费等。一般情况下，间接材料市场的价格波动属于不可控制因素，而生产过程中间接材料的耗用是可控的，所以对于变动制造费用耗费差异的分析和控制必须区分不同的费用项目和相关所属部门，才能正确划分责任归属。

变动制造费用效率差异是由直接人工工时实际与标准的差异产生的，所以造成其差异的主要原因与直接人工用量差异一致，都是由参与生产的工人的效率高低所引起的。

2. 固定制造费用成本的差异计算与分析

固定制造费用成本的差异是指实际产量下实际发生的固定制造费用总额与实际产量下标准固定制造费用总额之间的差异。其计算公式如下：

固定制造费用成本差异 = 固定制造费用实际成本 − 实际产量下固定制造费用标准成本

根据成本性态分析，固定制造费用在一定时期内不随业务量的变动而变动，所以固定制造费用成本差异不能简单分为价格差异和数量差异。计算固定制造费用的差异通常有以下两种方法：

1）两分法

两分法是将固定制造费用差异分为固定制造费用开支差异和固定制造费用生产量差异两部分。开支差异是指固定制造费用的实际总成本与预算总成本之间的差异，生产量差异是指固定制造费用预算总额与实际产量下固定制造费用的标准总额之间的差异，它反映了未能充分利用生产能力而形成的损失。计算公式如下：

固定制造费用开支差异 = 固定制造费用实际总成本 − 预算产量下固定制造费用总成本
= 实际总工时 × 固定制造费用实际分配率 − 预算产量下标准总工时 × 固定制造费用标准分配率

固定制造费用生产量差异 = 预算产量下固定制造费用总成本 − 实际产量下固定制造费用标准总成本
= 预算产量下标准工时 × 固定制造费用标准分配率 − 实际产量下标准工时 × 固定制造费用标准分配率
=（预算产量下标准工时 − 实际产量下标准工时）× 固定制造费用标准分配率

【例 5-13】嘉业公司生产甲产品应负担的固定制造费用预算总额为 96 000 元（实际产量 × 标准工时 × 标准分配率），预算产量为 4 200 件，实际产量为 4 000 件。嘉业公司年初时按照预算产量制定的固定制造费用预算额为 100 800 元，固定制造费用实际发生额为100 000

元，请根据例 5-9 计算嘉业公司的固定制造费用差异。

固定制造费用开支差异 = 100 000 - 100 800 = -800（元）　　（有利差异）

固定制造费用生产量差异 = 100 800 - 96 000 = 4 800（元）　　（不利差异）

= (4 200 × 8 - 4 000 × 8) × 3 = 4 800（元）　　（不利差异）

固定制造费用成本差异 = 100 000 - 96 000 = 4 000（元）　　（不利差异）

或

固定制造费用成本差异 = -800 + 4 800 = 4 000（元）　　（不利差异）

从上述例题可知，嘉业公司的固定制造费用增加了 4 000 元。虽然固定制造费用开支差异下降了 800 元，但固定制造费用的生产量差异增加了 4 800 元，最终导致固定制造费用成本差异出现不利差异。

固定制造费用开支差异主要与总工时有关，可能是由于工人工资和人工工资率调整造成实际发生额与预算数额不同造成的。固定制造费用生产量差异主要是由于实际产量与预算产量的不同，导致分配到产品上的固定制造费用发生变化。固定制造费用生产量差异反映出企业是否充分利用了生产能力，所以一般由生产部门主管对其进行负责。

2）三分法

三分法就是在两分法的基础上，将固定制造费用生产量差异进一步分为固定制造费用能力差异和固定制造费用效率差异，更细致地阐明了企业生产能力利用程度和生产效率的高低。固定制造费用能力差异是指预算产量下标准工时与实际产量下的实际工时的不同而产生的差异。固定制造费用效率差异是指实际产量下实际工时偏离实际产量下的标准工时而产生的差异。三分法下固定制造费用差异计算公式如下：

固定制造费用开支差异 = 固定制造费用实际总成本 - 预算产量下固定制造费用总成本

= 实际总工时 × 固定制造费用实际分配率 - 预算产量下标准总工时 × 固定制造费用标准分配率

固定制造费用能力差异 = (预算产量下标准总工时 - 实际产量下实际工时) × 固定制造费用标准分配率

固定制造费用效率差异 = (实际产量下实际工时 - 实际产量下标准工时) × 固定制造费用标准分配率

【例 5-14】 承例 5-13，若嘉业公司生产甲产品实际总工时为 30 000 小时，则固定制造费用成本差异按三分法计算为：

固定制造费用开支差异 = 100 000 - 100 800 = -800（元）　　（有利差异）

固定制造费用能力差异 = (4 200 × 8 - 30 000) × 3 = 10 800（元）　　（不利差异）

固定制造费用效率差异 = (30 000 - 4 000 × 8) × 3 = -6 000（元）　　（有利差异）

固定制造费用成本差异 = -800 + 10 800 + (-6 000) = 4 000（元）　　（不利差异）

通过三分法分析，可以更详细地知道嘉业公司固定制造费用的生产量差异增加了 4 800 元，其中能力差异增加了 10 800 元，效率差异降低了 6 000 元，主要是由于生产能力不达标而最终导致固定制造费用成本差异出现不利差异。

四、标准成本的账务处理

在标准成本系统中，为了能够准确地提供标准成本、成本差异和实际成本的资料，需要将实际成本分为标准成本和成本差异两部分。通过对标准成本和成本差异的分析和披露，计算产品的实际成本，从而更有效地控制产品成本的一种成本会计制度。

（一）标准成本差异的账户设置

采用标准成本法时，针对各种成本差异，应该设置如下的标准成本差异账户进行核算："直接材料用量差异""直接材料价格差异""直接人工效率差异""直接人工工资率差异""变动制造费用效率差异""变动制造费用耗费差异""固定制造费用开支差异""固定制造费用生产量差异"（或者分设"固定制造费用能力差异"和"固定制造费用效率差异"）。以上各种成本差异类账户的借方登记不利差异，贷方登记有利差异。

（二）标准成本差异的账务处理

根据前述"标准成本的制定"和"标准成本的差异计算分析"相关的数据资料，下面以嘉业有限公司业务为例说明成本差异归集的账务处理：

1. 直接材料成本差异

	借方	贷方
借：生产成本（标准数）	1 888 000	
直接材料价格差异	25 800	
贷：原材料（实际数）		1 893 000
直接材料用量差异		20 800

"生产成本"科目借方记录的是直接材料的标准成本，"原材料"账户贷方记录的是直接材料的实际成本。直接材料的价格差异为不利差异，所以记入借方，用量差异为有利差异，所以记入贷方。

2. 直接人工成本差异

	借方	贷方
借：生产成本（标准数）	768 000	
直接人工工资率差异	30 000	
贷：应付职工薪酬（实际数）		750 000
直接人工效率差异		48 000

"生产成本"账户借方记录的是直接人工的标准成本，"应付职工薪酬"账户贷方记录的是直接人工的实际成本。二者的差异中，直接人工工资率差异为不利差异，所以记入借方账户，直接人工效率差异为有利差异，所以记入贷方账户。

3. 变动制造费用差异

	借方	贷方
借：生产成本（标准数）	64 000	
贷：制造费用（实际数）		54 000
变动制造费用耗费差异		6 000
变动制造费用效率差异		4 000

"生产成本"账户借方记录的是变动制造费用的标准成本，"制造费用"账户贷方记录的是变动制造费用的实际成本。二者的差异中，变动制造费用耗费差异和效率差异均为有利差异，所以均记入贷方账户。

4. 固定制造费用差异

借：生产成本（标准数）　　96 000
　　固定制造费用生产量差异　　4 800
　贷：制造费用（实际数）　　100 000
　　　固定制造费用开支差异　　800

“生产成本”账户借方记录的是固定制造费用的标准成本，“制造费用”贷方记录的是固定制造费用的实际成本。二者的差异中，固定制造费用生产量差异为不利差，故记入借方账户，固定制造费用开支差异为有利差，故记入贷方账户。

5. 差异账户余额分配

期末编制对外公开披露的财务报表时，各差异账户的余额有两种处理方法。

一是当差异金额较小时，将各差异账户余额全部转入“主营业务成本”账户中，也就是当期销售成本，由本期的收入补偿，反映当期的业绩。

二是将各期的成本差异按标准成本的比例在期末存货和当期销售成本之间进行分摊，以反映它们的实际成本。

嘉业有限公司期末采用第一种方法处理成本差异余额，其分录为：

借：主营业务成本　　60 600
　贷：直接材料价格差异　　25 800
　　　直接人工工资率差异　　30 000
　　　固定制造费用生产量差异　　4 800

借：直接材料数量差异　　20 800
　　直接人工效率差异　　48 000
　　变动制造费用耗费差异　　6 000
　　变动制造费用效率差异　　4 000
　　固定制造费用开支差异　　800
　贷：主营业务成本　　79 600

【任务实施】

任　务　单

学习领域	成本管理		
学习单元	应用标准成本法		
任　　务	标准成本的差异计算与分析	学时	2
布置任务			
任务目标	**职业能力目标：** • 掌握标准成本的差异计算与分析。 • 掌握标准成本的账户设置和账户处理方法。 **职业素养目标：** • 通过标准成本控制理念建立厉行节约、反对浪费的意识。 • 掌握标准成本法在企业成本管理控制中的应用		

<table>
<tr><td>任务描述</td><td>

任务1：中业公司2021年3月的固定制造费用预算为168 000元，预算工时为67 200工时，实际耗用工时为67 600工时，实际固定制造费用171 760元，标准工时为62 400工时。请根据相关资料计算以下指标：

（1）固定制造费用开支差异。
（2）固定制造费用能力差异。
（3）固定制造费用效率差异。
（4）固定制造费用成本差异。
（5）固定制造费用差异的账务处理。

任务2：东方集团生产甲产品的标准成本资料见表5-23。

表5-23　甲产品的标准成本资料

项　　目	价格标准	数量标准	金额（元/件）
直接材料	9元/kg	50 kg/件	450
直接人工	4元/h	45 h/件	180
变动制造费用	3元/h	45 h/件	135
固定制造费用	2元/h	45 h/件	90
合　计	—	—	855

甲产品正常生产能量为1 000小时。本月实际生产量为20件，实际耗用材料900 kg，实际人工工时为950小时，实际成本分别为：直接材料9 000元，直接人工3 325元，变动制造费用2 375元，固定制造费用2 850元，总计17 550元。

请分别计算各成本项目的成本差异和分差异，其中固定制造费用采用三分法进行计算

</td></tr>
</table>

【任务小结】

成本控制强调对企业生产经营的各个方面、各个阶段的所有成本进行控制，从时间上贯穿于企业的各项生产经营活动，从空间上渗透到企业的方方面面。在横向上包括对生产成本、非生产成本、研发成本、设计成本、采购成本、销售费用、储存成本等一切成本、费用的控制；在纵向上包括事前成本控制、事中成本控制和事后成本控制。狭义的成本控制则主要是指对成本的事中控制，即仅指对日常生产阶段产品成本的控制。标准成本法的主要内容

包括标准成本的制订、成本差异的计算和分析、成本差异的账务处理。其中，标准成本的制订是采用标准成本法的前提和关键，据此可以达到成本事前控制的目的；成本差异计算和分析是标准成本法的重点，借此可以促成成本控制目标的实现，并据以进行经济业绩考评。

任务四 应用作业成本法

【工作任务】

工作任务	技能点及任务成果	重要知识点	课时
了解作业成本法的相关概念；掌握作业成本法的基本原理；掌握作业成本法的实际运用；了解作业成本法的适用范围	1. 掌握作业成本法的相关概念及基本原理； 2. 掌握作业成本法的计算基本步骤； 3. 掌握作业成本法的实际应用与计算	1. 作业成本法的基本原理； 2. 作业成本法的计算基本步骤； 3. 作业成本法在企业中的实际运用	2 学时

【知识准备】

一、作业成本法产生的背景

20 世纪 70 年代以来，企业的经营环境发生了巨大的变化。在新的环境下，传统的成本管理方法受到了剧烈的冲击，各种新的成本管理方法应运而生，其中最具代表性的方法便是作业成本法。

随着世界经济的快速发展，企业的生产日趋高度自动化，企业在 IT 技术上运用逐渐丰富，企业新制造环境逐渐形成，企业使用计算机管理信息系统来管理经营与生产，最大限度地发挥现有设备、资源、人、技术的作用，最大限度地产生企业经济效益，已成为制造业企业的一致选择。计算机的应用延伸到了企业经营的各个方面，从订货到设计，从制造到销售，均由计算机进行控制。企业已经成为受计算机控制的各个子系统的综合集合体。

这样的变化也使得产品成本结构发生巨大的变化——制造费用在产品成本中所占比重大幅上升，同时直接人工在产品总成本中所占比重大幅下降。传统成本核算方法通常以直接人工成本、直接人工工时、机器工时等作为制造费用的分配标准，这种方法在过去高度人工密集型的企业中是比较适宜的。但随着制造环境的改变，传统成本核算方法会产生以下不合理的现象：首先，制造费用快速增长，直接人工成本在产品总成本的比例中实际占用越来越小，但却去分配占有越来越大比重的制造费用，成本信息的可信性受到质疑；其次，在生产制造中，与工时无关的费用逐渐增加，如质量检验、试验、物料搬运和机器调整准备费用等，但却依然要依靠人工工时来进行分配，严重歪曲了成本信息；最后，传统成本核算方法对待不同的产品统一使用简单的分配标准来分配制造费用，忽略了不同产品实际耗费的差异。传统成本法的应用必然导致成本信息的严重失真。

在上述因素的综合作用下，以“作业”为基础的成本计算方法——作业成本法应运而生，并得到迅速的发展。

二、作业成本法的相关概念与基本原理

（一）作业成本法的相关概念

1. 作业成本法的概念

作业成本法是一种通过对所有作业活动进行追踪动态反映，计量作业和成本对象的成本，评价作业业绩和资源的利用情况的成本计算和管理方法。它以作业为中心，根据作业对资源耗费的情况将资源的成本分配到作业中，然后根据产品和服务所耗用的作业量，最终将成本分配到产品与服务。作业成本法的基本原则是“作业消耗资源，产品消耗作业”，其核心是在计算产品成本时，先将间接费用归于每一项作业，然后再将每一项作业的成本分摊到产品成本中。它将企业一般管理费用按照更现实的基础进行分摊，而非按照直接劳动工时或机械工时，所以企业实施作业成本法的基础是细分企业生产经营过程和成本相关的作业。

企业在生产经营过程中，存在着大量的间接成本，这些间接成本是由于企业提供多种产品和服务造成的，或者是在生产过程中提供辅助作业而消耗的成本，这些间接成本和辅助资源成本就成为企业成本归集和分配的难题。相对于传统成本核算方法，作业成本法最突出的特点就是通过作业对间接成本和辅助资源成本的分配。在实际应用中很多企业把作业成本法作为一个辅助成本法，结合企业原有的、符合其经营特点的成本核算系统，甚至直接替代其原有的成本核算系统。随着企业管理信息系统的不断推广和发展，作业成本法已经成为当今成本核算系统的主流方法。

2. 资源费用

在作业成本法中，资源费用是指企业在生产中所耗费的最原始形态的资源。资源费用既包括房屋、设备、材料、商品等有形资源的耗费，也包括信息、知识产权、土地使用权等各种无形资源的耗费，还包括人力资源耗费以及其他各种税费支出等。换句话说，所有进入企业作业系统的人力、物力、财力等都属于资源范围。为了将资源费用直接追溯或分配至各作业中心，企业还可以按照资源与不同层次作业的关系，将资源分为产量级资源、批别级资源、品种级资源、顾客级资源和设施级资源五类。

（1）产量级资源，是指为生产单个产品（或服务）所消耗的原材料、零部件、人工、能源等。产量级资源费用应直接追溯至各作业中心的产品等成本对象中。

（2）批别级资源，指用于生产准备、机器调试的人工等。

（3）品种级资源，包括为生产某一种产品（或服务）所需要的专用化设备、软件或人力等。

（4）顾客级资源，主要指为服务某一特定客户所需要的专门化设备、软件和人力等。

（5）设施级资源，包括土地使用权、房屋及建筑物，以及所保持的不受产量、批别、产品、服务和客户变化影响的人力资源等。

除产量级资源以外，对于其他级别的资源费用应该选择合理的资源动因，按照各作业中心的资源动因按比例分配至各作业中心。企业为执行每一种作业所消耗的资源费用的总和，构成了该种作业的总成本。

3. 作业

在作业成本法中，作业是指具有一定目的、以人为主体消耗了一定资源的特定范围内的

工作，是企业为提供产品或劳务所进行的各种工序和工作环节的总称。例如，产品设计、材料搬运、包装、订单处理、机器调试、采购、设备运行及质量检验等均为不同的作业。通常企业的作业可分为以下五个层次：

（1）产量层次作业，是指明确地为个别产品或服务而实施的，使单个产品或服务受益的作业。该层次作业的成本与产品产量相关，一般与产品或服务的数量成正比例变动，如机器运转成本等。

（2）批量层次作业，是指为一组或一批产品或服务而实施的，使该组或该批产品或服务受益的作业。该层次作业的成本与产品的批数有关，但与产量无直接关系，一般与作业或服务的批量数成正比变动。就生产批次而言，此类成本的性质为变动成本，但就某一批产品而言，它属于固定成本，如机器设备的调整或生产准备等。

（3）品种层次作业，是指为生产和销售某种产品或服务而实施的，使该种产品或服务的每个单位都受益的作业。该层次作业的成本与产品的种类多少有关，但与产品的生产批次和生产数量无关。换句话说，此类成本随产品的品种增加而增加，一般与品种的多少成正比例变动。但就某种特定产品而言，它属于固定成本。例如新产品的设计成本、生产流程监控、产品广告等。

（4）客户层次作业，是指为服务特定客户所实施的作业。该类作业保证企业将产品或服务销售给个别客户，但作业本身与产品或服务数量相独立。例如向个别客户提供的定制技术支持、定制联名包装等。

（5）设施层次作业，是指为提供生产产品或服务的基本能力而实施的作业。该层次作业的成本与良好的生产环境有关，是企业开展业务的基本条件，它属于各类产品的共同成本，使企业的所有产品或服务都受益，与产品的种类多少、某种产品生产批次、某批产品的产量均无关。例如厂房的折旧、工厂管理与人事管理费用、针对企业整体的广告活动等。

4. 成本动因

成本动因是指引起成本发生的因素，是成本对象与其直接关联的作业和最终关联的资源之间的中介。成本动因可以分为资源动因和作业动因：

（1）资源动因，是指引起资源消耗的成本动因，反映了作业中心对资源的消耗情况，是资源成本分配到作业中心的标准。例如，电力资源的资源动因是有关作业消耗电力的度数；设备维修作业的资源动因就是机器小时等。企业应当识别当期发生的每一项资源消耗，分析资源消耗与作业中心作业量之间的因果关系，选择并计量资源动因。企业一般应选择与资源费用总额呈正比例变动关系的资源动因作为资源费用分配的依据。

（2）作业动因，是将作业中心的成本分配到产品或服务中的标准，是引起作业消耗的成本动因，也是将资源消耗与最终产出相联系的中介，它反映了作业消耗与最终产出的因果关系。例如，原材料运输作业的作业动因是运输次数，生产调度作业的作业动因是生产订单数量，自动化设备作业的作业动因是机器小时数，精加工作业的作业动因是直接人工工时数等。企业一般在作业动因的选择上应采用相应的方法和手段进行计量，以取得作业动因量的可靠数据。

（二）作业成本法的基本原理

所谓作业成本法，是指通过对所有作业活动进行动态的追踪反映，计量作业和成本对象的成本，评价作业业绩和资源利用情况的方法。其目的是准确计量为顾客提供产品与劳务的成本，从而有助于做出合理的定价决策。作业成本法的核心思想就是“作业消耗资源，产品消耗作业”，结合资源耗用的因果关系来进行成本分配。作业成本法下资源与产品成本的因果关系分为直接因果关系、间接因果关系和无因果关系三种。

1. 直接因果关系

与产品成本等有直接因果关系的资源就是直接成本，是指产品生产过程中，直接用于产品生产的直接材料、直接人工等。它们可以直接计入产品的生产成本。

2. 间接因果关系

与产品生产有间接因果关系的成本就是间接成本，是指企业各生产单位为组织和管理生产而发生的各种费用，包括制造费用以及间接的销售和管理费用。间接成本不能直接计入产品成本中，而是先根据资源动因将各作业所消耗的资源计入特定作业，然后再根据作业动因将作业成本计入产品或服务当中。这就是作业成本法的“动因追溯法”，其核心在于把“作业量”与传统成本计算法中的“人工工时或机器小时量”以作业动因分开，并以作业量作为分配大多数间接成本的基础。

3. 无因果关系

与产品无因果关系的成本就是不可追溯成本，这种成本与产品或服务之间没有因果关系，或追溯不具有经济可行性。因为不存在因果关系，所以在分摊不可追溯成本时，往往是以简便原则或者假定联系为基础，一般就是按照人工工时或者机器小时的比例进行分摊。

作业成本法的基本原理：依据不同成本动因分别设置作业成本库，再分别以各产品所耗用的作业量分摊各产品在该作业成本库中的作业成本，然后汇总每一种产品的作业总成本，计算出它们的总成本和单位成本。由此可见，作业成本法以作业为核心，先根据资源的耗费情况追踪成本到作业，再根据成本对象消耗作业的情况将作业成本分配到成本对象。这就是作业成本法分配间接费用的核心思想：“作业消耗资源，产品消耗作业”。

作业成本法中对间接费用分配的流程如图 5-1 所示。

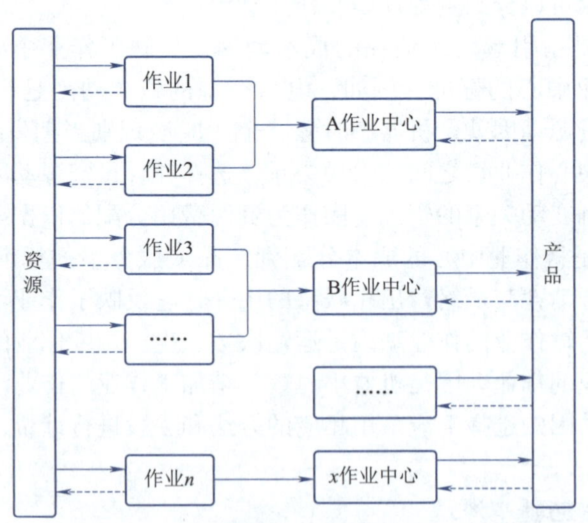

图 5-1　作业成本法中间接费用分配

三、作业成本法计算的基本程序

作业成本法核算程序的具体步骤汇总如下：

1. 确定成本计算对象

这一步骤与传统成本法一致，将产品的品种、批次或者步骤作为成本计算对象。

2. 确定直接计入产品成本的类别

这一步骤就是找到与产品成本等有直接因果关系的资源，也就是将直接材料、直接人工等直接追溯成本项目直接计入成本对象。

3. 确认作业中心并计算各作业成本

这一步骤是价值归集的过程。在作业成本法下，价值归集受到两方面的限制：

一是作业中心的种类，作业中心的确认应根据企业的生产流程，采用自上而下和自下而上相结合的方法来全面准确地认定作业。作业中心可以是某一项具体的作业，也可以是若干个相互联系的能够实现某种特定功能的作业的集合。例如材料整理、制造车间、组装车间、质量检测等。

二是资源种类，将资源分配至作业中心时，如果某项资源能直接分清是哪项作业所耗用，可将该资源直接分配至该作业中心，如检验作业中心发生的化验费用等。如果资源由几个作业中心共同消耗，必须找到与其相匹配的资源动因，资源动因就是本步骤分配的基础，将该资源分配至共同消耗资源的各个作业中心。表 5-24 列举了典型的作业与成本动因之间的对应关系。

表 5-24　生产中典型的作业中心与成本动因

类别	代表作业	常见成本动因
单位作业	机器耗用动力、直接人工操作、单位产品质量检验	机器工时、直接人工工时、单位成本
批别作业	采购订单、生产订单处理、采购物料、机器调试准备、材料处理、每批产品质量检验	处理的订单、收到的材料量、采购次数、准备时间、调试次数、批数或工时
产品作业	质量检验、产品检验、产品设计、零件管理、生产流程、市场调查、售后服务	检验次数、检验时间、产品种类、零件数量、调查次数、服务次数
能量作业	厂务管理、人事管理和培训	厂房面积、机器工时、员工人数、培训时间

4. 作业成本分配

这一步骤是指企业将各作业中心的作业成本按作业动因分配至各项产品或服务，并结合直接追溯的资源费用，计算出各项产品或服务的总成本和单位成本的过程。本步骤的目的在于计算各作业中心应分摊给产品或服务的成本。如果将作业成本法和标准成本法结合使用，必须先估计每种作业的总成本及成本动因的数量，以计算各作业成本的预计分配率，其计算公式为：

$$某作业中心成本分配率=\frac{该作业中心的可追溯成本}{该作业中心成本动因耗用总数}$$

$$某产品应分配的间接制造费用=该产品耗用的成本动因数量\times该作业中心成本分配率$$

在作业成本法下，对产品直接成本的处理与传统成本计算法相同，都是直接追溯至产品，只是间接制造费用的分配过程不同。所以经过上述间接制造费用的分配过程，就可以将各批或者各类产品的直接计入成本和各作业中心的动因追溯成本及不可追溯成本的分配额加以汇总，并计算出该产品的总成本和单位成本。

四、作业成本法计算的实际运用

【例 5-15】泰和有限公司生产甲、乙两种产品，其有关成本资料见表 5-25。

表 5-25　甲、乙两种产品的基本资料

产品名称	月产量（件）	单位产品机器小时（h）	直接材料单位成本（元/件）	直接人工单位成本（元/件）
甲	200	2	20	40
乙	800	2	50	20

泰和有限公司每年制造费用总额为 20 000 元，甲、乙两种产品的制造工艺复杂程度不一样，耗用的作业量也不一样。泰和有限公司根据产品的生产流程设置了 5 个与制造费用相关的作业中心，有关资料见表 5-26。

表 5-26　制造费用作业成本资料

作业名称	成本动因	作业成本（元）	作业量（工时）		
			甲产品	乙产品	合计
设备维护	维护次数	4 000	16	4	20
订单处理	生产订单份数	2 000	140	60	200
机器调整准备	机器调整准备次数	1 600	60	20	80
机器运行	机器小时数	10 000	400	1 600	2 000
质量检验	检验次数	2 400	120	80	200
合　计	—	20 000	—	—	—

请分别用传统成本法和作业成本法计算上述两种产品的单位成本。

（1）根据表 5-25，传统成本计算法下两种产品的制造费用、总成本及单位产品成本：

甲产品的机器总工时为 200 × 2 = 400（h）

乙产品的机器总工时为 800 × 2 = 1 600（h）

标准制造费用分配率 = 20 000/2 000 = 10（元/h）

甲产品分摊的制造费用 = 400 × 10 = 4 000（元）

乙产品分摊的制造费用 = 1 600 × 10 = 16 000（元）

表 5-27 所示为传统成本计算法下甲、乙产品的总成本及单位产品成本。

表 5-27　传统成本计算法下甲、乙产品的总成本及单位产品成本

项目	甲产品	乙产品
直接材料（元）	4 000	40 000
直接人工（元）	8 000	16 000
制造费用（元）	4 000	16 000

续表

项目	甲产品	乙产品
总成本（元）	16 000	72 000
产量（件）	200	800
单位产品成本（元/件）	80	90

（2）根据表5-26，作业成本计算法下两种产品的制造费用。

①计算各个作业中心成本分配率，也称动因率，见表5-28。

表5-28　各作业中心动因率

作业名称	成本动因	作业成本（元）	作业量			
			甲产品（工时）	乙产品（工时）	合计（工时）	动因率（元/工时）
设备维护	维护次数	4 000	16	4	20	200
订单处理	生产订单份数	2 000	140	60	200	10
机器调整准备	机器调整准备次数	1 600	60	20	80	20
机器运行	机器小时数	10 000	400	1 600	2 000	5
质量检验	检验次数	2 400	120	80	200	12
合　计	—	20 000	—	—	—	—

②根据各作业中心的动因率对甲、乙两种产品的间接制造费用进行分摊，见表5-29。

表5-29　作业中心的制造费用按动因率对甲、乙产品的分摊表

作　业	动因率（元/工时）	甲产品		乙产品	
		作业量（工时）	作业成本（元）	作业量（工时）	作业成本（元）
设备维护	200	16	3 200	4	800
订单处理	10	140	1 400	60	600
机器调整准备	20	60	1 200	20	400
机器运行	5	400	2 000	1 600	8 000
质量检验	12	120	1 440	80	960
合计			9 240		10 760

③作业成本计算法下甲、乙两种产品的总成本及单位产品成本，见表5-30。

表5-30　作业成本法下甲、乙两种产品的总成本及单位产品成本

项　目	甲产品	乙产品
直接材料（元）	4 000	40 000
直接人工（元）	8 000	16 000
制造费用（元）	9 240	10 760
总成本（元）	21 240	66 760
产量（件）	200	800
单位产品成本（元）	106. 2	83. 45

（3）甲、乙两种产品在传统成本法和作业成本法下总成本及单位产品成本对比，见表5-31。

表5-31 作业成本法与传统成本法计算结果比较

项 目	甲产品				乙产品			
	总成本（元）		单位成本（元/件）		总成本（元）		单位成本（元/件）	
	传统成本法	作业成本法	传统成本法	作业成本法	传统成本法	作业成本法	传统成本法	作业成本法
直接材料	4 000	4 000	20	20	40 000	40 000	50	50
直接人工	8 000	8 000	40	40	16 000	16 000	20	20
制造费用	4 000	9 240	20	46.2	16 000	10 760	20	13.45
合 计	16 000	21 240	80	106.2	72 000	66 760	90	83.45

对比传统成本计算法和作业成本法可以发现：在传统成本法下，高产量、生产过程简单的产品（乙产品）成本计算结果明显高于作业成本法的计算结果，而低产量、生产过程复杂的产品（甲产品）成本计算结果则恰恰相反。造成这种结果的根本原因在于，后一类产品每件所消耗的间接费用显著高于前一类，而传统成本法却无法对此做出反映。如果泰和有限公司应用传统成本法可能会对公司造成以下不利的后果：

第一，对于标准化产品而言，可能会因为成本脱离实际而使定价偏高，从而导致产品的滞销，或是公司依据偏高的成本资料认为产品的利润过低，而做出停产或减产的错误决定。

第二，对于少量生产的特殊定制产品而言，传统成本法下产品制造费用分配过少而造成成本被低估，如果因为该产品在市场上没有同类商品可供参考，同时还以低估的产品成本为基础进行定价，很可能会因为产品定价过低而使企业赚不到相应的利润。

从例5-15可以看出，如果企业的间接制造费用分配不当，不仅会影响期末存货的评估与销售成本的确定，还可能会导致企业做出错误的决策，而使资源的使用规划不当，进而影响企业的利润。作业成本法相对传统成本法而言，更能精确地把握成本与成本动因之间的关系，从而对间接成本做出较为精密合理的分配，因此比传统成本法更加受到企业的青睐。

【任务实施】

任 务 单

<table>
<tr><td>学习领域</td><td colspan="3">成本管理</td></tr>
<tr><td>学习单元</td><td colspan="3">应用作业成本法</td></tr>
<tr><td>任 务</td><td>作业成本法的计算与应用</td><td>学时</td><td>2</td></tr>
<tr><td colspan="4">布置任务</td></tr>
<tr><td>任务目标</td><td colspan="3">职业能力目标：
●掌握作业成本法的计算。
●掌握作业成本法与传统成本法的比较。
职业素养目标：
●掌握作业成本法在企业成本管理控制中的应用。</td></tr>
</table>

任务描述

任务1：天成服装制造公司采用作业成本法核算产品成本。该企业某月发生直接材料成本32 000元，其中甲产品耗用18 000元，乙产品耗用14 000元；直接人工成本19 000元，其中甲产品应负担11 000元，乙产品应负担8 000元；制造费用56 000元。经分析，该企业的作业情况见表5-32。

表5-32　作业情况

作业中心	资源分配（元）	成本动因	作业量（工时）	
			甲产品	乙产品
材料整理	14 000	处理材料批数	10	30
质量检验	10 000	检验次数	10	15
机器调试	20 000	调试次数	80	120
使用机器	12 000	机器小时数	20	80

（1）计算各作业中心的动因率。

（2）假定该企业的当月产量为甲产品500件、乙产品400件，期初、期末在产品为零，计算这个月的完工产品总成本和完工产品单位成本

任务描述

任务2：某企业生产甲、乙两种产品，其中甲产品900件，乙产品300件，其作业数据见表5-33。

表5-33　作业数据

作业中心	资源耗用（元）	动因	动因量（甲产品）	动因量（乙产品）	合计
材料处理	18 000	移动次数	400	200	600
材料采购	25 000	订单件数	350	150	500
使用机器	35 000	机器小时	1 200	800	2 000
设备维修	22 000	维修小时	700	400	1 100
质量控制	20 000	质检次数	250	150	400
产品运输	16 000	运输次数	50	30	80
合计	136 000				

按作业成本法计算甲、乙两种产品的成本，并填制表5-34。

表5-34　甲、乙产品的成本

作业中心	成本库（元）	动因量	动因率	甲产品	乙产品
材料处理	18 000	600			
材料采购	25 000	500			
使用机器	35 000	2 000			
设备维修	22 000	1 100			
质量控制	20 000	400			
产品运输	16 000	80			
合计总成本	136 000				
单位成本					

<table>
<tr>
<td>任务描述</td>
<td>
任务 3：某企业专门制造和销售 X110 型打印机，采用作业成本计算法，其产品成本由直接成本（直接材料）和四个作业中心成本构成。这四个作业中心及其作业动因的材料见表 5-35。
表 5-35　四个作业中心的作业动因的资料
<table>
<tr><th>作业中心</th><th>作业动因</th><th>动因率</th></tr>
<tr><td>材料管理</td><td>部件数量</td><td>10（元/个）</td></tr>
<tr><td>机械制造</td><td>机器小时</td><td>65（元/h）</td></tr>
<tr><td>组装</td><td>装配小时数</td><td>80（元/h）</td></tr>
<tr><td>检验</td><td>检验小时数</td><td>105（元/h）</td></tr>
</table>
A 公司从该企业订购了 50 台 X110 型打印机，每台机器直接材料成本为 2 500 元，需要 50 个部件、10 个机器小时、16 个装配小时和 5 个检验小时。
要求：计算 A 公司订购的 X110 型打印机的总成本和单位成本
</td>
</tr>
</table>

【任务小结】

作业成本法是一种通过对所有作业活动进行追踪动态反映、计量作业和成本对象的成本、评价作业业绩和资源的利用情况的成本计算和管理方法。它以作业为中心，根据作业对资源耗费的情况，将资源的成本分配到作业中，然后根据产品和服务所耗用的作业量，最终将成本分配到产品与服务中。作业成本计算法作为一种先进的成本计算方法，与传统成本计算方法不仅具有一定的联系，还存在着明显的区别。尤其是随着生产技术的进步、生产信息化水平的提高，间接生产费用在产品成本中占比逐渐增大，在作业成本和算法下，成本信息的准确性将会大幅提高，成本决策也就更具有相关性。

【寓思育人】

人们无论在生活中还是在工作中，都必须树立正确的成本观念，养成勤俭节约的好习惯。企业在生产经营管理中，对各单位部门的节制挖潜、降本增效都极为重视，不仅建立起合理的预算分析、有效分成本核算、严格的财务审批、科学的车间成本考核管理制度，而且对提高全员成本意识也做出积极的努力，采取各种切实可行的措施。很多企业将“提高员工成本节约意识”作为一项重要的工作来抓，要让全员始终都能参与到企业的成本管理中来。提高成本意识主要是指企业每位员工对于自己的每一项行为，都能衡量出是否在做无用功，是否在增加企业负担，是否在浪费企业资源，是否会有更简便、更节约的办法来完成。

能力训练

一、单项选择题

1. 将全部成本分为固定成本、变动成本和混合成本所采用的分类标志是（　　）。

A. 半固定成本　　　　B. 半变动成本

C. 延伸变动成本　　　　D. 曲线式成本

2. 在应用最高点法进行成本性态分析时，选择高点坐标的依据是（　　）。

A. 最高的业务量　　B. 最高的成本

C. 最高的业务量和最高的成本　　D. 最高的业务量或最高的成本

3. 在变动成本中，产品成本是指（　　）。

A. 制造费用　　B. 生产成本　　C. 变动生产成本　　D. 变动成本

4. 下列各项中，经常在制定标准成本时被采用的是（　　）。

A. 理想标准成本　　B. 稳定标准成本

C. 现实标准成本　　D. 正常标准成本

5. 某企业甲产品消耗直接材料，其中 A 材料价格标准为 3 元/kg，数量标准为 5 元/件，B 材料价格标准为 4 元/kg，数量标准为 10 元/件，则甲产品消耗直接材料的标准成本为（　　）元。

A. 15　　B. 40　　C. 55　　D. 65

6. 材料价格差异一般由（　　）负责。

A. 生产部门　　B. 采购部门

C. 财务部门　　D. 工程技术部门

7. 下列变动成本差异无法从生产过程中找到原因的是（　　）。

A. 变动制造费用耗费差异　　B. 直接材料价格差异

C. 变动制造费用效率差异　　D. 直接人工耗费差异

8. 下列关于作业认定的表述，不正确的是（　　）。

A. 企业只能采用通过与每一部门负责人和一般员工进行交流，自下而上确定他们所做的工作，并逐一认定各项作业

B. 作业认定的具体方法包括调查表法和座谈法

C. 企业对认定的作业应加以分析和归类，按顺序列出作业清单或编制出作业字典

D. 作业认定是指企业识别由间接或辅助资源执行的作业集，确认每一项作业完成的工作以及执行该作业所耗费的资源费用，并据以编制作业清单的过程

9. 作业成本法下分配制造费用的标准是（　　）。

A. 直接人工工时　　B. 机器工时

C. 作业成本动因分配率　　D. 标准产量

10. 传统成本法的计算对象是（　　）。

A. 资源　　B. 费用　　C. 作业中心　　D. 最终产品

二、多项选择题

1. 在相关范围内固定不变的是（　　）。

A. 固定成本　　B. 单位产品固定成本

C. 变动成本　　D. 单位变动成本

2. 完全成本法与变动成本法的区别在于（　　）。

A. 应用的前提条件不同　　B. 产品成本构成内容不同

C. 对固定成本的认识与处理方法不同　　D. 常用的销货成本计算公式不同

E. 损益计算程序不同

3. 分解混合成本的方法有（　　）。

A. 高低点法　B. 散布图法　C. 线性回归法　D. 线性规划法

E. 矩阵法

4. 原材料质量低劣，会造成（　　）向不利方向转化。

A. 直接材料数量差异　B. 直接材料价格差异

C. 直接人工效率差异　D. 变动制造费用差异

E. 固定制造费用差异

5. 在进行标准成本分析时，形成直接材料数量差异的是（　　）。

A. 操作不当导致废品增加　B. 机器与工具不适应

C. 紧急订货增加采购成本　D. 价格上升导致用量减少

E. 工艺改进节省材料

6. 人工工时耗用量标准即直接生产人工生产单位产品所需要的标准工时，主要内容包括（　　）。

A. 对产品的直接加工工时　B. 必要的间歇和停工工时

C. 不可避免的废品耗用工时　D. 生产中的材料必要消耗

E. 不可避免的废品损失中的消耗

7. 作业成本法的应用目标包括（　　）。

A. 通过追踪所有资源费用到作业，然后再到流程、产品、分销渠道或客户等成本对象，提供全口径、多维度的更加准确的成本信息

B. 通过作业认定、成本动因分析

C. 通过作业成本法提供的信息及其分析

D. 通过对作业效率、质量和时间的计量

8. 企业可按照受益对象、层次和重要性，将作业分类分为（　　）。

A. 产量级作业　B. 批别级作业　C. 品种级作业　D. 客户级作业

9. 企业应用作业成本法所处的外部环境，一般应具备的特点可能是（　　）。

A. 客户个性化需求较高　B. 市场竞争激烈

C. 产品的需求弹性较大　D. 价格敏感度高

10. 在变动成本下，期间成本通常包括（　　）。

A. 间接人工费　B. 间接材料费　C. 固定性制造费用　D. 管理费用

E. 销售费用

三、判断题

1. 管理会计中的成本概念不强调成本发生的时态。（　　）

2. 不论采用什么方法计提折旧，固定资产折旧费一定属于固定成本。（　　）

3. 定期支付的广告费属于约束性固定成本。（　　）

4. 无论哪种变动成本项目的实际价格上升，都会引起变动成本差异的不利变化。（　　）

5. 在标准成本制度下，为简化计算，不单独计算混合差异，而是将其直接归并于某项差异。（　　）

6. 作业成本法的基本原理是生产导致作业的发生，作业消耗资源并导致成本的发生，产品消耗作业。 (　　)

7. 一项作业仅指一项非常具体的任务或活动，不可以是一类任务或活动。 (　　)

8. 为执行两种或两种以上作业共同消耗的资源，应按照各作业中心的资源动因量比例分配至各作业中心。 (　　)

9. 作业是指企业在一定期间内开展经济活动所发生的各项耗费。 (　　)

10. 成本动因包括资源动因和作业动因。 (　　)

项目六　预测分析

【学习目标】

- 掌握预测分析的相关概念、方法和技术。
- 熟悉常用的预测模型和工具。
- 了解预测分析在管理会计中的应用和意义。

【能力目标】

- 具备运用预测分析方法和技术对企业经营环境、市场需求、竞争态势等进行分析和预测的能力。
- 能够准确地预测企业的销售量、成本、利润等关键指标。
- 能够准确地预测资金需求量。

【素质目标】

- 培养学生的信息获取、分析和应用能力，提高学生的实践动手能力和创新意识。
- 引导学生秉持正确的价值观和人生观，注重社会责任和公共利益。
- 在预测分析中坚持科学、客观、真实、诚信的原则，以服务社会、造福人民为己任。

【案例导入】

美国汽车制造一度在世界上占据霸主地位，而日本汽车工业则是20世纪50年代学习美国发展而来的，但是时隔30年，日本汽车制造业突飞猛进，占领欧美市场及世界各地，为此美国与日本之间出现了汽车摩擦。

在20世纪60年代，当时有两个因素影响汽车工业；一是第三世界的石油生产被工业发达国家所控制，石油价格低廉；二是轿车制造业发展很快，豪华车、大型车盛行。但是擅长市场调研和预测的日本汽车制造商，首先通过表面经济繁荣看到产油国与跨国公司之间暗中正酝酿和发展着的斗争，以及发达国家消耗能量的增加，预见到石油价格会很快上涨。因此必须改产耗油小的轿车来适应能源短缺的环境。其次，随着汽车数增多，马路上车流量增多，停车场的收费会提高，因此，只有造小型车才能适应拥挤的马路和停车场。再次，日本制造商分析了发达国家家庭成员的用车情况，一个家庭只有一辆汽车显然不能满足需要。这样，小巧玲珑的轿车得到了消费者的宠爱。于是日本在调研的基础上做出正确的决策。在20世纪70年代世界原油危机中日本物美价廉的小型节油轿车横扫欧美市场，市场占有率不断提高，而欧美各国生产的传统豪华车因耗油大、成本高而使销路大受影响。由此可见，预测分析是非常重要的。

问题：

(1) 预测分析的作用和意义是什么？

(2) 预测分析有哪些基本模型和工具？

(3) 如何预测企业的销量、成本、利润？

(4) 如何预测企业的资金需求量？

带着这些问题，让我们进入本项目的学习领域。

【任务导入】

预测是进行科学决策的前提，它是根据所研究的现象过去的信息，结合该现象的一些影响因素，运用科学的方法，预测现象将来的发展趋势，是人们认识世界的重要途径。而预测分析是财务工作者根据企业过去一段时期财务活动的资料，结合企业当前面临和即将面临的各种变化因素，运用数理统计方法，以及结合主观判断，来预测企业未来财务状况。进行预测的目的是体现财务管理的事先性，即帮助财务人员认识和控制未来的预算分析的不确定性，使对未来的无知降到最低限度，使财务计划的预测目标同可能变化的周围环境和经济条件保持一致，并对财务计划的实施效果做到心中有数。本项目的学习目标是培养学生具备运用预测分析方法和技术，对企业经营环境、市场需求、竞争态势等进行分析和预测的能力，能够准确地预测企业的销售量、成本、利润及资金需求量等。

预测分析是指利用历史数据、统计方法、数学模型、机器学习等技术手段对未来事件或现象进行估计、预测和分析的过程。其目的是通过对历史数据进行分析，从中发现规律和趋势，预测未来事件或现象的发展趋势和变化规律，以便制定相应的决策和计划。

预测分析广泛应用于各个领域，例如金融、经济、市场营销、物流、医疗、环境等。在企业管理中，预测分析可以用于预测销售量、成本、利润等关键指标，帮助企业制定生产计划、物流计划、营销策略等决策。在金融领域，预测分析可以用于预测股票价格、货币汇率、利率等指标，帮助投资者制定投资策略。在医疗领域，预测分析可以用于预测疾病的发生、流行趋势等，帮助医疗机构和政府制定应对措施。

预测分析是一种重要的决策支持工具，能够帮助企业和组织更加准确地了解未来的发展趋势和变化规律，从而制定相应的策略和计划，提高决策的科学性和精准性。预测分析是企业管理中的重要组成部分，其产生和发展与现代企业管理的需求和技术进步密不可分。随着市场竞争的加剧，企业需要更加科学、准确地预测未来的市场需求和变化趋势，以制定相应的生产计划、营销策略和销售目标。同时，互联网、大数据、人工智能等技术的发展和应用，为企业提供了更多的数据来源和分析手段，使得预测分析的应用变得更加广泛和深入。

在企业管理中，预测分析的应用范围不断扩大，涉及多个领域。例如，销售预测可以帮助企业预测未来销售额和需求趋势，制定更加科学、合理的生产计划和营销策略；成本预测可以帮助企业预测未来的成本和利润，制定更加精准的预算和投资计划；风险预测可以帮助企业预测未来可能出现的风险和机遇，制定相应的风险管理策略。

管理会计中的预测分析是指利用历史数据和统计方法，对未来业务、财务等指标进行预测和分析，以便为企业制定决策、规划和控制提供依据。在管理会计中，预测分析具有以下意义：

（1）帮助企业制定预算和计划。通过预测分析，企业可以预测未来的销售量、成本、利润等指标，从而制定相应的预算和计划，帮助企业更好地管理经营活动。

（2）优化产品和服务。通过对市场需求和竞争状况的预测分析，企业可以针对市场需求和竞争状况进行产品和服务的优化和改进，提高企业的市场竞争力和盈利能力。

（3）识别风险和机遇。通过对未来的变化趋势和风险因素的预测分析，企业可以及时识别可能出现的风险和机遇，制定相应的应对措施和决策，降低风险、抓住机遇。

（4）改善决策质量。预测分析可以提供更准确、更可靠的数据和信息，帮助企业制定更加科学、合理的决策，提高决策的质量和效果。

管理会计中的预测分析是企业管理和决策中的重要工具，通过对未来的预测分析，可以为企业提供更多的信息和分析，帮助企业更好地管理和决策。

任务一　进行销售预测

【工作任务】

工作任务	技能点及任务成果	重要知识点	课时
通过学习，掌握销售预测的方法	学习并掌握各类销售预测分析方法和技能，包括定性销售预测和定量销售预测的分析方法	1. 定性销售预测方法，包括判断分析法、调查分析法； 2. 定量销售预测方法，包括加权平均法、平滑指数法、回归分析法	2 学时

【知识准备】

在激烈竞争的市场环境中，销售预测对于其他预测（成本预测、利润预测以及资金需要量预测等）起着决定性的引导作用，并成为制定企业经营决策的重要依据。只有做好销售预测，才能相互衔接地开展其他各项经营预测。销售预测是借助企业销售的历史资料和市场需求的变化情况，运用一定的科学预测方法，对产品在未来一定时期内的销售趋势进行预测和评价。销售预测的基本方法分为定性销售预测和定量销售预测。

一、定性销售预测

定性销售预测又称定性分析法，主要依靠预测人员丰富的实践经验和知识以及主观的分析判断能力，在考虑政治经济形势、市场变化、经济政策、消费倾向等各项因素对经营影响的前提下，对事物的性质和发展趋势进行预测和推测。由于经济生活的复杂性，并非所有影响因素都可以进行定量分析某些因素（例如，政治经济形势的变动、消费倾向、市场前景、宏观环境的变化等）只有定性的特征。定量分析本身也存在局限性，任何数学方法都不能概括所有复杂的经济变化情况。如果不结合预测期间的政治、经济、市场以及政策方面的变化情况，必然会导致预测结果脱离客观实际。所以，只有根据具体情况，把定量分析与定性分析方法结合起来使用，才能取得良好的效果。

（一）判断分析法

判断分析法是一种重要的分析方法，它通过对各种因素的判断权重进行分析，来确定其对销售预测的影响力。判断分析法是指聘请具有丰富实践经验的经济专家、教授、推销商或本企业的经理人员、推销人员等，对计划期商品的销售情况进行分析研究，根据直觉判断进行预估，然后由销售经理加以综合，从而得出企业总体销售预测的一种方法。这种方法一般适用于不具备完整、可靠的历史资料，无法进行定量分析的情况，如对新产品的销售预测。

判断分析法可以分为推销人员意见综合判断法、经理人员意见综合判断法和专家判断法三种。

1. 推销人员意见综合判断法

推销人员意见综合判断法是一种基于推销人员的经验和专业知识，来预测销售情况的方法。这种方法通常包括以下几个步骤：

（1）收集推销人员的意见和建议。这可以通过面对面交流、问卷调查、电话访问等方式进行。

（2）对推销人员的意见进行综合分析。这包括对意见的可行性、准确性、客观性等进行判断和评估。

（3）根据推销人员的意见，结合市场环境、竞争情况、客户需求等因素进行综合判断，来预测未来的销售情况。

（4）制订相应的销售策略和计划，以提高销售业绩。

下面以一个家电企业为例，说明如何使用推销人员意见综合判断法进行销售预测。家电企业的推销人员认为，客户对新型冰箱的需求正在增加，同时竞争对手也在不断加强推广，市场环境变得更加具有竞争性。他们建议企业应该加强产品宣传，提高品牌知名度，同时研发更加高端的产品，以满足高端客户的需求。

企业可以对这些意见进行综合分析，评估它们的可行性和准确性。例如，对于客户需求的增加，企业可以通过市场调研和数据分析来验证。对于竞争加剧和市场环境变化，企业可以通过行业分析和竞争情报来进行评估。然后，企业可以根据推销人员的意见和市场分析，结合其他因素，来进行综合判断。例如，企业可以预测未来三个月的销售情况，并制定相应的销售计划。如果预测销售额为 1 000 万元，企业可以制订以下计划：

- 加强产品宣传和推广，提高品牌知名度，预计增加 300 万元的销售额。
- 研发更加高端的产品，以满足高端客户的需求，预计增加 200 万元的销售额。
- 通过促销活动和市场营销，提高客户忠诚度，预计增加 500 万元的销售额。

通过使用推销人员意见综合判断法，企业可以更加准确地预测未来的销售情况，从而制订更加有效的销售计划和营销策略，提高销售业绩。

2. 经理人员意见综合判断法

该方法是由企业经理人员、推销主管人员、各地区销售经理，根据实践经验和智慧，广泛交换意见，集思广益进行销售预测。

下面以一个房地产开发公司为例，说明如何使用经理人员意见综合判断法进行销售预测。该房地产开发公司的经理人员认为，当前市场房价不稳定，但是客户对该公司的信任度很高，因此应该加强市场营销，提高品牌知名度。同时，经理人员认为，该公司需要研发更加高品质的房屋产品，以满足客户日益增长的需求。公司可以对这些意见进行综合分析，评估它们的可行性和准确性。例如，对于市场房价不稳定的问题，公司可以通过市场调研和数据分析来验证。对于客户对公司的信任度，公司可以通过客户满意度调查和市场反馈来进行评估。

然后，公司可以根据经理人员的意见和市场分析，结合其他因素来进行综合判断。例如，公司可以预测未来半年的销售情况，并制定相应的销售计划。如果预测销售额为8 000万元，公司可以制订以下计划：

- 加强市场营销和品牌推广，提高品牌知名度，预计增加4 000万元的销售额。
- 研发更加高品质的房屋产品，以满足客户日益增长的需求，预计增加2 000万元的销售额。
- 通过提高客户满意度和售后服务水平，提高客户忠诚度，预计增加2 000万元的销售额。

3. 专家判断法

该方法是聘请见识广博、学有专长的专家，根据他们的实践经验、知识和能力做出的销售预测。所谓“专家”，一般包括本企业或同行企业的高级领导人，商业部门、经销商、咨询机构、预测机构和其他方面的专家。

吸收专家意见的方式多种多样，主要有以下三种：

（1）个人意见综合判断法。先向各位专家征求意见，要求他们对本企业产品当前的销售状况和未来趋势做出个人判断，然后把不同意见加以综合归纳，形成一个销售预测。

（2）专家会议综合判断法。将各位专家分成若干小组，分别召开各种形式的会议或座谈会，共同商讨，最后综合各种意见，形成一个销售预测。

（3）德尔菲法。采用函询调查方式，并经多次匿名反馈，最后综合各种意见，形成一个销售预测。具体步骤如下：

第一，明确预测目标。

第二，挑选专家，组成专家组。要求所选专家权威性高、代表面广，人数20人左右为宜。各专家仅与调查人员发生直接联系，专家间不进行横向联系。

第三，涉及咨询表。要求简明扼要、明确，问题数量适当。

第四，逐轮咨询和信息反馈，一般2～4轮。

第五，采用统计分析方法，对预测结果进行定量评价和表述。

【例6-1】天天公司有3名销售人员，1名经理。每人预计其销售量和概率见表6-1，先用概率计算出每个预期者的期望值，然后用加权平均法加以综合。

表6-1 销售预测数据表

销售预测	销售量（件）	概率	销售量×概率
甲销售员预测：			
最高	500	0.2	100
最可能	400	0.5	200
最低	300	0.3	90

续表

销售预测	销售量（件）	概率	销售量×概率
期望值			390
乙销售员预测：			
最高	600	0.2	120
最可能	500	0.6	300
最低	400	0.2	80
期望值			500
丙销售员预测：			
最高	550	0.2	110
最可能	450	0.5	225
最低	350	0.3	105
期望值			440
经理预测：			
最高	500	0.3	150
最可能	450	0.5	225
最低	300	0.2	60
期望值			435

假设经理的预测更准确、更重要，将其预测的权重增加为2，而将销售人员的预测权重确定为1，则综合预测结果为：

$$综合的预测销售量=\frac{390\times1+500\times1+440\times1+435\times2}{1+1+1+2}=440\text{（件）}$$

判断分析法一般适用于不便直接向顾客调研的公司。

（二）调查分析法

调查分析法是指通过对有代表性顾客的消费意向的调查，了解市场需求的变化趋势并进行销售预测的一种方法。公司的销售取决于顾客的购买，顾客的消费意向是销售预测中最有价值的信息。通过调查，可以了解顾客未来的购买量，顾客的财务状况，顾客的爱好、习惯和购买力的变化，以及顾客购买本公司产品占其总需要量的比重和选择供应商的标准，这对销售预测很有帮助。

调查分析法是一种常用的销售预测方法，通过对目标客户群体进行调查和分析，来预测销售额和市场需求。下面介绍调查分析法的具体步骤：

（1）确定调查的目的和范围：确定需要预测的产品、目标市场群体、调查时间和范围等。比如，预测某款手机在中国市场的销售额和市场需求，调查时间为下一个季度。

（2）设计调查问卷：根据调查目的和范围，设计合适的调查问卷，包括开放式和封闭式问题，以及各种评价指标。比如，问卷可以包括以下问题：你最近是否考虑购买一款新手机？你在购买手机时最看重的是哪些方面？你是否知道某个品牌的手机，你是否了解该品牌的产品特点和优势等。

（3）实施调查：用问卷进行调查，可以采用面对面调查、电话调查、网络调查等方式。比如，可以在电商平台上发布调查问卷，或者通过电话或邮件发送问卷链接。

（4）统计和分析数据：将收集到的数据进行统计和分析，包括对数据的描述性分析、相关性分析、回归分析等。比如，可以通过问卷分析得出购买意愿和购买力等指标，然后通过回归分析得出未来销售额和市场需求的预测值。

（5）预测销售额和市场需求：根据分析的数据和趋势，预测未来的销售额和市场需求。比如，根据调查结果和回归分析得出某款手机在下一个季度的销售预测为100万台，市场需求为200万台。

调查分析法可以帮助企业预测下一个季度或一段时间内的销售额和市场需求，从而更好地制订市场营销策略和销售计划。

【例6-2】天天公司是一家饮品生产企业，根据调查资料可测算出市场潜量和该公司销售潜量，见表6-2。

表6-2　市场潜量和销售潜量

家庭组别（按年收入划分）	家庭数（户）	每户年均购买额（按调查结果）（元）	市场潜量（元）	本企业最高市场占有率	本企业销售潜量（元）
100 000元以下	80 000	100	8 000 000	30%	2 400 000
100 000－199 999元	10 000	200	2 000 000	20%	400 000
200 000－299 999元	5 000	300	1 500 000	20%	300 000
300 000元以上	1 000	400	400 000	10%	40 000
合计	96 000		11 900 000		3 140 000

二、定量销售预测

定量销售预测是一种基于数据和数学模型的销售预测方法，通过历史销售数据、市场趋势和其他相关因素，来预测未来的销售额和市场需求。

（一）定量销售预测的步骤

（1）确定预测目标：明确需要预测的产品、服务或业务，以及预测的时间范围和目标市场。

（2）收集历史销售数据：收集过去一段时间内的销售数据，包括销售额、销售数量、销售渠道、销售地区、销售人员等。

（3）分析市场趋势：分析市场的行业趋势、竞争情况、新产品和服务的推出情况等，以了解市场的变化和未来的发展趋势。

（4）确定预测模型：选择适合的数学模型，如线性回归模型、趋势分析模型、时间序列模型等，根据历史销售数据和市场趋势，建立预测模型。

（5）进行预测：利用建立好的预测模型预测未来的销售额和市场需求，根据预测结果，制定相应的市场营销策略和销售计划。

定量销售预测方法可以帮助企业预测未来销售额和市场需求，从而更好地制定市场营销策略和销售计划。但需要注意的是，定量销售预测方法的准确性和可靠性受到历史数据的质量、模型选择和市场环境等因素的影响。

（二）定量销售预测的具体方法

1. 算数平均法

算数平均法是把若干历史时期的销售量或销售额作为观察值，求出其简单平均数，并将平均数作为下期销售的预测值。该方法的假设前提是过去怎样，将来也会怎样发展，即将来的发展是过去的延续，其计算公式为：

$$\text{预测期销售量} = \frac{\text{过去各期销售量之和}}{\text{期数}} = \frac{\sum_{i=1}^{n} X_i}{n}$$

显然，如果产品的销售额或销售量在选定的历史时期中呈现某种上升或下降的趋势，或者各历史时期的销售量呈现增减趋势时，不宜采用算数平均法进行预测销售，因为算数平均法把每个观察值看得同等重要，不能体现增减趋势变化。

2. 加权平均法

加权平均法是一种常用的数学统计方法，用于计算一组数据的平均值。与简单平均法不同的是，加权平均法在计算平均值时，会给不同的数据赋予不同的权重，以反映它们在总体中的重要性。

加权平均法的计算公式为：

$$\text{加权平均值} = \sum(\text{权重} \times \text{数据}) / \sum \text{权重}$$

其中，Σ表示求和符号，权重是指每个数据在总体中所占的比重，数据则是指要计算平均值的数据集合。

加权平均法的优点在于，可以更好地反映数据在总体中的重要性，从而提高平均值的准确性。适用于数据分布不均、数据重要性不同、数据量较大等情况。

例如：假设某公司有三个部门A、B、C，它们的销售额分别为100万元、50万元和30万元，现在需要计算这三个部门的平均销售额，可以采用加权平均法进行计算。

首先，需要确定每个部门的权重，以反映它们在总体中的重要性。可以根据各自的销售额来确定权重，比如：

$$\text{部门A：}100/180 = 0.56$$

$$\text{部门B：}50/180 = 0.28$$

$$\text{部门C：}30/180 = 0.17$$

其中，180万元是三个部门销售额的总和。

接下来，根据加权平均法的公式，计算加权平均值：

$$\text{加权平均值} = (0.56 \times 100 + 0.28 \times 50 + 0.17 \times 30) / (0.56 + 0.28 + 0.17) \approx 74.4\ (\text{万元})$$

因此，该公司三个部门的平均销售额为74.4万元。

在实际运用中，需要根据具体情况确定数据的权重，以反映它们在总体中的重要性，从而提高平均值的准确性。

【例6-3】天天公司1～6月罐装饮料的销售量见表6-3，假定$n=6$，$W_1=0.1$，$W_2=0.1$，$W_3=0.1$，$W_4=0.2$，$W_5=0.2$，$W_6=0.3$。要求：根据资料，用加权平均法预测7月罐装饮料的销售量。

表 6-3　产品销售量

月份	1	2	3	4	5	6
销售量（万瓶）	650	660	680	700	710	730

7 月罐装饮料的销售量的预测值为：

$$Y_7 = \sum_{i=1}^{n} W_i X_i \Big/ \sum W_i$$
$$= (0.1\times650+0.1\times660+0.1\times680+0.2\times700+0.2\times710+0.3\times730)\div(0.1+0.1+0.1+0.2+0.2+0.3)$$
$$= 700\text{（万罐）}$$

3. **指数平滑法**

指数平滑法是一种常用的时间序列分析方法，适用于对未来销售量进行预测。它基于历史数据和平滑因子，对未来销售量进行预测，具有简单易用、计算速度快等优点。指数平滑法是一种基于加权平均法的预测方法，它根据历史数据和平滑因子来预测未来销售量。具体来说，它将历史数据的权重按照指数递减的方式进行分配，即越近期的数据权重越高，越远期的数据权重越低，从而反映出时间因素对预测的影响。

指数平滑法的计算公式为：

$$F_{t+1} = \alpha \cdot Y_t + (1-\alpha) \cdot F_t$$

式中，F_{t+1}为未来销售量的预测值，α 为平滑因子，Y_t 为当前时期的实际销售量，F_t 为预测值。

在指数平滑法中，平滑因子 α 的取值范围为 0 ~ 1 之间，通常根据历史数据的波动情况和预测周期长度来决定。当 $\alpha=1$ 时，模型只考虑最近的一期销售量，适用于预测趋势稳定的销售；当 $\alpha=0$ 时，模型只考虑历史平均值，适用于预测波动较大的销售。

指数平滑法在销售量预测中的应用非常广泛，特别是对于季节性销售和短期销售预测效果较好。具体应用步骤如下：

（1）收集历史数据：收集过去一段时间内的销售数据，包括销售额、销售数量等。

（2）确定平滑因子：根据历史数据的波动情况和预测周期长度来确定平滑因子 α 的取值。

（3）计算初始预测值：根据历史数据，计算初始的预测值 F，通常可以取第一个数据点的值作为初始值。

（4）递推计算未来预测值：根据指数平滑法的公式，递推计算未来的预测值，直到预测到需要的时间点。

（5）检验和调整模型：根据实际销售情况，对预测值和模型进行检验和调整，以提高预测的准确性。

在实际运用中，需要根据历史数据和预测周期长度来确定平滑因子 α 的取值，以提高预测的准确性。同时，需要根据实际销售情况，对预测值和模型进行检验和调整，以保证预测的可靠性。

【例 6-4】 天天饮品有限公司 1 ~ 6 月鲜活果汁饮品的销售量见表 6-4。

表 6-4　鲜活果汁的销售量

月份 t	实际销售量 x_t（万瓶）	月份 t	实际销售量 x_t（万瓶）
1	1 200	4	1 200
2	1 000	5	1 170
3	1 300	6	1 350

如果假设 α 为 0.3，1 月销售量的预测值为 1 250 万瓶，则 2 ~ 7 月的销售量预测值见表 6-5。

表 6-5　2 ~ 7 月销售量的预测值

月份	αx_{t-1}	$(1-\alpha)s_{t-1}$	s_t（万瓶）
1			1 250
2	0.3 × 1 200	(1 − 0.3) × 1 250	1 235
3	0.3 × 1 000	(1 − 0.3) × 1 235	1 165
4	0.3 × 1 300	(1 − 0.3) × 1 165	1 206
5	0.3 × 1 200	(1 − 0.3) × 1 206	1 204
6	0.3 × 1 170	(1 − 0.3) × 1 204	1 194
7	0.3 × 1 350	(1 − 0.3) × 1 194	1 241

与加权平均相比，指数平滑法有以下两个优点：第一，α 的值可以任意设定，比较灵活方便；第二，在不同程度上考虑了以往所有各期的观察值，比较全面。

4. 回归直线法

回归直线法是一种常用的统计分析方法，可以用来预测销售量。它通过建立一个线性回归模型，利用历史数据中的自变量和因变量之间的关系来预测未来销售量。

回归直线法是一种基于线性回归模型的预测方法，它假设自变量和因变量之间存在线性关系，通过最小二乘法来求出回归方程的系数，从而预测未来销售量。

回归直线法的计算公式为：

$$y = a + bx$$

其中，y 表示因变量（销售量），x 表示自变量（影响销售量的因素），a 和 b 分别是回归方程的系数，可以通过最小二乘法来求解。

回归直线法在销售量预测中的应用非常广泛，它可以用来分析和预测自变量和因变量之间的关系，从而预测未来销售量。具体应用步骤如下：

（1）收集历史数据：收集过去一段时间内的销售数据和自变量数据，比如广告投入、促销活动、季节等。

（2）建立回归模型：根据历史数据，建立一个线性回归模型，预测销售量与自变量之间的关系。

（3）计算回归方程系数：通过最小二乘法，计算回归方程的系数 a 和 b。

（4）预测未来销售量：根据回归方程和未来的自变量数据，预测未来的销售量。

（5）检验和调整模型：根据实际销售情况，对预测值和模型进行检验和调整，以提高预测的准确性。

【例 6-5】某公司专门生产电冰箱压缩机，而决定电冰箱压缩机销售量的主要因素是电冰箱的销售量。近年全国电冰箱的实际销售量和甲公司电冰箱压缩机的实际销售量资料见表 6-6。假设预测期 2024 年全国电冰箱的销售量为 180 万台，要求：采用回归直线法预测 2024 年该公司电冰箱压缩机的销售量。

表 6-6　电冰箱压缩机的实际销售量

年　份	2019	2020	2021	2022	2023
压缩机销售量（万只）	20	20	30	36	40
电冰箱销售量（万台）	100	120	140	150	165

建立电冰箱压缩机销售量的预测模型：

$$y = a + bx$$

式中：y 为压缩机销售量；x 为电冰箱销售量；a 为原来拥有的电冰箱对压缩机的每年需要量；b 为每销售万台电冰箱对压缩机的需要量。

根据给定资料，编制计算表，见表 6-7。

表 6-7　回归数据资料

年份	电冰箱销售量（万台）x	压缩机销售量（万只）y	xy	x^2
2019	100	20	2 000	10 000
2020	120	25	3 000	14 400
2021	140	30	4 200	19 600
2022	150	36	5 400	22 500
2023	165	40	6 600	27 225
$n=5$	$\sum x=675$	$\sum y=151$	$\sum xy=21\ 200$	$\sum x^2=93\ 725$

计算 a 与 b 的值：

$$b=\frac{n\sum xy-\sum x\sum y}{n\sum x^2-(\sum x)^2}=\frac{(5\times 21\ 200-675\times 151)}{5\times 93\ 725-(675)^2}=0.313$$

$$a=\frac{\sum y-b\sum x}{n}=-12.06$$

将 a 与 b 的值代入公式 $y=a+bx$，得出预测结果，2024 年该公司压缩机预计销售量为：

$$y=a+bx=-12.06+0.313\times 180=44.28\ （万只）$$

【任务实施】

任　务　单

学习领域	预测分析		
学习单元	销售预测分析		
任　　务	预测销售量	学时	2

布置任务

任务目标

职业能力目标：

- 掌握销售预测分析的方法和技能，包括时间序列分析、回归分析、指数平滑法等。
- 能够对销售预测分析结果进行解读和分析，发现其中的规律和趋势，提出合理的建议和方案。

职业素养目标：

- 具备严谨的工作态度，对待销售预测分析工作认真负责，具有高度的工作责任心和严谨的工作态度。
- 具备创新意识和创新能力，能够从不同角度出发，提出切实可行的销售预测分析方案。
- 具备持续学习的意识和能力，能够不断学习和研究新的销售预测分析方法和技术，提高自身的职业素质和能力水平。

任务描述

任务1：请根据背景资料（表6-8～表6-13），用算术平均法预测天天饮品公司2023年7月鲜活果汁的销售量，填写表6-14。

说明：计算结果四舍五入后取整数。

背景资料：

表6-8　2023年1月鲜活果汁销售汇总情况

日期	销售单号	销售量（万瓶）
1月3日	S01178001	30
1月12日	S01178002	50
1月25日	S01178003	40
合计		120

表6-9　2023年2月鲜活果汁销售汇总情况

日期	销售单号	销售量（万瓶）
2月4日	S01178004	20
2月12日	S01178005	40
2月21日	S01178006	40
合计		100

表6-10　2023年3月鲜活果汁销售汇总情况

日期	销售单号	销售量（万瓶）
3月5日	S01178007	30
3月17日	S01178008	50
3月22日	S01178009	50
合计		130

表6-11　2023年4月鲜活果汁销售汇总情况

日期	销售单号	销售量（万瓶）
4月2日	S01178010	40
4月16日	S01178011	40
4月27日	S01178012	40
合计		120

任务描述

表 6-12　2023 年 5 月鲜活果汁销售汇总情况

日期	销售单号	销售量（万瓶）
5 月 11 日	S01178013	37
5 月 20 日	S01178014	40
5 月 27 日	S01178015	40
合计		117

表 6-13　2023 年 6 月鲜活果汁销售汇总情况

日期	销售单号	销售量（万瓶）
6 月 5 日	S01178016	60
6 月 14 日	S01178017	40
6 月 23 日	S01178018	35
合计		135

表 6-14　销售量预测（算数平均法）

项　　目	数　　值
前 6 月销售量总和	
预测 7 月销售量	

任务 2：承接任务 1，用加权平均法（自然权数法）预测天天饮品有限公司 2023 年 7 月鲜活果汁的销售量。

说明：采用自然权数法确定各期的权数，填写表 6-15，计算结果四舍五入后取整数。

表 6-15　销售量预测（自然权数法）

月份	权数	销售量（万瓶）
1 月		
2 月		
3 月		
4 月		
5 月		
6 月		
7 月	—	

任务 3：承接任务 1，用饱和权数法（饱和权数法是一种确定加权平均法中权数的方法，它基于这样一种理念：每个数据点对最终结果的影响应与其相对重要性成正比。这种方法的优点是，它可以根据数据的特点和问题的需求，合理地分配权数，从而更好地反映实际情况）预测天天饮品有限公司 2023 年 7 月鲜活果汁的销售量。

说明：采用饱和权数法确定的各期权数依次为 0.1、0.1、0.1、0.2、0.2、0.3，填写表 6-16，计算结果四舍五入后取整数

<table>
<tr>
<td>任务描述</td>
<td>
表 6-16　销售量预测（饱和权数法）
<table>
<tr><th>项　　目</th><th>数值（万瓶）</th></tr>
<tr><td>1 月销售加权值</td><td></td></tr>
<tr><td>2 月销售加权值</td><td></td></tr>
<tr><td>3 月销售加权值</td><td></td></tr>
<tr><td>4 月销售加权值</td><td></td></tr>
<tr><td>5 月销售加权值</td><td></td></tr>
<tr><td>6 月销售加权值</td><td></td></tr>
<tr><td>预测 7 月销售量</td><td></td></tr>
</table>
</td>
</tr>
</table>

【任务小结】

销售预测分析方法是指基于历史销售数据和市场环境等因素，通过各种数学和统计方法，预测未来销售趋势和市场需求的方法。常用的销售预测分析方法包括以下几种：

（1）移动平均法：通过计算不同时间段内的销售数据平均值，来预测未来销售趋势。

（2）指数平滑法：通过对历史销售数据进行加权平均，来预测未来销售趋势。

（3）季节性指数法：通过计算历史数据中不同季节的平均值和季节性指数，来预测未来销售趋势。

（4）回归分析法：通过建立自变量和因变量之间的关系，来预测未来销售量。

（5）时间序列分析法：通过分析历史销售数据的趋势、季节性和随机性，来预测未来销售趋势。

销售预测分析方法是非常重要的市场营销工具，通过运用这些方法，可以更加准确地预测未来销售趋势和市场需求，帮助企业制定更加科学合理的销售计划和市场策略。

【寓思育人】

某家电企业在销售预测分析过程中，发现某一款电视机的销售量一直不如预期，而且质量问题也比较突出，导致消费者反映强烈。在进行深入调查后，企业发现其质量问题主要出在供应商方面，而供应商则表示是由于成本压力过大，才会采用一些低成本的原材料，导致质量问题的发生。面对这种情况，企业管理层很容易采取降低成本、掩盖问题等不良手段来达到短期利益的目的，但这样做不仅会损害消费者的利益，也会影响企业的声誉和长远发展。因此，企业决定与供应商坦诚沟通，一起寻找解决问题的方法，同时也督促供应商提高产品质量，向消费者承诺质量保证，并投入更多的资源来改善质量问题。这个案例体现了企业在销售预测分析过程中，面对质量问题和短期利益的冲突，选择了诚信经营的方式来解决问题。企业管理层坚持诚信、坦诚沟通，督促供应商提高产品质量，保障消费者的利益，从而维护了企业的声誉和长远发展。这个案例也展示了企业在面对困难和挑战时，坚持诚信经营的重要性和价值，为学生们树立了正确的价值观和行为准则。

任务二　进行成本预测

【工作任务】

工作任务	技能点及任务成果	重要知识点	课时
通过学习，对历史成本数据进行分析，结合市场预测、生产计划、销售预测等因素，估算未来的成本水平。	1. 掌握成本预测的基本方法； 2. 理解并掌握如何利用数学模型进行定量预测，如线性回归模型等； 3. 掌握如何收集、整理、分析和解读数据，以便于更好的进行预测	1. 成本预测概述； 2. 成本水平预测； 3. 成本预测的方法	2 学时

【知识准备】

一、成本预测概述

在动态的市场竞争中，外部环境的不确定令企业的成本——无论是单位变动成本还是固定成本，很难始终保持不变。为此企业需要预判未来可能发生的各种变化并采用一定的预测方法和管理理念预测企业成本动因和成本数额的变化。成本预测主要涉及三个方面：成本预测对象、成本预测期间和成本预测的参照系。

成本预测对象通常是企业运营流程中的各成本管理对象如产品成本预测、材料成本预测、人工成本预测等。成本预测对象具体包括各成本项目总额的预测和成本动因的预测。

成本预测期间通常分为近期预测（月、季、年等）和远期预测（2 年、3 年、5 年等）。近期成本预测是经营决策的关键环节，通常是年度成本预测或半年、季度成本预测。远期成本预测通常用于战略成本管理，要预判宏观经济变动对企业产能布局、经营安排的影响，以及对供应商合作关系的影响、对企业渠道布局的影响等，进而分析这些因素对企业成本总额或成本结构的长期影响。

成本预测的参照系是指企业参照一定的标准开展预测 通常有企业历史成本趋势、同行业成本趋势、主要竞争对手成本趋势等作为企业成本预测的参考依据。

企业基于经营目标乃至战略目标，将成本预测用于设定成本管理目标、编制成本计划或成本预算，为成本控制、成本分析和成本考核提供依据。

在一定的管理用途下，企业的成本预测应保证预测方法科学、合理，企业成本预测方案有一定的应变能力，结合运营中可能发生的变化拟定应变措施，使成本预测方案能够应对复杂多变的企业内外部环境。

二、成本水平预测

企业通常会根据经营目标确立目标成本并开展成本预测，判断目标成本是否可以实现。当成本预测表明目标成本无法实现时，企业需要修正目标成本。在目标成本法下，成本预测通常包含以下几个步骤：

(1) 根据企业的经营总目标，提出初步的目标成本。

(2) 预测在当前生产经营条件下成本可能达到的水平，分析与初步目标成本的差距。

(3) 提出各种成本降低方案对比，分析各种方案的效果。

(4) 选择成本最优方案并确定正式目标成本。

1. 目标成本的成本预测

目标成本是根据企业销售预测确定的销售收入以及经营目标中的目标利润，倒推出的成本水平。目标成本代表了企业为实现经营目标应达到的成本水平，是企业未来期间成本管理应实现的目标。具体可按下列公式计算：

$$\text{目标成本} = \text{预测销售收入} - \text{目标利润}$$

$$= \text{预计售价} \times \text{预计销量} - \text{目标利润}$$

$$\text{单位产品目标成本} = \text{预测单位售价} - \text{单位产品销售税金} - \text{单位产品目标利润}$$

或

$$\text{单位产品目标成本} = \text{预测单位售价} \times (1 - \text{税率}) - \frac{\text{目标成本总额}}{\text{预测销量}}$$

目标成本的成本预测需要从以下几个方面入手：

(1) 确定利润目标：目标成本的成本预测首先需要确定所希望达到的利润目标。利润目标应该考虑企业的长期发展战略和市场竞争状况，并且需要与企业的整体战略和目标相一致。

(2) 确定目标售价：目标成本的成本预测需要结合市场需求和竞争状况，确定产品或服务的目标售价。目标售价应该能够覆盖目标成本和所希望达到的利润目标。

(3) 确定目标成本：目标成本的成本预测需要从所希望达到的利润目标和目标售价倒推出目标成本。目标成本应该包括直接成本、间接成本和固定成本，同时需要考虑未来的变化和风险因素。

(4) 分析成本结构：目标成本的成本预测需要对成本结构进行分析，了解各项成本的构成和影响因素，从而制定合理的成本控制策略。需要注意的是，目标成本的成本预测需要采取预测方法，包括历史数据分析、趋势分析、模拟分析等。

(5) 监控成本变化：目标成本的成本预测需要定期监控成本变化情况，及时调整成本预测，同时制定合理的成本控制和优化策略，确保目标成本的实现。

目标成本的成本预测需要综合考虑企业的利润目标、市场需求和竞争状况，从多个角度进行分析和预测，制定合理的成本控制和优化策略，实现目标成本的预测和实现。

2. 趋势预测

企业长期生产某种产品会积累一定的成本历史数据。企业可以根据成本的历史趋势采用时间序列分析等方法推断未来成本的变化趋势。

趋势预测包括近期成本预测和远期成本预测。

1) 近期成本预测

近期成本预测是根据当年内前几个季度的成本趋势开展成本预测。以制造企业为例，近期产品成本预测可按下面的公式进行：

$$\text{第 4 季度预计平均单位成本} = \frac{1 \sim 3\ \text{季度累计成本总额}}{1 \sim 3\ \text{季度累计产量}}$$

$$\text{第 4 季度预计成本总额} = \sum \left(\text{某产品第 4 季度产量} \times \text{该产品预计第 4 季度平均单位成本} \right)$$

式中，1～3 季度的累计成本总额可以从有关核算资料中获得。按照前 3 季度的平均单位成本，假定第 4 季度保持在这一水准上，可以得到第 4 季度的单位成本与总成本，并据此安排生产计划和运营资金。

2）远期成本预测

远期成本预测是根据过去几年的成本数据预测未来一年的成本趋势。在远期成本预测中企业面临的不确定性更大、变化的因素更多，需要基于成本性态开展成本预测。

（1）简单平均法。适用于成本性态可分解，且前 3 年销售和成本基本稳定的产品成本预测。其预测公式为：

$$\text{预测期产品总成本} = \frac{\text{前 3 年单位变动成本之和}}{3} \times \text{预测期产量} + \frac{\text{前 3 年固定成本总额之和}}{3}$$

（2）加权平均法。在销售收入和成本变动较大的情况下，距离预测年度越近的年份在预测中占的权重越高，越远的年份在预测中占的权重越低。以过去的成本为例，运用加权平均法预测成本的公式为：

$$\text{预测期产品总成本} = \frac{\text{前 1 年单位变动成本} \times 3 + \text{前 2 年单位变动成本} \times 2 + \text{前 3 年单位变动成本} \times 1}{6} \times \text{预测期产量} + \frac{\text{前 1 年固定成本总额} \times 3 + \text{前 2 年固定成本总额} \times 2 + \text{前 3 年固定成本总额} \times 1}{6}$$

式中，预测期前 1 年占 3/6 权重，前 2 年占 2/6 权重，前 3 年占 1/6 权重，各年权重合计为 1。

无论是开展近期成本预测还是远期成本预测，企业应对历史成本资料进行必要调整，剔除偶发因素导致的成本耗费，如自然灾害和意外事故造成的停工损失等；同时也应对产品设计、工艺改变等引起产品成本发生重大变化的情况予以考虑，有选择性地使用历史成本数据。

3. 基于可比产品开展成本预测

基于可比产品开展成本预测是一种常用的成本预测方法，它通过比较不同产品或项目的成本水平，来预测新产品或项目的成本水平。具体步骤如下：

（1）确定可比产品：选择与新产品或项目类似的已有产品或项目作为可比产品。

（2）确定成本要素：确定可比产品和新产品或项目的成本要素，如直接材料成本、直接人工成本、制造费用等。

（3）比较成本水平：比较可比产品和新产品或项目的成本水平，计算其成本差异。

（4）分析成本差异：分析成本差异的原因，确定哪些因素导致了成本差异，如材料价格、人工效率、设备利用率等。

（5）预测新产品或项目成本：根据成本差异分析的结果，预测新产品或项目的成本水平，并进行相应的成本控制和管理。

需要注意的是，进行基于可比产品的成本预测时，应该选择与新产品或项目具有相似特征和要求的可比产品，并在比较成本水平时考虑到不同产品或项目之间的差异。此外，成本预测也需要考虑到市场需求、技术创新、成本变化趋势等因素的影响。

三、成本预测的方法

成本预测一般都是根据本企业产品的历史资料数据，按照成本习性的原理，应用数理统计的方法来推测、估计成本的发展趋势。设 y 代表一定期间某项变动成本总额，x 代表业务量，a 代表半变动成本中的固定部分，b 代表单位变动成本，建立总成本函数模型：

$$y = a + bx$$

利用销售量的预测值，预测出未来总成本和单位成本水平。通过确定固定成本 a 的数值和单位变动成本 b 的数值，从而确定业务量水平 x 和成本总额 y 之间的关系。

确定固定成本 a 和单位变动成本 b 的方法主要包括采用高低点法、回归分析法和加权平均法，下面主要介绍后两种方法。

1. 回归分析法

在实际预测中，以成本总额作为因变量 y，以产量作为自变量 x，并假定成本变化趋势可以近似地用一条直线 $y = a + bx$ 来表示，其计算公式为：

$$a = \frac{\sum y - b\sum x}{n}$$

$$b = \frac{n\sum xy - \sum x \sum y}{n\sum x^2 - (\sum x)^2}$$

【例 6-6】 天天饮品有限企业 2022 年度 1 ~ 12 月份机器维修成本的历史数据见表 6-17，用回归分析法预测计划月度（2023 年 1 月）的产品总成本与单位成本。

表 6-17　机器维修成本

月份	机器小时（x）/h	维修成本（y）/元
1	1 200	900
2	1 300	910
3	1 150	840
4	1 050	850
5	900	820
6	800	730
7	700	720
8	800	720
9	950	750
10	1 100	890
11	1 250	920
12	1 400	930

（1）编制回归分析表，见表6-18。

表6-18 机器小时和维修成本变化情况

月份	机器小时（x）/h	维修成本（y）/元	xy	x^2
1	1 200	900	1 080 000	1 440 000
2	1 300	910	1 183 000	1 690 000
3	1 150	840	966 000	1 322 500
4	1 050	850	892 500	1 102 500
5	900	820	738 000	810 000
6	800	730	584 000	640 000
7	700	720	504 000	490 000
8	800	780	624 000	640 000
9	950	750	712 500	902 500
10	1 100	890	979 000	1 210 000
11	1 250	920	1 150 000	1 562 500
12	1 400	930	1 302 000	1 960 000
合计	12 600	10 040	10 715 000	13 770 000

（2）计算a、b值，并预测成本：

$$b=\frac{12\times 10\ 715\ 000-12\ 600\times 10\ 040}{12\times 13\ 770\ 000-(12\ 600)^2}=0.32$$

$$a=\frac{10\ 040-0.32\times 12\ 600}{12}=500.67$$

如果2023年1月机器小时为1 800小时，则：

2023年1月机床的维修总成本 $y=a+bx=500.67+0.32\times 1\ 800=1\ 076.67$（元）

2023年1月机床的维修单位成本 $=y/x=1\ 076.67/1\ 800=0.60$（元）

回归分析法能较准确地反映预测对象的发展趋势，它适用于各期成本变动较大的产品的预测。

2. 加权平均法

加权平均法是根据过去若干期的单位变动成本b和固定成本总额a的历史资料，对资料各期的成本按照近大远小的原则分别确定不同的权数，用加权平均法计算计划期的产品成本，适用于成本资料齐全的企业，其计算公式如下：

$$y=\sum a_i w_i+x\sum b_i w_i \quad \left(\sum w_i=1\right)$$

【例6-7】同上例资料，其中8～12月的单位变动成本与固定成本总额资料见表6-19，用加权平均法预测2023年1月机床使用1 800个小时的总成本和单位成本。令w_i依次为0.03、0.07、0.15、0.25、0.5。

表 6-19　成本资料

月度	机器小时（x）	单位变动维修成本（b）/元	固定维护成本总额（a）/元
8	800	0.3	540
9	950	0.16	598
10	1 100	0.22	648
11	1 250	0.16	720
12	1 400	0.12	762

将已知资料代入计算公式。

（1）2023 年 1 机床的维修总成本：

$$y = \sum a_i w_i + x \sum b_i w_i$$
$$= (540 \times 0.03 + 598 \times 0.07 + 648 \times 0.15 + 720 \times 0.25 + 762 \times 0.5) +$$
$$1\ 800 \times (0.3 \times 0.03 + 0.16 \times 0.07 + 0.22 \times 0.15 + 0.16 \times 0.25 + 0.12 \times 0.5)$$
$$= 992.02(\text{元})$$

（2）2023 年 1 月机床的维修单位成本 $= \dfrac{y}{x} = \dfrac{992.02}{1\ 800} = 0.55$（元）

【任务实施】

任　务　单

<table>
<tr><td>学习领域</td><td colspan="3">成本预测</td></tr>
<tr><td>学习单元</td><td colspan="3">成本预测分析</td></tr>
<tr><td>任　　务</td><td>预测成本</td><td>学时</td><td>2</td></tr>
<tr><td colspan="4">布置任务</td></tr>
<tr><td>任务目标</td><td colspan="3">职业能力目标：
●能够理解成本预测分析的基本概念和方法，掌握成本预测的方法和技巧。
●能够熟练运用成本预测分析工具，如成本预测模型、成本预测软件等，进行成本预测和分析。
●能够根据成本预测结果，及时调整企业的经营计划和策略，提高企业的经济效益。
职业素养目标：
●具有良好的职业道德和职业操守，遵守职业规范和职业道德标准。
●具备持续学习的意识和能力，能够不断学习和研究新的成本预测分析方法和技术，提高自身的职业素质和能力水平</td></tr>
<tr><td>任务描述</td><td colspan="3">任务 1：某企业生产一种产品，各期成本水平变动比较频繁，最近半年各月的成本资料见表 6-20。
表 6-20　成本资料　　单位：元
<table>
<tr><th>月份</th><th>固定成本</th><th>单位变动成本</th></tr>
<tr><td>1</td><td>10 000</td><td>15</td></tr>
<tr><td>2</td><td>12 000</td><td>16</td></tr>
<tr><td>3</td><td>12 000</td><td>15</td></tr>
<tr><td>4</td><td>12 500</td><td>15</td></tr>
<tr><td>5</td><td>15 000</td><td>13</td></tr>
<tr><td>6</td><td>16 000</td><td>12</td></tr>
</table>
</td></tr>
</table>

<table>
<tr>
<td>任务描述</td>
<td>
要求：用自然权数加权平均法预测 7 月份产量为 10 台时的总成本和单位产品成本。

任务 2：假设天天公司只生产一种产品，该企业 1 ~4 月销售量与总成本资料见表 6-21。
表 6-21　某企业 1 ~4 月销售量与总成本
<table>
<tr><th>月份</th><th>1</th><th>2</th><th>3</th><th>4</th></tr>
<tr><td>销售量（件）</td><td>10 000</td><td>12 000</td><td>18 000</td><td>20 000</td></tr>
<tr><td>总成本（元）</td><td>200 000</td><td>198 000</td><td>310 000</td><td>300 000</td></tr>
</table>
按 0. 6 的平滑系数预测的 4 月的销售量为 18 500 件。
要求：
（1）采用高低点法进行成本性态分析。

（2）采用指数平滑法预测 5 月的产销量。

（3）采用回归分析法进行成本性态分析
</td>
</tr>
</table>

【任务小结】

工业生产中追求经济成果，力求以较少的劳动耗费取得较好的生产成果。为此，工业企业要不断改进生产技术和工艺方法，建立一套科学的管理制度。开展成本预测分析，就是实行科学管理的一项重要措施。成本预测的方法主要有高低点法、回归分析法、加权平均法。

任务三　进行利润预测

【工作任务】

工作任务	技能点及任务成果	重要知识点	课时
通过学习，掌握利润预测的方法	学习并掌握各类利润预测分析方法和技能，包括直接预测法、因素分析法	1. 直接预测法 2. 因素分析法	2 学时

【知识准备】

利润预测是企业经营中重要的一环，它是指通过对企业的财务、经济、市场等方面的分析和研究，来预测企业未来一段时间内的利润水平，并制订相应的经营策略和措施。利润预测有助于企业在未来的经营过程中做出更加准确的决策，从而提高企业的经济效益。

利润预测的内容包括预测期间的销售收入、成本、利润等财务指标，以及预测期间的市场环境、产业政策、竞争态势等外部环境因素。利润预测的方法包括历史数据法、趋势分析法、专家判断法、比较法、现金流量法等。

利润预测的实施过程需要企业精心组织和管理，包括确定预测的目标和指标、采集和整理数据、分析研究数据、预测未来的经济环境和市场趋势、制定相应的经营策略和措施等。

一般来说，对企业营业利润的预测可采用直接预测法和因素分析法。

1. 直接预测法

直接预测法是指根据利润的构成及相关数据，直接推算出预测期的利润数额的方法。相关计算公式为：

利润总额 = 营业利润 + 投资净收益 + 营业外收支净额

营业利润是产品销售利润和其他业务利润组成的，这两部分预测利润的公式分别为：

预测产品销售利润 = 预计产品销售收入 − 预计产品销售成本 − 预计产品销售税金
= 预计产品销售数量 ×（预计产品销售单价 − 预计单位产品成本 − 预计单位产品销售税金）

预测其他业务利润 = 预计其他业务收入 − 预计其他业务成本 − 预计其他业务税金

预测企业的投资净收益是根据企业预计向外投资收入减去预计投资损失后的数额得出的；预测营业外收支净额是用预计营业外收入减去预计营业外支出后的差额。

最后，将所求出的各项预测数额汇总，便可计算出下一期间的预测利润总额。

【例 6-8】 天天公司生产 A、B、C 三种产品，本期有关销售价格、单位成本及下期产品预计销售量见表 6-22，预测下期其他业务利润的资料为：其他业务收入为 20 000 元，其他业务成本为 14 000 元，其他业务税金为 4 000 元。

表 6-22 天天公司销售预测

产品	销售单价（元）	单位产品		预计下期产品销售量（件）
		销售成本（元）	销售税金（元）	
A	100	50	20	5 000
B	240	170	40	2 000
C	80	50	12	8 000

根据资料，预测下一会计期间的营业利润。

各产品销售利润的预测值为：

A 产品：5 000 ×（100 − 50 − 20）= 150 000（元）

B 产品：2 000 ×（240 − 170 − 40）= 60 000（元）

C 产品：8 000 ×（80 − 50 − 12）= 144 000（元）

合计：150 000 + 60 000 + 144 000 = 354 000（元）

其他业务利润的预测值为：20 000 − 14 000 − 4 000 = 2 000（元）

所以，预测下一会计期间的营业利润为：

预测营业利润＝预测产品销售利润＋预测其他业务利润

＝354 000＋2 000＝356 000（元）

2. 因素分析法

因素分析法是在本期实现的利润水平的基础上，通过充分估计预测期影响产品销售利润的各因素增减变动的可能，来预测企业下期产品销售利润的数额。影响产品销售利润的主要因素有产品销售数量、产品品种结构、产品销售成本、产品销售价格及产品销售税金等。

在预测企业下一会计期间的产品销售利润额时，应首先计算本期的成本利润率：

$$本期成本利润率=\frac{本期产品销售利润额}{本期产品销售成本}\times 100\%$$

然后，进一步预测下期各相关因素变动对产品销售利润的影响。

1）预测产品销售量变动对利润的影响

在其他因素不变的情况下，预测期产品销售数量增加，利润额也会随之增加；反之，预测期销售数量减少，利润额也会随之下降。

因为在下期对产品销售成本进行测算时，已将由于销售量变动而使生产量变动的因素考虑在内了，所以由产品销售数量变动而使利润增加或减少的数额，可用本期的销售成本与下期预测销售成本相比较，再根据本期的成本利润率求得。计算公式为：

因销售量变动而增减的利润额＝(预测下期产品销售成本－本期产品销售成本)×本期成本利润率

2）预测产品品种结构变动对利润的影响

产品品种结构变动对利润的影响是因为各个不同品种的产品利润率是不同额，而预测下期利润是以本期各种产品的平均利润率为依据的。如果预测期不同利润率产品在全部产品中所占的销售比重发生变化，就会引起全部产品平均利润率发生变动，从而影响利润额的增加或减少。所以，应根据预测的下期产品品种结构的变动情况，确定下期平均利润率，然后通过比较本期和下期利润率的差异，计算预测期由于品种结构变动而增加或减少的利润数额。影响可按下列公式计算：

因产品品种结构变动而影响的利润增加额＝预测期产品销售收入×（预测期产品平均销售利润率－基期产品平均销售利润率）＝预测期产品销售成本×（预测期产品平均成本利润率－基期产品平均成本利润率）

式中，预测期产品平均销售利润率＝Σ（某产品基期利润率×该产品预测期销售比重）

3）预测产品成本降低对利润的影响

在产品价格不变的情况下，降低产品成本会使利润相应地增加。由于成本降低而增加的利润，可根据经预测确定的产品成本降低率求得。计算公式为：

由于成本降低而增加的利润＝按本期成本计算的预测期成本总额×产品成本降低率

4）预测产品价格变动对利润的影响

如果在预测期产品销售价格比上期提高，则销售收入也会增多，从而使利润额增加；反之，如果产品销售价格降低，也会导致利润额减少。销售价格提高或降低同样会使销售税金相应地增减，这一因素同样要考虑进去。计算公式为：

由于产品销售价格变动而增减的利润＝预测期产品销售数量×变动前售价×价格变动率×(1－税率)

5）预测产品销售税率变动对利润的影响

产品销售税率变动直接影响利润额的增减。如果税率提高，则可使利润额减少；如果税率降低，则使利润额增加，计算公式为：

由于产品销售税率变动而增减的利润＝预测期产品销售收入×(1＋/－价格变动率)×(原税率－变动后税率)

【任务实施】

任　务　单

<table>
<tr><td>学习领域</td><td colspan="3">利润预测</td></tr>
<tr><td>学习单元</td><td colspan="3">利润预测分析</td></tr>
<tr><td>任　　务</td><td>预测利润</td><td>学时</td><td>2</td></tr>
<tr><td colspan="4">布置任务</td></tr>
<tr><td>任务目标</td><td colspan="3">职业能力目标：
●能够理解利润预测分析的基本概念和方法，能够准确地预测企业未来的利润状况。
●能够具备良好的财务分析能力和数据分析能力，能够从海量数据中挖掘有价值的信息。
职业素养目标：
●具有高度的责任心和职业道德，能够保护企业的财产和利益。
●具备较强的分析和解决问题的能力，能够快速、准确地分析和解决各种财务问题</td></tr>
<tr><td>任务描述</td><td colspan="3">天天饮品有限公司有两种型号的产品 A、B，预计 2023 年下半年两种产品的销量均为离散型随机变量，请根据表 6-23 和表 6-24，运用概率分析法预测两种产品的销量，填写销量预测表和利润预测表（表 6-25 和表 6-26）。

表 6-23　单价和成本资料
<table>
<tr><td>项目</td><td>产品 A</td><td>产品 B</td></tr>
<tr><td>单价（万元/件）</td><td>10</td><td>12</td></tr>
<tr><td>单位变动成本（万元/件）</td><td>8</td><td>7</td></tr>
<tr><td>固定成本总额（万元）</td><td>10 000</td><td>10 000</td></tr>
</table>
表 6-24　各产品销量水平及概率分布
<table>
<tr><td>销量水平（件）</td><td>产品 A 概率分布（%）</td><td>产品 B 概率分布（%）</td></tr>
<tr><td>1 000</td><td>0</td><td>10</td></tr>
<tr><td>2 000</td><td>10</td><td>10</td></tr>
<tr><td>3 000</td><td>20</td><td>10</td></tr>
<tr><td>4 000</td><td>40</td><td>20</td></tr>
<tr><td>5 000</td><td>20</td><td>40</td></tr>
<tr><td>6 000</td><td>10</td><td>10</td></tr>
<tr><td>合计</td><td>100</td><td>100</td></tr>
</table></td></tr>
</table>

任务描述

表 6-25　销量预测表　　单位：件

项　　目	预计销售量
产品 A	
产品 B	

表 6-26　利润预测表　　单位：万元

项目	产品 A	产品 B
预计销售收入		
预计变动成本		
预计固定成本		
预计利润		

【任务小结】

利润预测分析是企业财务管理中非常重要的一环，它能够帮助企业预测未来的利润状况，为企业的经营决策提供重要的依据。在利润预测分析过程中，需要进行财务分析、数据分析、市场分析等方面的工作，以获取企业的财务和市场情况，并进行预测和分析。利润预测分析的结果可以为企业提供重要的决策依据，例如制定营销策略、调整成本结构、优化经营模式等。同时，利润预测分析还能够帮助企业发现潜在的风险和问题，并采取相应的措施进行风险管理和问题解决。因此，利润预测分析对企业的长期发展至关重要，企业需要通过不断提升自身的利润预测分析能力，来保证公司的可持续发展。

任务四　进行资金需求量预测

【工作任务】

工作任务	技能点及任务成果	重要知识点	课时
通过学习，掌握资金需求量预测的方法	学习并掌握资金需求量预测的方法和技能，包括销售百分比法和回归分析法	1. 资金需求量预测的含义 2. 资金需求量预测的意义 3. 资金需求量预测的方法	2 学时

【知识准备】

一、资金需求量预测的含义和意义

资金需求量预测是企业财务管理中的一个重要环节，指的是根据企业的经营计划和财务数据等因素，预测未来一段时间内企业所需的资金量。资金需求量预测的含义在于通过对企业未来资金需求的预测，制定科学合理的资金计划，包括资金来源、资金用途、资金管理策略等，以保证企业资金的充足和合理使用。

资金需求量预测的意义在于：

（1）为企业制定资金管理和融资计划提供依据。资金需求量预测可以帮助企业预测未来的资金需求，为企业制定资金管理和融资计划提供依据，使企业能够更好地规划资金使用和调配。

（2）为企业投资决策提供支持。资金需求量预测可以帮助企业预测未来的资金需求，为企业的投资决策提供支持和依据，使企业能够更好地把握市场机会和发展趋势。

（3）促进企业资金利用效率的提高。资金需求量预测可以帮助企业优化资金结构，提高资金利用效率，降低企业的资金成本，从而提高企业的盈利能力。

（4）提高企业经营决策的准确性和科学性。资金需求量预测可以帮助企业更加准确地把握经营情况，科学地制定经营决策，从而提高企业的经营效益和市场竞争力。

二、资金需求量预测的步骤

资金需求量预测的步骤包括：

（1）收集企业的财务数据和经营计划：收集企业的财务数据和经营计划等数据，了解企业的财务状况和经营情况。

（2）分析企业的财务和经营数据：对收集到的数据进行分析，了解企业的财务和经营状况，预测未来的资金需求。

（3）制定资金预算和计划：根据预测结果，制定企业的资金预算和计划，包括资金来源、资金用途、资金管理策略等。

（4）监控资金运作状况：定期监控企业的资金运作状况，及时调整预算和计划，保证资金需求的准确性和及时性。

（5）定期评估和调整：定期对资金需求量进行评估和调整，根据市场变化和企业的实际情况，适时调整资金预算和计划，提高资金利用效率。

三、资金需求量预测的方法

（一）销售百分比法

销售百分比法是根据资产、负债各个项目与销售收入总额之间的依存关系，并且假定这些关系在未来一段时间内保持不变的情况下，根据计划期销售额的增长幅度来预测需要相应追加资金数额的一种方法。销售百分比法是对企业资金需求进行合理预测的一种易懂而常用的理论方法，其前提是预设资产负债表和利润表中的敏感性资产、敏感性负债与销售额之间存在稳定的比例关系，同时假设非敏感项目不会随着销售额变化。根据上述的稳定比例关系，在知道销售额的前提下，对敏感性资产以及敏感性负债进行预测，在此基础之上，利用会计恒等式计算出企业所需外部融资额。

资金需求量预测主要是通过销售百分比法等预测模型，根据企业历史的财务报表的数据，测算得出企业在预测会计期间企业融资需求量，在剔除内源融资的数额后，得出企业的外部融资需求量，然后在此基础上，根据企业自身的财务状况、财务目标，如资产负债率，及企业外部资本市场的状况，在众多备选的筹资方案中选择资金成本低的企业融资方案。

销售百分比法一般按照下列步骤进行预测：

1. 确定基期随销售额变动而变动的资产负债表中的敏感项目

将资产负债表中各项目划分为敏感项目和非敏感项目两大类。把金额变动与销售额增减有直接关系（即表现为一定的比例关系）的项目称为敏感项目，把金额变动与销售额增减没有关系的项目称为非敏感项目。

具体来说，资产负债表中的敏感项目通常包括：

（1）货币资金：货币资金是企业拥有的流动资产，如现金、银行存款、货币市场基金等。这些资产会随着销售收入的增长而增长。

（2）存货：包括原材料、半成品、成品等。销售百分比法预测资金需求量时，存货通常是企业财务状况中对销售额变化最为敏感的项目，因为销售额的变化会直接影响库存的变化。

（3）应收账款：应收账款是指企业未到期的应收账款，通常是企业财务状况中对销售额变化敏感的项目之一。当销售额增加时，应收账款也会相应增加，从而对企业的现金流和资金需求量产生影响。

（4）预付账款：预付账款是企业提前支付或预付的费用，通常与采购或服务有关。预付账款也是企业财务状况中对销售额变化敏感的项目之一，因为销售额的变化会直接影响预付账款的变化。

（5）流动负债：流动负债中的应付账款、应交税费、其他应付款等项目会因销售额的增长而增长。

资产负债表中的非敏感项目通常包括：

（1）固定资产：固定资产是企业长期使用并且价值较高的资产，如房屋、设备、机器等。固定资产根据情况看是否要增加，若基期的固定资产已被充分利用，增加销售额就需要增加固定资产投资，否则就不应追加。

（2）短期借款：短期借款是企业短期资金周转的一种方式，通常与销售额的变化无关，因此对销售百分比法预测资金需求量的影响较小。

（3）长期资产、长期负债和所有者权益一般不随销售额的增长而增长。

在使用销售百分比法预测资金需求量时，需要识别敏感项目和非敏感项目，选择合适的比率，并对预测结果进行评估和调整，以提高预测结果的准确性和可靠性。

2. 计算敏感性项目的销售百分比

其计算公式如下：

$$\text{敏感性项目与销售额的百分比} = (\text{基期敏感项目数额} \div \text{基期销售额}) \times 100\%$$

3. 计算需要增加的资金

其计算公式如下：

$$\begin{aligned}\text{需要增加的总资金量} &= \text{增加的资产} - \text{增加的负债}\\ &= \left(\frac{A}{S_1}\times\Delta S - \frac{B}{S_1}\times\Delta S\right) + \text{固定资金增加额}\\ &= \Delta S\times\left(\frac{A}{S_1} - \frac{B}{S_1}\right) + \text{固定资金增加额}\end{aligned}$$

4. 计算内部留存收益增加额及外部融资需求

其计算公式如下：

$$外部融资需求量 = 增加的资产 - 增加的负债 - 增加的留存收益$$

$$= \Delta S \times \left(\frac{A}{S_1} - \frac{B}{S_1}\right) + 固定资金增加额 - 增加的留存收益$$

$$增加的留存收益 = 预计销售收入 \times 销售净利率 \times 利润留存率$$

$$= \frac{A}{S_1} \times \Delta S - \frac{B}{S_1} \times \Delta S - S_2 \times P \times E$$

式中，A 为随销售变化的资产（敏感资产）；B 为随销售变化的负债（敏感负债）；S_1 为基期销售额；S_2 为预测期销售额；ΔS 为销售的变动额；P 为销售净利率；E 为利润留存率；$\frac{A}{S_1}$为敏感资产占基期销售额的百分比；$\frac{B}{S_1}$为敏感负债占基期销售额的百分比。

【例 6-9】假定某企业 2022 年实际销售收入为 3 000 万元，销售净利润率为 12%，利润留存率为 10.5%，2023 年预测销售收入为 3 800 万元。该企业 2022 年度资产负债表见表 6-27。

表 6-27 资产负债表

单位：万元

资产	期末余额	负债及所有者权益	期末余额
货币资金	15	应付票据	100
应收账款	480	应付账款	528
存货	522	应付职工薪酬	21
其他流动资产	2	应付债券	11
固定资产净值	57	负债合计	660
		实收资本	50
		留存收益	366
		所有者权益合计	416
资产总计	1 076	负债及所有者权益合计	1 076

要求：

（1）计算 2023 年公司需增加的资金量。

（2）预测 2023 年需要对外筹集的资金量。

根据上述资料编制改企业 2023 年预计资产负债表，见表 6-28。

表 6-28 2023 年预计资产负债表

项　目	金额（万元）	销售百分比（%）	2023 年预计数（万元）
资产			
货币资金	15	0.50	19
应收账款	480	16.00	608
存货	522	17.40	661.20
其他流动资产	2		2

续表

项　目	金额（万元）	销售百分比（%）	2023 年预计数（万元）
固定资产净值	57		57
资产总计	1 076		1 347.20
负债及所有者权益			
应付票据	100		100
应付账款	528	17.60	658.80
应付职工薪酬	21	0.70	26.60
应付债券	11		11
负债合计	660		806.40
实收资本	50		50
留存收益	366		366
所有者权益合计	416		416
负债及所有者权益总计	1 076		1 222.40

确定追加资金需要量：

2023 年总资产 =1 347.2（万元）

2023 年负债及所有者权益总额 =1 222.4（万元）

2023 年资金总需求量 = 预计总资产 − 预计负债及所有者权益

=1 347.2 −1 222.4 =124.8（万元）

该企业 2023 年留存收益增加 =3 800 ×10% ×10.5% =39.9（万元）

该企业需要从外部筹集的资金数额为 124.8 −39.9 =84.9（万元）

（二）资金占用预测法

资金占用预测法是根据以往的资金占用指标来预测流动资金需要量的一种方法。其公式为：

资金需要量 = 预测的本期销售额 × 上年同期平均资金占用率

【例 6-10】某公司本年第一季度每个月平均销售额为 2 000 万元，上年度每个月流动资金平均占用率为 35%。

要求：预测本年度第一季度每个月的流动资金需要量。

本年度第一季度每个月的流动资金需要量 =2 000 ×35% =700（万元）

（三）回归分析法

回归分析法是假定资本量与业务量之间存在线性关系并建立数学模型 $y = a + bx$，来预测资金需求量的一种方法，具体计算方法与成本回归预测相同，计算公式如下：

$$a = \frac{\sum y - b\sum x}{n}$$

$$b = \frac{n\sum xy - \sum x\sum y}{n\sum x^2 - (\sum x)^2}$$

【例 6-11】某企业近 5 年销售收入与资金占用总量的历史资料见表 6-29。

表 6-29　某公司近 5 年业务量总额与资金占用额　单位：万元

年　度	业务量	资金占用
2019	500	100
2020	520	110
2021	480	120
2022	540	125
2023	690	130

该公司计划年度（2024 年）的业务量总额预测值为 700 万元，已有资金 60 万元。

要求：

（1）预测该公司 2024 年的资金需求量。

（2）计算公司 2024 年度还需追加的资金数量。

（1）按回归分析原理对历史资料进行加工、整理并制表计算，见表 6-30。

表 6-30　回归分析计算表

年　度	业务量 x（万元）	资金占用 y（万元）	xy	x^2
2019	500	100	50 000	250 000
2020	520	110	57 200	270 400
2021	480	120	57 600	230 400
2022	540	125	67 500	291 600
2023	690	130	89 700	476 100
合计	$\sum x = 2\ 730$	$\sum y = 585$	$\sum xy = 322\ 000$	$\sum x^2 = 1\ 518\ 500$

（2）根据计算公式可得：

$$b = \frac{5 \times 322\ 000 - 2\ 730 \times 585}{5 \times 1\ 518\ 500 - (2\ 730)^2} = 0.092\ 8$$

$$a = \frac{585 - 0.092\ 8 \times 2\ 730}{5} = 66.350\ 3$$

资金预测公式为：

$$Y = 66.350\ 3 + 0.092\ 8x$$

2024 年的资金需求量 $y = 66.350\ 3 + 0.092\ 8 \times 700 = 131.31$（万元）

2024 年需要追加的资金量 $= 131.31 - 60 = 71.31$（万元）

【任务实施】

任　务　单

学习领域	预测分析		
学习单元	资金需求量预测分析		
任　　务	预测资金需求量	学时	2

<table>
<tr><th colspan="2">布置任务</th></tr>
<tr><td>任务目标</td><td>职业能力目标：
● 掌握资金需求量预测的方法和技能；
● 能够了解掌握所处行业的发展趋势，能够根据行业特点制定合理的资金需求预测策略；
职业素养目标：
● 具备严谨的工作态度，具有高度的工作责任心和严谨的工作态度。
● 遵守职业道德规范，保持公正、客观的态度，对企业财务数据保密，不泄露敏感信息</td></tr>
<tr><td>任务描述</td><td>任务1：天天公司2022年12月31日的简要资产负债表见表6-31，假定天天公司2022年销售额为10 000万元，销售净利率为10%，利润留存率为40%。2023年销售额预计增长20%，公司有足够的生产能力，无须追加固定资产投资。

表6-31　资产负债表（2022年12月31日）　　单位：万元
<table>
<tr><th>资　产</th><th>金　额</th><th>负债及权益</th><th>金　额</th></tr>
<tr><td>货币资金</td><td>500</td><td>短期借款</td><td>3 000</td></tr>
<tr><td>应收账款</td><td>1 500</td><td>应付账款</td><td>1 000</td></tr>
<tr><td>存货</td><td>3 000</td><td>应付债券</td><td>1 000</td></tr>
<tr><td>固定资产</td><td>3 000</td><td>实收资本</td><td>2 000</td></tr>
<tr><td></td><td></td><td>留存收益</td><td>1 000</td></tr>
<tr><td>合计</td><td>8 000</td><td>合计</td><td>8 000</td></tr>
</table>

要求：
（1）确定公司需要增加的营运资金。

（2）确定公司外部融资需求量。

任务2：A公司2022年度实现销售收入300 000元，销售净利率为5%，利润全部留存。预计2023年度销售收入增到400 000元，假设公司2023年的销售净利率与2022年持平，利润全部留存。请根据表6-32和表6-33，运用销售百分比法填写2023年资产负债表项目预测表和资金需要量预测表（表6-34和表6-35）。

表6-32　资产负债表简表
2022年12月31日　　单位：元
<table>
<tr><th>资　产</th><th>金　额</th><th>负债及所有者权益</th><th>金　额</th></tr>
<tr><td>货币资金</td><td>15 000</td><td>短期借款</td><td>60 000</td></tr>
<tr><td>应收账款</td><td>30 000</td><td>应付账款</td><td>30 000</td></tr>
<tr><td>预付账款</td><td>35 000</td><td>其他应付款</td><td>30 000</td></tr>
<tr><td>存货</td><td>90 000</td><td>长期借款</td><td>35 000</td></tr>
<tr><td>固定资产</td><td>75 000</td><td>股本</td><td>60 000</td></tr>
<tr><td>—</td><td>—</td><td>留存收益</td><td>30 000</td></tr>
<tr><td>合计</td><td>245 000</td><td>合计</td><td>245 000</td></tr>
</table>
</td></tr>
</table>

任务描述

表 6-33　销售百分比表

资　产	销售百分比	负债及所有者权益	销售百分比
货币资金	5%	短期借款	不变动
应收账款	10%	应付账款	10%
预付账款	不变动	其他应付款	10%
存货	30%	长期借款	不变动
固定资产	25%	股本	不变动
—	—	留存收益	变动

表 6-34　2023 年资产负债表项目预测表

单位：元

资　产	金　额	负债及所有者权益	金　额
货币资金		短期借款	
应收账款		应付账款	
预付账款		其他应付款	
存货		长期借款	
固定资产		股本	
—	—	留存收益	

表 6-35　2023 年资金需要量预测表

单位：元

项　　目	金　额
资产总额	
负债及所有者权益总额	
需筹措的资金	

【任务小结】

资金需求量预测是企业财务管理中的一项重要工作，准确预测资金需求量可以帮助企业做好资金计划和决策。常用的资金需求量预测方法包括销售百分比法、回归分析法和资金占用预测法。

销售百分比法是一种基于历史销售数据和销售额与各项成本之间的比例关系，预测未来资金需求量的方法。根据历史销售数据和成本数据的比例关系，可以计算出各项成本与未来销售额的关系，从而预测未来资金需求量。这种方法简单易行，适用于销售额变化较为稳定的企业。

回归分析法是一种基于历史数据建立回归模型来预测未来资金需求量的方法。通过收集历史数据，建立回归模型，可以预测未来资金需求量与各个因素之间的关系，并进行精确的预测。这种方法适用于销售额波动较大或与其他因素相关的企业。

资金占用预测法是一种基于资产负债表和利润表的数据，预测未来资金需求量的方法。根据历史数据和未来预测数据，可以计算出资产负债表和利润表中各项目占用资金的比例，并据此预测未来资金需求量。这种方法适用于企业资产负债表和利润表数据较为稳定的情况。

这些方法各有优缺点，在具体预测时需要根据企业的实际情况选择合适的方法。同时，在使用预测方法时，还需要注意历史数据的准确性和完整性、预测模型的合理性和可靠性，以及对预测结果的评估和调整，以提高预测结果的准确性和可靠性。

能力训练

一、单项选择题

1. 预测分析分为两大类，是指定量分析法和（　　）。

A. 平均法　　B. 定性分析法　　C. 回归分析法　　D. 指数平滑法

2. 预测分析的内容不包括（　　）。

A. 销售预测　　B. 利润预测　　C. 资金预测　　D. 所得税预测

3. 销售百分比法是用于预测（　　）的。

A. 销售额　　B. 销售量　　C. 资金需要量　　D. 利润

4. 某公司 2022 年 10 月的预测销售量为 40 000 件，实际销售量为 42 000 件，若公司选用 0.7 的平滑系数进行销售预测，则 11 月的预测销售量为（　　）件。

A. 41 400　　B. 39 400　　C. 40 600　　D. 57 400

5. 在企业的预测系统中，处于先导地位的是（　　）。

A. 销售预测　　B. 成本预测　　C. 利润预测　　D. 筹资预测

6. 假设某企业测算出其未来年度的销售额增加 400 000 元，每增加 1 元销售额需筹资 0.5 元，若企业当年年末未分配利润为 100 000 元，则下年企业预计需增加的筹资额为（　　）元。

A. 100 000　　B. 150 000　　C. 110 000　　D. 200 000

7. 只适用于销售额基本稳定的产品的预测方法是（　　）。

A. 指数平均法　　B. 趋势平均法　　C. 定性预测法　　D. 算数平均法

8. 某企业 2022 年年末变动资产总额为 4 000 万元，变动负债总额为 2 000 万元。该企业预计 2023 年的销售额比 2022 年增加 10%（即增加 100 万元），预计 2023 年留存收益比率为 50%，销售净利率为 10%，则该企业 2023 年度应追加的资金量为（　　）万元。

A. 0　　B. 2 000　　C. 1 950　　D. 145

9. 预测过程中收集的资料应（　　）。

A. 包括过去、现在和未来　　B. 具有可比性、系统性和连续性

C. 是可以计量的数据　　D. 客观、公正和全面

10. 下列项目中，常用的长期筹资预测方法是（　　）。

A. 回归分析法　　B. 指数平滑法　　C. 销售百分比法　　D. 高低点法

二、多项选择题

1. 运用销售百分比法时，会随着销售额的增长而增长的资产类项目有（　　）。

A. 货币资金　　B. 应收账款

C. 存货　　D. 固定资产（假设生产能力尚未饱和）

E. 无形资产

2. 预测和决策的关系主要表现为（　　）。

A. 预测是决策的基础　　B. 预测为决策服务

C. 预测是决策的先导　　D. 预测是决策科学化的前提

3. 企业在进行长期筹资预测中采用回归法的优点是（　　）。

A. 比较简单方便

B. 考虑销售量与资产负债表项目关系的变化

C. 预测值相对准确

D. 可以在主要因素难以定量分析的情况下加以运用

E. 考虑多因素变化对预测值的影响

4. 下列各项中，属于影响销售量的外部因素的有（　　）。

A. 市场环境　　B. 竞争对手

C. 产品价格　　D. 经济发展趋势

E. 生产条件

5. 判断分析法通常包括的方法有（　　）。

A. 推销人员意见综合判断法　　B. 经理人员意见综合判断法

C. 专家判断法　　D. 因果预测分析法

E. 趋势外推分析法

三、判断题

1. 预测就是对不确定的或不知道的事件做出叙述和描述。（　　）

2. 预测是为决策服务的，有时候也可以代替决策。（　　）

3. 定性分析法和定量分析法在实际应用中是相互排斥的。（　　）

4. 进行成本预测，必须经过确定目标利润、预测发展趋势和修订目标成本三个步骤。（　　）

5. 成本预测是其他各项预测的前提。（　　）

6. 销售预测中的算术平均法适用于销售量略有波动的产品的预测。（　　）

7. 预测必须在计划内进行。（　　）

8. 回归分析法是财务预测中常用的方法，销售预测、成本预测、资金预测都会用到此方法。（　　）

9. 若某公司上期实际销售量为50 000件，预测销售量为55 000件，本期实际销售量为53 000件，采用平滑指数法（假定平滑系数为0.5）预测的下期销售量应为52 750件。（　　）

10. 定性分析一般在历史数据难以搜索，或者主要因素难以进行定量分析时使用。（　　）

项目七　营运管理

【学习目标】

- 掌握本量利分析的基本原理和方法。
- 掌握盈亏平衡分析、目标利润分析的基本原理。
- 掌握利润敏感分析的基本原理。

【能力目标】

- 能够灵活运用本量利分析的方法解决企业经营预测、决策中的实际问题。
- 能够运用本量利分析法进行保本点、保利点的预测。
- 能够运用边际分析法进行短期经营决策分析和经营安全分析。
- 能运用敏感分析原理进行利润敏感性分析。

【素养目标】

- 建立正确的经营决策思维方式，培养学生的判断、分析和决策能力，使其能够在实际的经营管理中解决问题和做出正确的决策。
- 培养学生经营风险意识，增强准确识变、科学分析与评估经营风险的能力。
- 具备强烈的社会责任意识，能够在经营决策中注重企业的社会形象和社会责任。
- 具备较强的法律意识，能够在经营决策中严格遵守法律法规，协调各自的工作并达到共同的目标。

【案例导入】

石桥小镇里有一个加油站，油站内设有一个卖报纸和杂货的商店。该商店在本社区的销售额每月达到20 000元。除此之外，来加油的车主也会光顾这家商店。

经理估计，车主平均会另外消费大约油费的20%在商店的货品上。在汽油销售量波动时，这比率仍维持不变。本地社区的销售与汽油的销售是相对独立的。

汽油的贡献边际率是18%，而货品的贡献边际率是25%。现行的汽油销售价是每升6元，每月的销售量是30 000升。每月的固定成本中有场地费12 000元，工人薪酬15 000元。

因为担心一个近期的公路发展计划将会影响加油站的生意，经理非常关心将来的生意额，而汽油销售量是利润最敏感的因素。

问题：

1. 站在营运管理的角度，你认为加油站的主要工作任务是什么？
2. 科学的营运计划和完善的执行制度，对实现营运管理目标有何重要性？
3. 加油站每月的利润是多少？

4. 加油站的汽油销售量至少保持在多少升才可以盈利？

5. 你是否可以运用本量利分析帮助加油站进行利润预测，并在此基础上制订科学合理的利润目标？

【任务导入】

盈利是企业承担风险的基础，企业经理人一定想知道未来一定时期的利润是否能够达到预期的利润目标。企业生产经营的利润与销售单价、单位变动成本、固定总成本以及销量之间存在一定的数量关系，这种关系可以用特定的等式表示。根据这种数量关系可以进行用销售量或者销售额表示盈亏平衡点的分析，此外，还可以用销售量或销售额表示实现目标利润的销售水平的分析，最后还可通过各个变量对计算成果的影响程度，对各个变量进行敏感性分析。

任务一　学习本量利分析

【工作任务】

工作任务	技能点及任务成果	重要知识点	课时
通过学习，探究如何灵活运用本量利分析的方法解决企业经营预测、决策中的实际问题	1. 理解本量利分析的作用； 2. 了解本量利分析的概念； 3. 掌握本量利分析的基本模型； 4. 掌握保本分析和保利分析	1. 本量利分析的定义； 2. 本量利分析的假设； 3. 本良利分析的基本模型； 4. 保本分析和保利分析	2 学时

【知识准备】

一、本量利分析的含义

本量利分析是成本、业务量、利润三者之间相互依存关系分析的简称，即 cost- volume-profit analysis，简称 CVP。本量利分析的目的在于通过分析短期内产品销售量、销售价格、固定成本、单位变动成本及成本结构等因素的变化对利润的影响，为企业管理人员提供预测、决策等有用的信息。

本量利分析的核心主要是能够帮助管理者回答这样两个问题：第一个是至少达到怎样的销量才能保本？也就是进行保本的分析；第二个是要达到目标的利润必须达到怎样的销量？也就是进行保利的分析。通过本量利分析帮助企业管理层制订计划、规划利润、预测经营活动。

企业经营效果的好坏，主要表现在利润的多少。企业利润的多少又由销售收入和成本的高低这两个主要因素决定，在企业实践中，本量利分析在企业管理中的应用广泛，它具有明确的目标体系，能够促使企业管理人员尽力实现目标，有利于管理水平的提高。保本量、保利量的确定可以大大调动员工的积极性。本量利分析中的一些指标也能暴露出企业管理中存在的问题。将成本、产量、利润这几个方面的变动所形成的差量相互联系起来进行分析，其重心是确定“盈亏临界点”，并围绕它，从动态上掌握有关因素变动对企业盈亏消长的规律性的联系，这对帮助企业在经营决策中根据主、客观条件有预见地采取相应措施实现扭亏增盈起到关键性的作用，有利于加强企业内部治理、提高企业的经济效益。

二、本量利分析的基本假设

在本量利分析中，成本、业务量和利润之间的数量关系是建立在一系列假设基础上。一般来说，本量利分析主要基于以下四个假设：

1. 将全部成本划分为固定成本和变动成本

假设企业发生的全部成本都将按其性态划分为变动成本和固定成本，这是进行本量利分析的一个先决条件。本量利分析是建立在将企业的成本全部划分为固定成本和变动成本的基础之上的，因此，所有需要本量利分析的产品，企业都应将其成本划分为固定成本和变动成本。

2. 销售收入和业务量呈完全线性关系

假设销售收入随销售量的变化而变化，两者之间应保持完全线性变动关系。因此，当销售量在相关范围内变化时，产品的价格不会发生变化。

3. 产销平衡

假设当期产品的生产量与销售量相一致，不考虑存货水平变动对利润的影响。

4. 产品产销结构稳定

假设同时生产销售多种产品的企业中，其销售产品的品种结构不变。即在一个生产与销售多种产品的企业，以价值形式表现的产品的产销总量发生变化时，原来各产品产销额在全部产品的产销额中的比重不会发生变化。

三、本量利分析的相关概念

1. 边际贡献

边际贡献是指产品销售收入扣除变动成本后的余额。由于边际贡献在扣除固定成本后才能成为企业真正的贡献（即利润），因此用它来衡量产品盈利能力或许较为妥当。

边际贡献总额 = 销售收入总额 − 变动成本总额

单位边际贡献 = 销售单价 − 单位变动成本

2. 边际贡献率

边际贡献率是指边际贡献在销售收入中所占的百分率，反映了产品为企业创利的能力。

边际贡献率 = 边际贡献总额/销售收入总额 × 100%

= 单位边际贡献/单价 × 100%

3. 变动成本率

变动成本率是指变动成本在销售收入中所占的百分率，其计算公式如下：

变动成本率 = 变动成本总额/销售收入总额 × 100%

= 单位变动成本/单价 × 100%

单位边际贡献、边际贡献总额、边际贡献率是越大越好的正指标，它们可以从不同的侧面反映特定产品对企业所做的贡献的大小。变动成本率是个越小越好的反指标，当产品变动成本率高时，边际贡献率则低，创利能力小；反之，当产品变动成本率低时，边际贡献率则高，创利能力大。

四、本量利分析的基本方程式

本量利分析的基本关系式如下：

$$利润=(单价-单位变动成本)\times业务量-固定成本$$

即

$$P=(p-b)x-a$$

式中，P 为利润；p 为单价；x 为业务量；b 为单位变动成本；a 为固定成本。

从式中可以看出，本量利分析所要考虑的相关因素主要包括业务量、单价、单位变动成本、固定成本、利润五个因素。当给定其中四个变量时，便可求出另一个变量的值。

本量利分析的目的是通过对销售量、销售收入、变动成本和固定成本等因素的分析，确定企业的盈利能力和利润水平，并为企业的经营决策提供有力的支持。

五、保本分析

保本分析，又叫盈亏临界点分析，是指利润为零时的销售量或销售额。处于盈亏临界点时，企业的销售收入恰好弥补全部成本，企业的利润等于零。

保本分析就是根据成本、销售收入、利润等因素之间的函数关系，预测企业在怎样的情况下达到不盈不亏的状态。这些信息对于企业合理计划和有效控制经营过程极为有用，在企业规划目标利润、控制利润完成情况、估计经营风险时都会发挥作用。

保本分析是基于本量利基本关系原理进行的损益平衡分析或盈亏临界分析，它主要研究如何确定保本点，以及有关因素变动对利润的影响，为决策提供超过哪个业务量企业会有盈利，或者低于哪个业务量，企业会亏损等信息。所谓保本（盈亏平衡），就是指企业在一定期间内的总收入等于总成本，企业不盈不亏，利润为零时的状态。当企业处于这种特殊情况时，称为企业达到保本状态。在该业务量水平下，企业的收入正好等于总成本，超过该业务量水平，企业就有盈利，低于该业务量水平，企业就亏损。

保本点又称盈亏临界点或盈亏平衡点。它是指能使企业达到保本状态的业务量的总称。保本点是任何经营事项至少要达到的一个底线，是获得利润的基础。表现形式有两种：一是保本点销售量，简称保本量；二是保本点销售额，简称保本额。

（一）保本分析基本计算模型

保本点就是使得利润等于零的销售量，根据本量利基本模型：

$$\begin{aligned}利润&=收入-变动成本-固定成本\\&=(单价-单位变动成本)\times销售量-固定成本=0\end{aligned}$$

1. 按实物量计算保本点

确定保本点的销售量，也就是确定当利润恰好为零时的企业销售量。

$$\begin{aligned}保本点销售量&=固定成本/(单价-单位变动成本)\\&=固定成本/单位边际贡献\end{aligned}$$

【例 7-1】设某企业生产和销售单一产品，该产品的单位售价为 50 元，单位变动成本为 30 元，固定成本为 50 000 元，该企业的保本点销售量为多少件?

保本点销售量 = 固定成本/(单价 - 单位变动成本) = 50 000/(50 - 30) = 2 500 (件)

2. 按金额计算保本点

保本点销售额，也叫盈亏平衡点销售额，应该等于固定成本除以边际贡献率。

保本点销售额 = 固定成本/边际贡献率 = 固定成本/(1 - 变动成本率)

【例 7-2】某企业 2022 年销售额为 2 400 万元，固定费用为 800 万元，变动费用为 1 200 万元，试计算平衡点对应的销售额。

保本点销售额 = 800/(1 - 1 200/2 400) = 1 600 (万元)

(二) 产品组合的保本分析

产品组合的盈亏平衡分析是在掌握每种单一产品的边际贡献率的基础上，按各种产品销售额的比重进行加权平均，据以计算综合边际贡献率，从而确定多产品组合的盈亏平衡点。

由于多种产品的销售收入可以直接相加，所以，问题的关键是计算多种产品的加权平均边际贡献率。

计算步骤如下:

1. 计算每种产品的销售比重

某种产品的销售比重 = 该产品的销售额 ÷ 所有产品的总销售额 × 100%

2. 计算综合边际贡献率

综合边际贡献率 = $\sum$(每种产品的边际贡献率 × 每种产品的销售比重)

3. 计算多品种的综合保本销售额

$$综合保本销售额 = \frac{固定成本总额}{综合边际贡献率}$$

4. 计算每种产品在保本点时的销售额

某种产品的保本销售额 = 综合保本销售额 × 某种产品的销售比重

用求得的保本销售额除以该产品的单价，就得到该产品的保本销售量:

$$保本销售量 = \frac{该产品的保本销售额}{该产品的销售单价}$$

【例 7-3】星海公司决定拓展产品市场，由单一生产空调零件的家用电器零部件生产商转变为三种主推产品的生产商，预计每月三条生产线投入为 30 000 元，人工成本是 12 000 元，由于改进了生产技术，提高了工作效率，降低了产品的可变成本，主要资料见表 7-1。试计算三种产品的综合保本销售额以及各类产品的保本销售额和保本销售量。

表 7-1　星海公司三种产品预计销售量、销售单价、单位变动成本情况

项　目	电控部件	节流部件	金属外壳
销售量 (件)	400	1 000	500
销售单价 (元)	50	40	80
单位变动成本 (元)	30	25	56

（1）计算三种产品的边际贡献率：

电控部件的边际贡献率 =（50 − 30）÷50 ×100% =40%

节流部件的边际贡献率 =（40 − 25）÷40 ×100% =37.5%

金属外壳的边际贡献率 =（80 − 56）÷80 ×100% =30%

（2）计算三种产品的预计销售收入总额及销售结构：

销售收入总额 =400 ×50 +1 000 ×40 +500 ×80 =100 000（元）

电控部件的销售收入比重 =400 ×50 ÷ 100 000 ×100% =20%

节流部件的销售收入比重 =1 000 ×40 ÷ 100 000 ×100% =40%

金属外壳的销售收入比重 =500 ×80 ÷100 000 ×100% =40%

则：

综合边际贡献率 =40% ×20% +37.5% ×40% +30% ×40% =35%

（3）计算综合保本销售额：

综合保本销售额 = 固定成本总额 ÷ 综合边际贡献率 =42 000 ÷35% =120 000（元）

（4）计算各种产品的保本销售额：

电控部件的保本销售额 =120 000 ×20% =24 000（元）

节流部件的保本销售额 =120 000 ×40% =48 000（元）

金属外壳部件的保本销售额 =120 000 ×40% =48 000（元）

（5）计算各种产品的保本销售量：

电控部件保本销售量 =24 000 ÷50 =480（件）

节流部件保本销售量 =48 000 ÷40 =1 200（台）

金属外壳保本销售量 =48 000 ÷80 =600（件）

综合边际贡献率的大小反映了企业全部产品的整体盈利能力高低，企业若要提高全部资产品的整体水平，可以调整各种产品的销售比重，或者提高各种产品自身的边际贡献率。

（三）相关因素变动对保本点的影响

保本点就是能使企业达到不盈不亏状态的产品销售数量。在计算保本点时，我们曾假设固定成本、单位变动成本、销售价格以及产品品种构成等因素固定不变。而事实上，上述诸因素在企业经营过程中是经常变动的，并由此引起保本点的升降变动。显然，这些因素的变动与保本点的取值之间存在着必然的、内在的联系，这种联系简单来说就是：固定成本与变动成本的下降、销售价格的提高会使保本点的取值趋小（在图示法下则表现为保本点由原来的位置左移）；反之，固定成本与变动成本的上升、销售价格的下降则会使保本点的取值变大。至于产品品种结构变化的影响较为复杂，与各种产品的获利能力有关。以下分别具体说明。

1. 固定成本变动对保本点的影响

固定成本虽然不随业务量的变动而变动，但企业经营能力的变化和管理决策都会导致固定成本的升降，特别是酌量性固定成本更容易发生变化。

如在传统绘制法绘制的保本图中所列示的，保本点为销售收入线与总成本线的交点，而固定成本则是总成本线的起点。在单位变动成本（即总成本的斜率）不变的情况下，固定成本的高低就直接决定了总成本线的位置，其变化当然会对保本点产生影响，并且是同方向的，如图 7-1 所示。

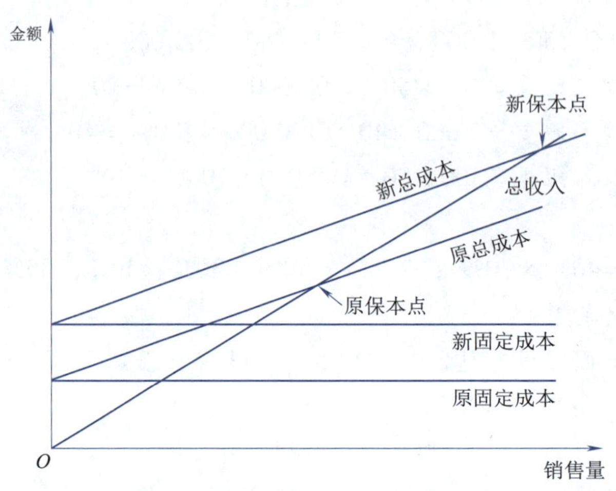

图 7-1　固定成本变动对保本点的影响

【例 7-4】假设某公司生产甲产品，全年共生产 1 000 件。经成本核算，该产品的单位变动成本为 70 元，年固定成本为 150 000 元，单位售价为 370 元，产品预计全部售出。

预计固定成本提高 20%，其他条件不变。

要求：计算固定成本变动后的保本点。

固定成本变动前保本点销售量 $x_0 = \dfrac{150\ 000}{370-70} = 500$（件）

固定成本变动前保本点销售额 $= 500 \times 370 = 185\ 000$（元）

因为固定成本提高了 20%，则有：

$a = 150\ 000 \times (1 + 20\%) = 180\ 000$（元）

保本点销售量 $x_0 = \dfrac{180\ 000}{370-70} = 600$（件）

保本点的销售额 $= 370 \times 600 = 222\ 000$（元）

可见，固定成本上升，导致保本点销售量由原来的 500 件提高到 600 件，上升了 20%，保本点销售额也提高了 20%。

2. 单位变动成本变动对保本点的影响

如图 7-2 所示，在其他因素不变的情况下，单位变动成本变化，总成本线的斜率也发生变化。当单位变动成本增加时，总成本线的斜率上升，导致保本点右移，保本点销售量增加；反之，保本点左移，保本点销售数量减少。所以单位变动成本的变化与保本点同方向。

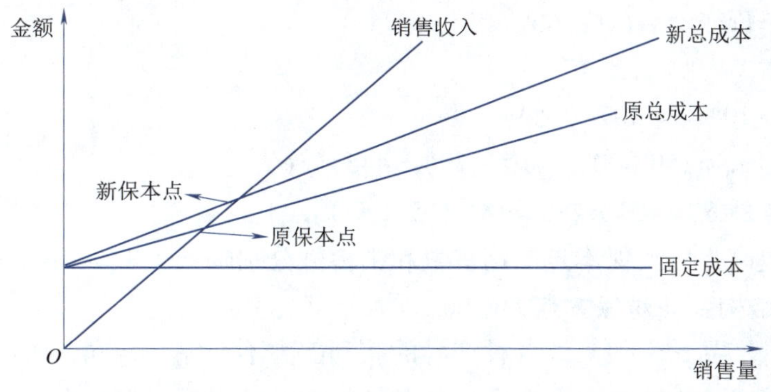

图 7-2　单位变动成本变动对保本点的影响

【例 7-5】 假设某公司生产甲产品，全年共生产 1 000 件。经成本核算，该产品的单位变动成本为 70 元，年固定成本为 150 000 元，单位售价为 370 元，产品预计全部售出。

预计单位变动成本提高 20%，其他条件不变。

要求：计算固定成本变动后的保本点。

因为单位变动成本升高了 10%，则有：

$b = 70 \times (1 + 10\%) = 77$（元）

保本点销售量 $x_0 = 150\ 000 \div (370 - 77) = 512$（件）

保本点的销售额 $S_0 = 370 \times 512 = 189\ 440$（元）

可见，单位变动成本上升，导致保本点的销售量和销售额均提高了 2.4%。

3. 单价变动对保本点的影响

如图 7-3 所示，在一定的成本水平条件下，单价越高，收入线的斜率越大，保本点左移，盈利区域增大，反之，保本点右移，盈利区缩小。所以单价的变化与保本点反方向。

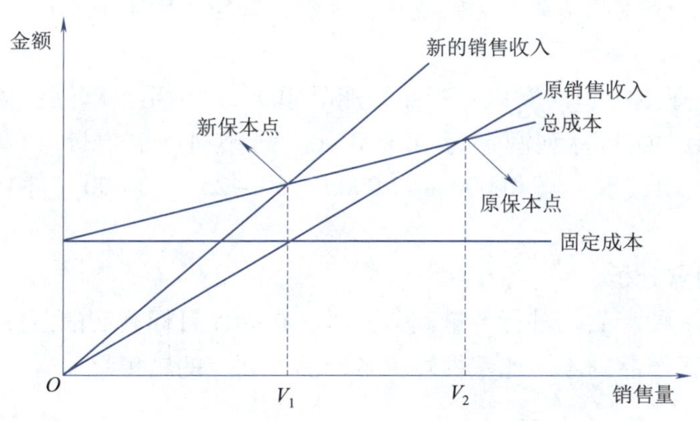

图 7-3　单价变动对保本点的影响

【例 7-6】 假设某公司生产甲产品，全年共生产 1 000 件。经成本核算，该产品的单位变动成本为 70 元，年固定成本为 150 000 元，单位售价为 370 元，产品预计全部售出。预计单价升高 10%，其他条件不变。

要求：计算单价变动后的保本点。

因为单价升高了 10%，则有：

$P=370\times(1+10\%)=407$（元）

保本点销售量 $x_0=150\ 000\div(407-70)=445$（件）

保本点的销售额 $S_0=407\times445=181\ 115$（元）

可见，单价提高，导致保本点的销售量和销售额分别降低了 11% 和 2.1%。

4. 产品品种结构变动对保本点的影响

如果产销多种产品，一般来说各种产品的获利能力不会完全相同，所以当产品品种构成变化时，保本点势必发生变化。在假定其他条件不变的情况下，保本点变动的幅度取决于各种产品的贡献毛利率的大小。所以，贡献毛益较高的产品销售比重增加时，综合贡献毛利率提高，从而使保本点的销售量及销售额降低。

六、保利分析

保本分析是基于本量利基本关系原理进行的确保达到既定的目标利润的分析。在市场经济条件下，保本经营是企业的底线，然而企业不会满足于盈亏平衡，追求利润是企业发展壮大的目标之一。只有在考虑盈利存在的情况下，才能充分揭示本量利之间的关系。保利点是在单价和成本水平一定的情况下，为确保预先制定的目标利润可以实现，而必须达到的销售量或销售额。

1. 单一品种保利分析

实现目标利润分析实际上是盈亏临界点分析的延伸和扩展。保利点的计算公式是：

保利点销售量 =（固定成本 + 目标利润）/单位边际贡献

保利点销售额 =（固定成本 + 目标利润）/边际贡献率

上述模型表明，企业产品销售达到盈亏临界点，补偿了固定成本后，需要怎样的销售量才能实现目标利润。

【例 7-7】某企业生产和销售单一产品，产品单价为 50 元，单位变动成本为 25 元，固定成本为 50 000 元。如目标利润定为 40 000 元，则保利点销售量 =（固定成本 + 目标利润）/（单价 − 单位变动成本）=（50 000 + 40 000）/（50 − 25）= 3 600（件），对应的保利点销售额为 180 000 元。

2. 多品种保利点分析

如果企业产销多种产品，进行本量利分析时，在确保目标利润的条件下，必须先求保利点的销售额，再根据产品的不同比重推算出各产品保利点的销售量。

七、本量利关系图及其绘制

将成本、销售量、利润的关系反映在直角坐标系中，即成为本量利图，能清晰地反映企业不盈利也不亏损应达到的产销量。本量利关系图可以形象地将影响企业利润的有关因素表现出来，有助于决策者在经营管理中提高预见性和主动性。本量利关系图按数据的特征和目的分类，可以分为传统式、贡献式和利量式三种图形。

1. 传统式本量利关系图

标准本量利关系图的绘制方法如下：

（1）选定直角坐标系，以横轴表示销售数量，以纵轴表示成本和销售收入的金额。

（2）在纵轴上找出固定成本数值，以点（0，a）为起点，绘制一条与横轴平行的固定成本线 $y=a$。

（3）以点（0，a）为起点，以单位变动成本为斜率，绘制变动成本总成本线 $y=a+bx$。

（4）以坐标原点 $O(0，0)$ 为起点，以单价为斜率，绘制销售收入线 $y=px$。

两条线的交点恰好是总收入等于总成本的状态，即利润为0，也就是不赢不亏的状态，将这个交点称之为保本点。在这一点上 $px=a+bx$，此时保本点的销售量＝固定成本/(单价－单位变动成本)。当销售量小于保本点时，企业就进入了亏损区，当销售量大于保本点时，企业就进入了盈利区。用图示表达本量利的相互关系，不仅形象直观、一目了然，而且容易理解。

传统本量利关系图如图7-4所示。

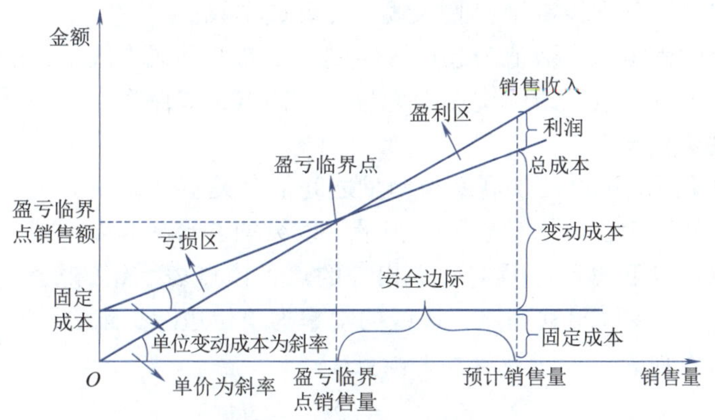

图7-4　传统式本量利关系图

由图可以看出销售量、成本、利润之间的相互关系。

（1）盈亏平衡点不变，销售量越大，能实现的利润越多，或亏损越少；反之，销售量越小，能实现的利润越少，或亏损越多。

（2）销售量不变，盈亏平衡点越低，能实现的利润就越多，或亏损越少；反之，盈亏平衡点越高，能实现的利润越少，或亏损越多。

（3）盈亏平衡点受单位售价变动的影响，单价越高，表现为销售总收入线的斜率越大，盈亏平衡点越低；反之，盈亏平衡点就越高。

（4）在销售收入既定的条件下，盈亏平衡点的高低取决于固定成本和单位变动成本的多少。固定成本越高，或单位产品的变动成本越高，盈亏平衡点就越高；反之，盈亏平衡点越低。

2. 贡献式本量利关系图

贡献式本量利关系图是将固定成本置于变动成本之上，能够反映边际贡献形成过程（见图7-5）。

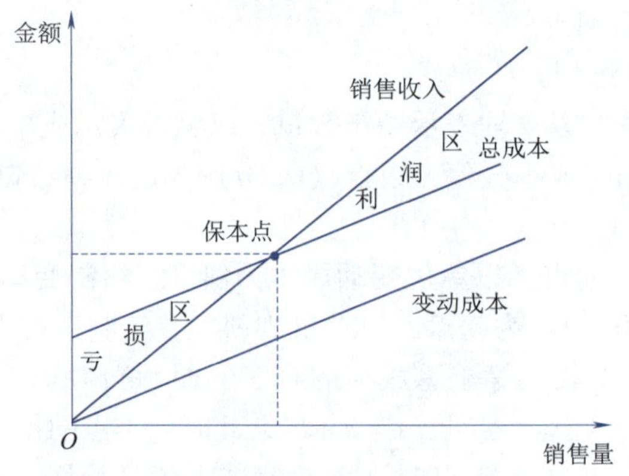

图 7-5 贡献式本量利关系图

其绘制过程如下：

（1）在直角坐标系中，以横轴表示销售量，以纵轴表示成本或销售收入。

（2）从原点出发，分别绘制销售收入线和变动成本线。

（3）以纵轴上的固定成本数值为起点，绘制一条与变动成本线平行的总成本线。

（4）总成本线和销售收入线的交点即为盈亏平衡点，即保本点。

3. 利量式本量利关系图

利量式本量利关系图可以反映利润与销量之间依存关系（见图 7-6）。绘制过程如下：

（1）在直角坐标系中，以横轴表示销售量，以纵轴表示利润或亏损。

（2）在纵轴原点以下找到与固定成本相等的点，该点表示销售量等于零时，亏损额等于固定成本，从此点出发画出利润线，该线的斜率为单位边际贡献。

（3）利润线与横轴的交点即为盈亏平衡点。

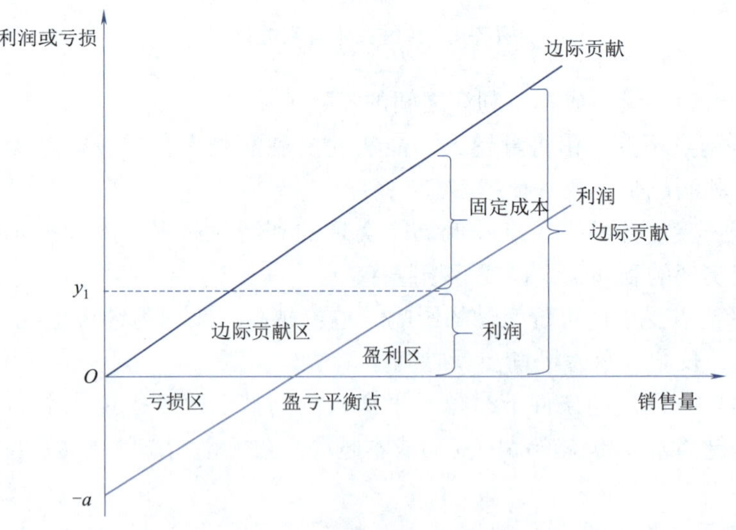

图 7-6 利量式本量利关系图

八、安全边际分析

企业处于盈亏平衡状态意味着当期的边际贡献全部被固定成本抵消，利润为零。只有当销售量（额）超过盈亏平衡点时，超出的部分提供的边际贡献才能形成企业的利润。而且销售量（额）超过盈亏平衡点越多，说明企业盈利越多。换句话说，就是企业发生亏损的可能性就越小，经营就越安全。所以，企业在经营活动开始之前，就应根据实际情况，通过安全边际分析，规划出实现目标利润的销售量（额），形成安全边际，这个安全边际也就是企业在不遭受亏损之前，销售量（额）可以降低的限度。

1. 安全边际及计算

安全边际是指企业正常（或实际、预计）销售量（额）超过盈亏平衡销售量（额）的差额，这个差额标志着企业销售量（额）下降多少才会发生亏损。

安全边际有两种表现形式：一种是绝对数，即安全边际量（额）；另一种是相对数，即安全边际率。其计算公式为：

安全边际量＝正常（或实际、预计）的销售量－盈亏平衡点销售量

安全边际额＝正常（或实际、预计）的销售额－盈亏平衡点销售额

＝安全边际量×单价

安全边际率＝(安全边际量÷正常销售量)×100%

＝(安全边际额÷正常销售额)×100%

一般来讲，安全边际体现了企业在生产经营中的风险程度大小。安全边际越大，企业销售该产品发生亏损的可能性就越小，经营安全性就越高；反之，安全边际越小，销售该产品发生亏损的可能性就越大，经营安全性就越低。

由于相对数指标安全边际率便于不同企业和不同行业比较，所以通常采用安全边际率来评价企业经营是否安全。安全边际率与评价企业经营安全程度的一般性标准见表7-2。

表7-2　企业经营安全程度评价标准

安全边际率	40%以上	30%～40%	20%～30%	10%～20%	10%以下
经营安全程度	很安全	安全	较安全	值得注意	危险

【例7-8】沿用例7-3资料，试计算三种产品的安全边际销售量和安全边际销售额。

电控部件的安全边际销量＝400－480＝－80（件）

电控部件的安全边际销售额＝400×50－480×50＝－4 000（元）

节流部件安全边际销量＝1 000－1 200＝－200（件）

节流部件安全边际销售额＝1 000×40－1 200×40＝－8 000（元）

金属外壳安全边际销量＝500－600＝－100（件）

金属外壳安全边际销售额＝500×80－600×80＝－8 000（元）

从题意和计算公式中，我们发现固定成本总额已被保本点所弥补，安全边际内的销售额减去其自身的变动成本后就是企业的盈利。

安全边际销售额＝实际（预计）销售额－保本点销售额

＝(安全销售量－保本销售量)×(单价－单位变动成本)－固定成本

安全边际表明实际（预计）销售量（额）与保本销售量（额）之间的差距，安全边际越大，企业亏损的可能性就越小，经营的安全程度就越高。

事实上，这家公司一开始多品种经营就没有达到保本点，就是说处于亏损状态，安全边际计算的结果也就是一个负值。

【例 7-9】假定星海公司在进行产品多样化划分之后并没有收到意想之中的效果，决定重新划分市场，为了避免亏损，公司先进行了一个投产的安全程度分析，有关资料见表 7-3。

表 7-3　星海公司电控部件和节流部件相关资料

项目	节流部件	电控部件
预计销售量（件）	60 000	50 000
销售单价（元）	40	50
单位变动成本（元）	30	35
固定成本（元）	300 000	300 000

节流部件保本量 = 300 000 ÷（40 − 30）= 30 000（件）

节流部件的安全边际量 = 60 000 − 30 000 = 30 000（件）

节流部件的安全边际率 = 30 000 ÷ 60 000 × 100% = 50%

电控部件保本量 = 300 000 ÷（50 − 35）= 20 000（件）

电控部件的安全边际量 = 50 000 − 20 000 = 30 000（件）

电控部件的安全边际率 = 30 000 ÷ 50 000 × 100% = 60%

由计算可知，电控部件的安全边际率高于节流部件的安全边际率，说明电控部件亏损的风险低于节流部件，所以应该投产电控部件。

2. 保本作业率与安全边际率的关系

图 7-7 所示为保本销售量与安全边际量的关系。

保本销售量 + 安全边际量 = 正常销售量

保本作业率 + 安全作业率 = 1

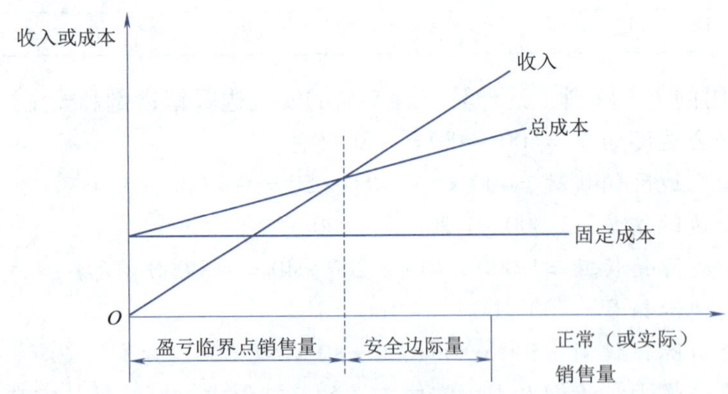

图 7-7　保本销售量与安全边际量的关系

只有安全边际才能为企业提供利润，保本销售额扣除变动成本后只为企业收回固定成本。安全边际销售额减去其自身变动成本后的余额为企业利润，即：

利润=边际贡献-固定成本

=销售收入×边际贡献率-保本销售额×边际贡献率

=(销售收入-保本销售额)×边际贡献率

=安全边际额×边际贡献率

若将上式两端同时除以销售收入，便得到：

销售利润率=安全边际率×边际贡献率

从上式中可以看出，要想提高企业的销售利润率主要有两条途径：一是扩大销售水平，提高边际贡献率；二是降低变动成本水平，提高边际贡献率。

九、敏感性分析和利润敏感性分析

（一）敏感性分析

1. 敏感性分析的定义

敏感性分析是指每个因素值的变动对决策目标基准值的影响程度分析。企业在进行敏感性分析时，通常是通过计算各个因素的敏感系数，衡量因素变动对决策目标基准值的影响程度。

2. 敏感系数的计算

敏感性分析有单因素敏感性分析和多因素敏感性分析。

单因素敏感性分析，是指每次只变动一个因素而其他因素保持不变时所做的敏感分析。敏感系数反映的是某一因素变动对目标值变动的影响程度。

其计算公式如下：

某因素敏感系数=目标值变动百分比÷因素变动百分比

多因素敏感性分析，是指假设其他因素不变时，分析两种或两种以上因素同时变化对目标基准值的影响程度。

（二）利润敏感性分析

利润敏感性分析是一个用于研究公司经营业绩如何受到某个或多个关键因素影响的分析方法。这个分析方法可以帮助企业管理者更好地了解公司经营业绩的风险和机遇，从而制定更准确、科学和有效的营运决策。

利润敏感性分析，是指以利润基准值为基础，分析销售量、单价、单位变动成本、固定成本等因素发生变化对利润的影响程度。有关因素只要以较小幅度变动就会引起利润较大幅度变动，属于敏感性因素；有关因素虽然有较大幅度变动，但对利润影响不大，属于非敏感性因素。

利润敏感性分析的主要目的：一是分析确定影响利润的各因素变化的临界值，即研究分析销售量、单价、单位变动成本、固定成本等，这些因素变化到什么程度，会使企业由盈利转为亏损，对于单价和销售量，是最小允许值，对于单位变动成本和固定成本，是最大允许值；二是计算利润的敏感系数，分析各因素变化对利润的影响程度，确定敏感性因素和弱敏感性因素，以便在短期利润规划中，重点关注敏感因素，及时采取措施，加强控制敏感性因素，确保利润规划的完成。

利润敏感性分析通常需要进行以下几个步骤：

（1）确定关键因素：企业管理者需要确定对公司经营业绩影响最大的关键因素。

（2）确定变动幅度：企业管理者需要确定每个关键因素的变动范围。

（3）计算利润敏感度：企业管理者需要根据上述变动幅度，计算每个关键因素对公司利润的敏感度。

（4）进行敏感性分析：企业管理者可以通过对每个关键因素进行变动和计算敏感度，来模拟不同的经营情况和结果，从而制定更准确的公司经营决策。

利润敏感性分析在营运决策中的应用非常广泛，以下是一些可能的应用场景：

（1）产品定价和销售策略：企业管理者可以通过利润敏感性分析来研究产品定价和销售策略对公司利润的影响。例如，如果降低产品价格，需求会增加，公司利润会如何变化。

（2）成本控制和供应链管理：企业管理者可以通过利润敏感性分析来研究成本控制和供应链管理对公司利润的影响。例如，如果降低生产成本，公司利润会如何变化。

（3）投资和扩张决策：企业管理者可以通过利润敏感性分析来研究投资和扩张决策对公司利润的影响。例如，如果增加投资，公司利润会如何变化。

利润敏感性分析可以帮助企业管理者更好地了解公司经营业绩的风险和机遇，从而制定更准确、科学和有效的营运决策。

（三）确定影响利润的各因素临界值

根据本量利的基本关系式：

$$利润=(单价-单位变动成本)\times业务量-固定成本$$

影响利润各因素的临界值是指利润为0时的各因素值，实质上就是指销售量与单价的最小允许值、单位变动成本与固定成本的最大允许值。

1. 销售量的最小允许值

$$销售量的最小允许值=\frac{固定成本}{单价-单位变动成本}$$

2. 销售单价的最小允许值

$$销售单价的最小允许值=\frac{固定成本}{销售量}+单位变动成本$$

3. 单位变动成本的最大允许值

$$单位变动成本的最大允许值=单价-\frac{固定成本}{销售量}$$

4. 固定成本的最大允许值

$$固定成本的最大允许值=销售收入-变动成本$$

【例7-10】某公司生产销售一种产品30元，产品的单价为50元，单位变动成本为30元，固定成本为60 000元，计划销售量为20 000件。要求计算该公司销售量、销售单价、单位变动成本、固定成本的临界值。

$$销售量的最小允许值=\frac{固定成本}{单价-单位变动成本}=\frac{60\ 000}{50-30}=3\ 000（件）$$

$$销售单价的最小允许值=\frac{固定成本}{销售量}+单位变动成本=\frac{60\ 000}{20\ 000}+30=33（元）$$

$$单位变动成本的最大允许值=单价-\frac{固定成本}{销售量}=50-\frac{60\ 000}{20\ 000}=47（元）$$

固定成本的最大允许值 = 销售收入 − 变动成本 = 50 × 20 000 − 30 × 20 000 = 400 000（元）

（四）确定各因素变动对利润的影响程度

在进行利润的敏感性分析时，通常假定其中一个因素变动时其他因素保持不变，即单因素敏感性分析。反映各有关因素变动对利润影响程度的指标为利润的敏感系数，其计算公式如下：

某因素的敏感系数 = 利润变动百分比 ÷ 因素变动百分比

在分析中，通常以敏感系数的绝对值大小反映有关因素变动对利润的影响程度，利润敏感系数的绝对值大，表明该因素的变动对利润影响程度大，为敏感性因素；反之，则说明该因素的变动对利润的影响程度小，为非敏感因素。当利润的敏感系数为正数时，表明该因素变动方向与利润的变动方向相同；当利润的敏感系数为负数时，表明该因素的变动方向与利润的变动方向相反。

【例 7-11】某公司生产销售一种产品 30 元，产品的单价为 50 元，单位变动成本为 30 元，固定成本为 60 000 元，计划销售量为 20 000 件。假设该公司计划期销售量、单价、单位变动成本、固定成本分别增长了 10%，要求计算各因素的利润敏感系数。

预计的利润目标 = (50 − 30) × 20 000 − 60 000 = 340 000（元）

1. 销售量的敏感系数

当销售量增加 10% 时：

利润 = (50 − 30) × 20 000 × (1 + 10%) − 60 000 = 380 000（元）

$$利润变动百分比 = \frac{380\ 000 - 340\ 000}{340\ 000} \times 100\% = 11.76\%$$

$$销售量的利润敏感系数 = \frac{11.76\%}{10\%} = 1.176$$

2. 单价的敏感系数

当单价增加 10% 时：

利润 = [50 × (1 + 10%) − 30] × 20 000 − 60 000 = 440 000（元）

$$利润变动百分比 = \frac{440\ 000 - 340\ 000}{340\ 000} \times 100\% = 29.41\%$$

$$单价的利润敏感系数 = \frac{29.41\%}{10\%} = 2.941$$

3. 单位变动成本的敏感系数

当单位变动成本增加 10% 时：

利润 = [50 − 30 × (1 + 10%)] × 20 000 − 60 000 = 280 000（元）

$$利润变动百分比 = \frac{280\ 000 - 340\ 000}{340\ 000} \times 100\% = -17.65\%$$

$$单位变动成本的利润敏感系数 = \frac{-17.65\%}{10\%} = -1.765$$

4. 固定成本的敏感系数

当固定成本增加 10% 时：

利润 = [50 − 30] × 20 000 − 60 000 × (1 + 10%) = 334 000（元）

$$利润变动百分比 = \frac{334\ 000 - 340\ 000}{340\ 000} \times 100\% = -1.76\%$$

$$\text{固定成本的利润敏感系数}=\frac{-1.76\%}{10\%}=-0.176$$

根据以上计算结果，将上述4个因素按其利润敏感系数的绝对值由大到小排序，其顺序依次是：单价、单位变动成本、销售量和固定成本。这表明单价、单位变动成本是影响利润的最大因素，其次才是销售量和固定成本。因此，企业决策者应重点关注单价和单位变动成本这两个重要因素的变动及其有关环节的变化对利润的影响，并结合市场销售情况做出正确的经营决策。

【任务实施】

任　务　单

<table>
<tr><td>学习领域</td><td colspan="3">营运管理</td></tr>
<tr><td>学习单元</td><td colspan="3">本量利分析</td></tr>
<tr><td>任　　务</td><td>本量利分析</td><td>学时</td><td>6</td></tr>
<tr><td colspan="4">布置任务</td></tr>
<tr><td>任务目标</td><td colspan="3">职业能力目标：
●能够理解本量利分析的概念、原理和技巧，能够运用本量利分析方法进行企业经营业绩的分析和预测。
●能够识别和分析不同的本量利因素，如销售量、销售价格、成本等，以及它们对企业经营业绩的影响和敏感性。
●能够制定合理、有效的本量利策略，如制定定价策略、成本控制策略、销售策略等，以最大化企业经营利润。
●能够分析和评估不同本量利策略的风险和机会，为企业管理者提供合理的建议和决策支持。
职业素养目标：
●具有严谨的思维和分析能力，能够深入分析和理解企业经营环境和市场变化对本量利因素的影响，以及不同本量利策略的风险和机会。
●具有高度的责任感和职业道德，能够遵守职业道德规范和法律法规，保护企业和投资者的利益</td></tr>
<tr><td>任务描述</td><td colspan="3">任务1：天天饮品有限公司生产销售柠檬味碳酸饮料、苹果味碳酸饮料、草莓味碳酸饮料，其中，柠檬味碳酸饮料、苹果味碳酸饮料是盈利产品，草莓味碳酸饮料是亏损产品。其销售收入、成本和利润等有关资料见表7-4。
表7-4　三种产品资料表　　单位：元
<table>
<tr><td>项目</td><td>柠檬味碳酸饮料</td><td>柠檬味碳酸饮料</td><td>草莓味碳酸饮料</td></tr>
<tr><td>销售收入</td><td>700 000</td><td>750 000</td><td>980 000</td></tr>
<tr><td colspan="4">生产成本</td></tr>
<tr><td>直接材料</td><td>260 000</td><td>300 000</td><td>460 000</td></tr>
<tr><td>直接人工</td><td>150 000</td><td>160 000</td><td>200 000</td></tr>
<tr><td>变动制造费用</td><td>50 000</td><td>50 000</td><td>80 000</td></tr>
<tr><td>固定制造费用</td><td>25 000</td><td>30 000</td><td>36 000</td></tr>
<tr><td colspan="4">非生产成本</td></tr>
<tr><td>变动销售费用</td><td>100 000</td><td>105 000</td><td>200 000</td></tr>
<tr><td>固定销售费用</td><td>20 000</td><td>20 000</td><td>20 000</td></tr>
<tr><td>成本合计</td><td>605 000</td><td>665 000</td><td>996 000</td></tr>
<tr><td>利润</td><td>95 000</td><td>85 000</td><td>-16 000</td></tr>
</table>
</td></tr>
</table>

任务描述

要求：测算天天公司的保本销售额、安全边际率，并进行经营安全分析。

任务2：星海公司只生产一种充电宝，单价51元/件，2022年12月份产销量为2 000件，成本资料见表7-5。

表7-5　充电宝的生产资料

成本项目	金额（元）
直接材料	20 000
直接人工	10 000
制造费用	30 000
其中：变动性制造费用	8 000
固定性制造费用	22 000
销售及管理费用	26 000

任务要求：

（1）计算2022年12月该公司的保本销售量和保本销售额。

（2）计算2022年12月该公司的安全边际量和安全边际率，并判断该公司的经营安全程度。

（3）假定该公司2023年1月增加广告费12 800元，销售量达到多少时才能保本？

任务3：天海公司生产零件1、零件2、零件3三种产品，预计2024年发生固定成本300 000元，各种产品的预计销量、单价、单位变动成本等资料见表7-6。公司预计2024年的目标利润为150 000元。财务经理要求李丽对三种产品进行本量利分析，请帮她填写多品种本量利分析（见表7-7和表7-8）。

表7-6　2024年各产品计划资料

产品	销量（件）	单价（元）	单位变动成本（元）
零件1	100 000	10	8.50
零件2	25 000	20	16
零件3	10 000	50	25

任务描述

表 7-7　多品种本量利分析（总额法）

项　　目	数　　值
销售收入总额（元）	
边际贡献总额（元）	
综合边际贡献率（%）	
综合保本销售额（元）	
综合保利销售额（元）	

表 7-8　多品种本量利分析表（加权平均法）

项　　目	数　　值
零件 1 的边际贡献率（%）	
零件 1 销售比重（%）	
零件 2 的边际贡献率（%）	
零件 2 销售比重（%）	
零件 3 的边际贡献率（%）	
零件 3 销售比重（%）	
综合边际贡献率（%）	
综合保本销售额（元）	
综合保利销售额（元）	

任务 4：天天公司下一年度的部分预算资料见表 7-9。

表 7-9　部分预算资料　　单位：元

项　目	总成本	单位成本
直接材料	160 000	2
直接人工	320 000	4
变动制造费用	80 000	1
固定制造费用	400 000	5
销售费用（全部为变动费用）	240 000	3
管理费用（全部为固定费用）	600 000	7. 5
合　计	1 800 000	22. 5

该公司生产和销售平衡，适用所得税税率为 25% 。

要求：(计算结果取整数)

（1）若下一年产品销售价定为 22 元，计算保本点销售量。

（2）若下一年度销售 100 000 件产品，计算使税后销售利润率为 12% 的产品售价和安全边际

【任务小结】

本量利分析是通过对企业销售量、销售价格和成本之间的关系进行分析，以确定企业在不同销售量和销售价格下的利润水平和盈亏平衡点的一种方法。

保本点分析是一种本量利分析的应用方法，其主要目的是确定企业在销售量和销售价格变化的情况下，能够保证不亏损的最低销售量和最低销售价格。保本点分析的计算公式为：保本点销售量 = 固定成本 ÷（销售价格 - 单位变动成本）。保本点分析能够应用于新产品开发和投资决策、产品定价和销售策略制定以及成本控制和经营风险分析等。

保利点分析主要目的是确定企业在销售量和销售价格变化的情况下，能够达到指定的利润水平所需的最低销售量和最低销售价格。保利点分析的计算公式为：保利点销售量 =（固定成本 + 预期利润）÷（销售价格 - 单位变动成本）。保利点分析可应用于产品定价和销售策略制定、成本控制和经营风险分析以及多种产品组合和销售组合的决策等。

敏感性分析主要目的是通过对关键变量的变化进行分析，来确定企业的盈利状况和风险水平。

在应用本量利分析时，需要了解其基本概念、假设条件、应用方法、应用场景和局限性等方面的知识点和技能点，以便更好地进行分析和决策。同时，在进行本量利分析时，还需要结合实际情况和市场环境，综合考虑多种因素，以确保分析结果的准确性和可靠性。

任务二　进行组织生产决策

【工作任务】

工作任务	技能点及任务成果	重要知识点	课时
掌握产品生产决策、生产组织决策的方法	1. 掌握生产经营决策的基本方法； 2. 能制定生产何种新产品、亏损产品、特别订货、半成品是否深加工及零部件自制或外购的决策； 3. 产品最优组合决策及生产工艺决策	1. 短期经营决策中的相关概念； 2. 短期经营决策中的基本方法； 3. 生产何种新产品的决策； 4. 亏损产品的决策； 5. 特别追加订货的决策； 6. 半成品是否深加工的决策； 7. 零部件自制或外购的决策； 8. 生产工艺决策	4 学时

【知识准备】

一、短期经营决策的相关概念

短期经营决策是指对企业一年以内或者维持当前经营规模的条件下所进行的经营活动决策。短期经营决策的主要特点是在既定的规模条件下决定如何有效地进行资源的配置，以获得最大的经济效益。通常不涉及固定资产投资和经营规模的改变，因此，短期经营决策通常是在成本性态分析时提到的“相关范围”内所进行的决策。

（一）决策的相关信息

相关信息必须同时具备两个特点：

第一，相关信息是面向未来的。决策影响的是未来，不是过去。决策依据的信息必须是涉及未来的信息。由于相关信息面向未来事件，管理人员必须预测相关成本与效益的数额。作为预测的方法之一就是利用过去的数据进行分析。因此，对历史数据的分析是为了找到数据之间的适当关系，进而有利于未来进行更为准确的预测。

第二，相关信息在各个备选方案之间应该有所差异。在所有可获取的备选方案中，同样都发生的那部分成本或者收益对决策不会产生任何影响。例如，在选择生产何种产品的决策中，如果各种产品的固定成本是相同的，那么固定成本信息就属于无关信息，它并不影响决策过程。合理地选择相关信息是进行决策分析的基础，如果不区分相关信息与无关信息，往往会使信息的收集和加工陷入无序的信息陷阱中，分散决策者的注意力，降低决策的效率。

第三，决策的相关信息应该同时具备上述两个特点，这两个特点也是区分相关成本和不相关成本的标准。在决策过程中，区分相关信息与无关信息是管理人员的十分重要的工作，企业经营的信息涉及面广，纷繁复杂。管理者每天要面对大量的信息，如果不能区分出对决策有用的相关信息和无用的无关信息，就可能会落入信息陷阱中。一方面，任何管理者的精力都是有限的，无关信息会占用管理者的时间和精力，从而降低决策的效率；另一方面，大量无关信息可能会干扰管理者的决策，甚至造成决策错误。面对大量的信息，管理会计师需要根据其职业判断，区分哪些信息是与决策相关的，哪些是不相关的，对于不相关的信息，应该在决策时予以剔除。

（二）相关成本

相关成本是指与决策相关的成本，在分析评价时必须加以考虑，它随着决策的改变而改变。

相关成本的表现形式有很多，诸如机会成本、差量成本、专属成本、付现成本、重置成本、边际成本、可避免成本、可延缓成本、无关成本等，熟悉并掌握这些成本概念对于企业的决策分析具有十分重要的意义。下面将就这些成本概念作详细的介绍。

1. 机会成本

机会成本就是与决策相关的成本。机会成本是选择一种方案而放弃另一种方案带来的潜在收益。比如丽丽读大学时有一份兼职工作，每周报酬 500 元，她打算春节期间去海滩度假一周。如果选择去海滩玩，那就会失去 500 元的工资，这就是离职一周去海滩的机会成本。在任何选择的过程中，都会存在机会成本，只不过有些机会成本能够量化，而有些不能量化，因此也可以把机会成本称为选择成本。因为企业的经济资源在一定的时空条件下总是相对有限的，用在某一方面就不能同时用在另一方面，有所得，也一定有所失。只有把已失去的“机会”可能产生的效果也考虑进去，才能对最优方案的最终效果进行全面的评价。

在进行亏损产品的决策、是否转产或增产某种产品的决策、是否接受特殊价格追加订货决策和半成品是否深加工的决策时，若现已具备的相关生产能力可以用于其他方面（即剩余能力可以转移），那么将这些生产能力用于其他方面（即生产能力转移）的方案所能获得的对于继续利用这些生产能力（即不转移生产能力）的方案来说就是它们的机会成本。

2. 差量成本

差量成本通常指两个备选方案的预期成本之间的差异数，亦称差别成本或差额成本。差量成本指两个备选方案表现在成本方面的差额，也可指单一决策方案由于生产能力利用程度的不同而表现在成本方面的差额。在一定条件下，某一决策方案的差量成本就是该方案的相关变动成本，等于该方案的单位变动成本与相关业务量的乘积。在亏损产品的决策、是否转产或增产某种产品的决策和是否接受特殊价格的追加订货的决策中，最基本的相关成本就是差量成本。

不同方案的经济效益，一般可通过差量成本的计算明显地反映出来。例如，某公司的甲零件若自制，预期自制单位成本为48元；而若外购，预期单位购价为52元，后者与前者比较，有差量成本4元，说明自制方案较外购方案优越。

3. 专属成本

专属成本指那些能够明确归属于特定决策方案的固定成本或混合成本。它往往是为了弥补生产能力不足、增加有关设备或工具等资产而发生的。专属成本的确认与获得设备、工具的方式有关。若用租入的方式，则专属成本就是与此相关联的租金成本；若采用购买方式，则专属成本就是这些设备的全部购买成本。

4. 付现成本

付现成本，也是一种与决策相关的成本，在进行短期经营决策时，付现成本就是动用现金支付的有关成本。当资金紧张时，特别要把现金支出成本作为考虑的重点，在某些情况下，管理部门宁可用现金支出成本最少的方案来取代总成本最低的方案。

例如，某厂由于装配线损坏，不能按时装配产品出售，每天要损失10 000元，这时正值企业资金紧张，现金余额已降低到5 000元，一时无法从银行取得追加贷款，预计两周内也不可能从应收账款方面收到现金。管理部门通过洽谈，从许多供应者中发现有两家供应者提出的条件较为优惠，但具体的要求又不尽相同：一家供应者提供新的装配线，仅要价52 000元，但必须全额立即支付现金；另一家供应者提供同样的机器要价60 000元，但允许可先付现金3 000元，余额在未来的12个月内分12次支付，每次支付4 760元，基于上述情况，管理部门选取了总成本较高但现金支出成本较低的方案，显然是合理的，因为只有这样，才能尽快恢复生产，多支出的成本可从早期恢复生产所取得的收入中补偿。

在实际工作中，企业往往宁愿采纳总成本高而付现成本较低的方案，而不采纳总成本较低而付现成本较高的方案。在这种情况下，付现成本比总成本意义更大。只有符合企业目前实际支付能力的方案，才能算得上最优的方案。

5. 重置成本

重置成本是指目前从市场上购置一项原有资产所需支付的成本，也可以称之为现时成本或现行成本，它带有现时估计的性质。与重置成本直接对应的概念是账面成本，即一项资产在账簿中所记录的成本。有些备选方案需要动用企业现有的资产，在分析评价时不能根据账面成本来估价，而应该以重置成本为依据。例如，库存商品A账面单位成本为200元，重置成本为250元。若按历史成本考虑，售价定为230元，认为可获利30元；但是这些商品售出后再依据重置成本补进时，反而每件亏损20元。不难看出，重置成本在定价决策中是不可忽视的重要因素。

6. 边际成本

边际成本是西方经济学的一个理论概念，它是指业务量变动一个单位时成本的变动部分。在实际的计量中，产量的无限小的变化也只能小到一个单位。所以边际成本的确切含义，就是产量增加或减少一个单位所引起的成本变动。边际成本是决策相关成本的一种，因为它与企业的决策密切相关。企业需要考虑边际成本来确定生产或销售额的增量所带来的收益和成本变化。在决策分析中，边际成本可以帮助企业确定最优的生产和销售量，以便实现最大化的利润或最小化的成本。

例如，如果一个企业正在考虑生产一种新产品，那么它需要分析每增加一单位的生产量所增加的成本，这些成本就是边际成本。通过分析边际成本，企业可以确定最优的生产量，以便实现最大利润。另外，企业还需要考虑产品的市场需求和竞争情况等因素，在确定最优生产量时需要综合考虑。

7. 可避免成本

可避免成本，例如酌量性固定成本就属此类。当方案或者决策改变时，这项成本可以避免或其数额发生变化。例如，利用挖掘潜力、改进劳动组织的办法去代替原先人员增加的方案而节省下来的人工支出，就是可避免成本。有时几个方案在决策中，那些与落选方案关联的成本也称为可避免成本。

8. 可延缓成本

可延缓成本是指同已经选定、但可以延期实施而不会影响大局的某方案相关联的成本。例如，企业原定在计划年度新建办公大楼，预计共需资金 3 亿元，现因资金紧张而决定推迟该计划的实施，那么这 3 亿元的基建成本即为可延缓成本。

9. 无关成本

无关成本，是指与决策没有关联的成本。或者说无关成本不随决策的改变而改变。无关成本或者是过去已经发生的成本，或者是虽未发生，但在各种替代方案下数额相同，对未来决策没有影响，因此在决策分析中可以不考虑。无关成本的表现形式主要有沉没成本、不可避免成本、不可延缓成本、无差别成本和共同成本等，下面分别进行介绍。

1）沉没成本

沉没成本是指过去已经发生、现在和未来的决策无法改变的成本。从广义上说，凡是过去已经发生，不是目前决策所能改变的成本，都是沉没成本。从狭义上说，沉没成本是指过去发生的，在一定情况下无法补偿的成本，与“历史成本”同义。例如，假定某企业有一台生产设备，原价 20 000 元，累计折旧 18 000 元，账面价值（净值）2 000 元就是沉没成本。很明显，沉没成本一经耗费就一去不复返了。企业大多数固定成本（尤其是其中的固定资产折旧费、无形资产摊销费）均属于沉没成本，但并不是说所有的固定成本或折旧费都属于沉没成本，如与决策方案有关的新增固定资产的折旧费就属于相关成本。另外，某些变动成本也属于沉没成本，如在半成品是否深加工的决策中，半成品本身的成本不仅包括固定成本，而且包括变动成本，均为沉没成本。

2）不可避免成本

不可避免成本是指不能通过管理决策行动而改变数额的成本。例如约束性固定成本就属此类。企业的生产经营能力和生产组织机构一旦确定，约束性固定成本就不可避免地要发生，其发生的数额也不是企业的短期经营决策所能改变的。此外，企业现有厂房、建筑物等固定资产的年折旧费也属不可避免成本。

3）不可延缓成本

不可延缓成本是相对于可延缓成本而言的，它是指即使财力有限也必须在企业计划期间发生，否则就会影响企业大局的已选定方案的成本。例如，某企业的旧厂房因暴雨冲击而发生较大裂痕，必须在计划期内大修，否则会造成严重后果，那么这大修费用则属于不可延缓成本。

4）无差别成本

无差别成本是指两个或两个以上方案之间没有差别的成本。例如，某企业到某高校招聘大学生，该校同班同学甲和乙都去应聘，甲和乙花费的岗前培训费相同，这就是该企业无论选甲还是选乙的无差别成本。无差别成本是不相关成本。

5）共同成本

共同成本是指那些需由几种、几批或有关部门共同分担的固定成本。共同成本具有共享性、基础性等特征。例如，企业的管理人员工资、车间的照明费以及需由各种产品共同负担的联合成本，共享企业的共同基础设施平台等。

需要特别指出的是，将成本划分为相关成本和无关成本两大类对于企业进行短期经营决策具有十分重要的意义，它可以使企业在决策中避免把精力耗费在收集那些无关紧要的信息和资料上，减少得不偿失的劳动。当然，在实际的决策中，我们一定要根据具体情况作细致的分析，切不可根据一般的原则进行机械的分类。

二、新产品开发品种选择的决策

在激烈的市场竞争中，企业经常面临的一个问题是如何充分利用现有的剩余生产能力开发新产品，也就是如何进行新产品开发品种的决策。根据是否需要追加专属固定成本，在决策分析时用到的成本将有所差异。

1. 不需要追加专属固定成本的决策

在新产品开发品种的决策中，因为已经发生的固定成本是沉没成本，与决策不相关，如果不需要追加专属固定成本，这时，只需要考虑新产品的销售收入和变动成本，即贡献毛益。如果单个方案的贡献毛益大于零，则可以接受；如果多个方案的贡献毛益均大于零，则选取贡献毛益最大的那个品种进行生产。

【例 7-12】 芙蓉公司现有的剩余生产能力，既可用于生产新产品甲，也可用于生产新产品乙，由财务专家估计的新产品售价和成本资料见表 7-10。试分析确定该企业应生产何种产品。

表 7-10　新产品售价和成本资料表

项　　目	产品甲	产品乙
产销量（件）	2 000	1 000
单价（元）	50	80
直接材料（元/件）	10	16

续表

项　　目	产品甲	产品乙
直接人工（元/件）	8	12
变动制造费用（元/件）	7	9
变动销售费用（元/件）	5	8
固定制造费用（元）	18 000	
固定销售费用（元）	12 000	

从表7-11中，我们可知固定制造费用18 000元和固定销售费用12 000元对于甲、乙两种产品来说是非相关成本（共同成本），在决策时可不必考虑。因此，只需比较甲、乙两种产品的贡献毛益总额就可作出决策。

根据上述相关资料编制的贡献毛益分析表见表7-11。

表7-11　贡献毛益分析表

项　　目	产品甲	产品乙
产销量（件）	2 000	1 000
单价（元）	50	80
单位变动成本（元）	30	45
单位贡献毛益（元）	20	35
贡献毛益总额（元）	40 000	35 000

由计算结果可知，该企业应生产贡献毛益总额较大的新产品甲。需要注意的是，虽然产品乙的单位贡献毛益较大，但是它所创造的贡献毛益总额较小，因此不能以单位产品贡献毛益的大小作为决策的标准。

2. 需追加专属固定成本的决策

【**例7-13**】沿用例7-12的资料，若开发甲、乙产品分别需要另外再购置15 000元和5 000元的专用工具，试分析在这种情况下企业应生产何种新产品。

由表7-12中计算结果可知，甲产品和乙产品的相关收入都超过了相关成本，分别是25 000元和30 000元，都可以投产。当资源有限，只能投产一种产品时，应考虑投产乙产品。因为投产乙产品比投产甲产品将多产生5 000元的增量收益。

表7-12　根据有关资料编制的差量分析表　　单位：元

项　　目	甲产品	乙产品	差量
相关收入	50×2 000＝100 000	80×1 000＝80 000	20 000
相关成本	75 000	50 000	25 000
其中：变动成本	30×2 000＝60 000	45×1 000＝45 000	
专属固定成本	15 000	5 000	
相关收入超过相关成本	25 000	30 000	－5 000

三、亏损产品是否停产的决策

在企业组织多品种生产经营的条件下，其中某种产品亏损是经常遇到的问题。对于亏损产品，不能简单地予以停产，而是要综合考虑企业各种产品的经营状况、生产能力的利用及有关因素的影响，通过比较分析，然后做出停产、继续生产、增产或出租等最优选择。

1. 是否继续生产亏损产品的决策

这类决策的备选方案有两个：一是“继续按原规模生产亏损产品”方案；二是“停止生产亏损产品”方案。因为“停止生产亏损产品”方案的贡献毛益为零，所以当亏损产品停产后的生产经营能力无法转移（闲置）时，只要该亏损产品提供的贡献毛益大于零，就不应该停产。如果停产，企业将多损失相当于该亏损产品所能提供的贡献毛益那么多的利润。因为继续生产能够提供贡献毛益的亏损产品至少可以为企业补偿一部分固定成本；如果停止生产，作为沉没成本的固定成本仍然还要发生，会转由其他产品负担，这最终会导致整个企业减少相当于该亏损产品所能提供的贡献毛益那么多的利润。

【例 7-14】假设天天公司组织多品种经营。2022 年甲产品产销量为 1 000 件，单位变动成本为 80 元，发生亏损 10 000 元，其完全成本为 110 000 元。假定 2023 年甲产品的市场容量、价格和成本水平均不变，停产后生产能力无法转移。要求：做出 2023 年是否继续生产甲产品的决策。

根据资料计算 2022 年甲产品贡献毛益为：

销售收入 = 110 000 + (− 10 000) = 100 000（元）

变动成本 = 80 × 1 000 = 80 000（元）

贡献毛益 = 100 000 − 80 000 = 20 000（元）

所以 2023 年应当继续生产甲产品。因为甲产品的市场容量、价格和成本水平均不变，提供的贡献毛益也不变，如果停止生产甲产品，企业的利润将比原来减少 20 000 元。因为甲产品承担了企业 30 000 元（110 000 − 80 000）的固定成本，用 20 000 元的贡献毛益去补偿，所以甲产品亏损 10 000 元。如果停止生产甲产品，30 000 元的固定成本就完全由其他产品承担，企业利润就会减少 20 000 元。

当亏损产品停产后的生产经营能力可以转作他用（如承揽零星加工业务、有关设备对外出租等）时，继续生产亏损产品的方案就会由此而发生相关的机会成本（如承揽零星加工业务可能取得的贡献毛益、有关设备对外出租获得的租金收入等）。在这种情况下，只要该亏损产品提供的贡献毛益大于其机会成本，就不应该停产。如果停产，企业将因此而多损失相当于上述贡献毛益与机会成本之差那么多的利润。

【例 7-15】根据例 7-14 所提供的资料，假定停产后生产亏损产品的生产能力可用于对外承揽零星加工业务，预计可获得 25 000 元贡献毛益。

要求：做出是否继续生产甲产品的决策。

根据资料可知，继续生产甲产品就会丧失对外承揽零星加工业务可获得的 25 000 元贡献毛益，所以对外承揽零星加工业务可获得的 25 000 元贡献毛益就是继续生产甲产品这一方案的机会成本。

由例 7-14 中计算可知，继续生产甲产品获得的贡献毛益为 20 000 元。它小于该方案的机会成本 25 000 元。如果继续生产，企业将多损失 5 000 元的利润。所以，应停止生产甲产品。

2. 是否增产亏损产品的决策

如果企业具备了增产亏损产品的能力，且该部分生产能力无法转移，那么只要亏损产品不停产，就应该增产，增产后可使企业的利润增加，甚至使亏损产品扭亏为盈。

假如例 7-14 中该企业已具备增产 30% 甲产品的能力，且无法转移，那么甲产品的贡献毛益就由原来的 20 000 元增加为 26 000 元（100 000 × 130% − 80 000 × 130%），使企业利润比增产前增加 6 000 元，但仍亏损 4 000 元（26 000 − 30 000）；如果该企业已具备增产 60% 甲产品的能力，且无法转移，那么甲产品的贡献毛益就由原来的 20 000 元增加为 32 000（100 000 × 160% − 80 000 × 160%），使企业利润比未增产前增加 12 000 元，且扭亏为盈 2 000（32 000 − 30 000）。

对于增产前贡献毛益小于机会成本的亏损产品，也不能简单做出不能增产的结论。如果增产后提供的贡献毛益额与增产前贡献毛益额之和大于机会成本，就应该增产；否则，应停产。该项决策也可用差量分析法进行决策。

【例 7-16】 续例 7-14。假定企业已具备增产 30% 甲产品的能力，该能力无法转移。市场上有接受增产产品的容量。

要求：做出是否增产的决策。

依照题意，计算该方案相关指标如下：

相关收入 = 100 000 × (1 + 30%) = 130 000（元）

变动成本 = 80 000 × (1 + 30%) = 104 000（元）

用差量分析法进行比较分析，见表 7-13。

表 7-13　差量分析过程　　单位：元

项　　目	增产甲产品	停止生产甲产品	差量
相关收入	130 000	0	130 000
相关成本：	129 000	0	129 000
变动成本	104 000	0	104 000
机会成本	25 000	0	25 000
相关损益	1 000	0	1 000

由以上计算可看出，增产甲产品不但使生产企业减少的 5 000 元利润得到了补偿，还比停止生产甲产品多收益 1 000 元，所以企业应选择增产方案。

如果企业具备了增产亏损产品的能力，但该部分生产能力可以转移，则转移该部分生产能力的收益就是增产亏损产品这一方案的机会成本。所以，在不应当停止生产某亏损产品的条件下只要增产后的贡献毛益大于该机会成本，就应当增产该亏损产品。

例如，该企业已具备增产 30% 甲产品的能力，但可以用于临时对外出租，租金收入为 4 000元。此时的租金收入 4 000 元即为增产方案的机会成本。由于企业可增产 30% 甲产品，增产后的贡献毛益为 6 000 元（20 000 × 30%）、大于该方案的机会成本 4 000 元。所以企业应增产，增产后可使利润增加 2 000 元（6 000 − 4 000）。

对于增产能力可以转移且增产前贡献毛益小于机会成本的亏损产品，在决策是否增产时，可用差量分析法进行。

【例 7-17】续【例 7-15】，假定企业已具备增产 30% 甲产品的能力，该能力可以用于临时承揽零星加工业务，预计可获得贡献毛益 10 000 元。市场上有接受增产产品的容量。

要求：做出是否增产的决策。

依照题意、计算该方案相关指标如下：

相关收入 = 100 000 ×（1 + 30%）= 130 000（元）

变动成本 = 80 000 ×（1 + 30%）= 104 000（元）

用差量分析法进行比较分析，见表 7-14。

表 7-14　差量分析过程

单位：元

项　　目	增产甲产品	停止生产甲产品	差量
相关收入	130 000	0	130 000
相关成本	139 000	0	139 000
变动成本	104 000	0	104 000
机会成本	35 000	0	35 000
相关损益	-9 000	0	-9 000

由以上计算可看出，该企业不应增产甲产品，否则将使企业多损失 9 000 元。

如果企业尚不具备增产亏损产品的能力，要达到增产的目标，必须追加投入一定的专属成本。此时相关成本中必须考虑专属成本。

四、低价格追加订货的决策

企业在完成现有生产任务后，有时还会有一定剩余生产能力可以利用，如果此时客户要求以较低价格追加订货量，企业是否可以考虑接受这批订货？所谓较低价格，是指低于正常市场销售的价格。能否接受这种条件苛刻的追加订货，应视不同情况区别对待。

1. 简单条件下的决策

当追加订货不影响本期计划任务（即正常订货）的完成，又不要求追加专属成本，而且现有的剩余生产能力无法转移时，只要追加订货的单价大于该产品的单位变动成本，就可以接受这批追加订货。因为在这种情况下，是否接受追加订货，其原有的固定成本都不会发生变动，特别订货所创造的边际贡献（即特别订货价格超过其单位变动成本的部分）将直接转化为利润，从而增加企业的总利润。这里的固定成本，属于与追加订货决策的无关成本，在决策分析中不必予以考虑。这里企业所增加的总利润，可用以下公式计算：

增加的利润 =（追加订货的价格 - 追加订货的单位变动成本）× 追加订货量

【例 7-18】某企业本年度甲产品的最大生产能力为 12 000 件，正常销售单价为 60 元，单位甲产品的直接材料费为 30 元，直接人工为 12 元，变动件制造费用为 3 元，固定性制造费用为 5 元，共计 50 元。根据正常订货需求，本年度的预算销售量为 10 000 件。该企业在完成计划生产任务后的剩余生产能力无法转移，可以接受追加订货，接受追加订货不需要增加专属成本。一月份有一个客户要求追加订货 2 000 件甲产品，每件出价 48 元。

要求：应用差量损益分析法做出可否接受该批追加订货的决策。

因为追加订货的单价48元大于单位变动成本45元（30+12+3），所以可以接受该批追加订货。

增加的利润=(追加订货的价格-追加订货的单位变动成本)×追加订货量

=(48-45)×2 000=6 000（元）

因此，接受该批追加订货，企业可以多获得6 000元的利润。

2. 复杂条件下的决策

（1）冲击正常订货任务。因追加订货冲击了正常订货任务，应将由此而减少的正常收入作为接受追加订货方案的机会成本。当追加订货的边际贡献总额补偿完这部分机会成本仍有剩余时，则可以接受这批追加订货。在实际工作中，一般利用相关损益分析法进行决策。

【例7-19】 仍用例9-18的资料，假设现在企业最大的生产能力是11 700件，而非12 000件；剩余生产能力无法转移，也不需要增加专属成本。要求：作出可否接受该项追加订货的决策。

利用所给资料，进行相关损益分析，见表7-15。

表7-15　相关损益分析表

单位：元

项　　目	接受追加订货	拒绝追加订货
相关收入	48×2 000=96 000	0
相关成本	94 500	0
其中：增量成本	45×1 700=76 500	0
机会成本	60×300=18 000	0
相关损益	1 500	0

在表7-16中，相关成本中的增量成本是按1 700件计算的，原因是企业的最大生产能力是11 700件，原计划生产10 000件，故追加订货2 000件中只能有1 700件可利用剩余生产能力来完成，属于相关成本，其余300件追加任务要冲击原计划产量。由于追加订货的影响，原计划只能完成9 700件，由此少完成计划300件而遭受的正常收入损失应作为接受2 000件追加计划的一项机会成本。

在此情况下，接受追加订货的相关损益为1 500元，比拒绝接受追加订货多1 500元，所以应当考虑接受该项追加订货。

（2）剩余生产能力可以转移。当企业有关的剩余生产能力可以转移时，在考虑是否接受追加订货的方案时，应将与剩余生产能力转移有关的可能收益作为追加订货方案的机会成本综合考虑。

【例7-20】 仍用例9-18中的资料。假设企业的剩余生产能力可以转移，若用于对外出租，即可获得租金收入6 500元。

要求：应用相关损益分析法作出此时是否可接受这项追加订货的决策。

依据所给资料进行相关分析，结果见表7-16。

表 7-16　相关损益分析表

单位：元

项　目	接受追加订货	拒绝接受订货并出租设备
相关收入	48 ×2 000 =96 000	6 500
相关成本	90 000	0
其中：增量成本	45 ×2 000 =90 000	0
相关损益	6 000	6 500

（3）追加专属成本。若接受追加订货需要追加专属成本，则只有当满足以下条件时，该项追加订货方案才可以考虑予以接受：该方案的边际贡献大于其相关成本（专属成本、增量成本）。上述条件亦可改为：追加订货的价格 > 原单位变动成本 +（新增专属成本/追加订货量）。

【例 7-21】 仍用例 9-18 的资料，又假设若接受该项追加订货，则需购置一台专用加工设备，该设备的价款为 5 000 元。

要求：应用差量损益分析法作出可否接受该项追加订货的决策。

依据所给资料编制差量损益分析表，见表 7-17。

表 7-17　差量分析损益分析表

单位：元

项　目	接受追加订货	拒绝接受追加订货	差异额
相关收入	48 ×2 000 =96 000	0	96 000
相关成本	95 000	0	95 000
其中：增量成本	45 ×2 000 =90 000	0	
专属成本	5 000	0	
相关损益	1 000	0	1 000

由于接受追加订货可多获得 1 000 元的利润，所以应该接受该项追加订货。在是否接受低价追加订货的决策中，对于不同情况，我们分别使用了相关损益分析法和差量损益分析法。事实上，在这类决策问题中，两种方法是可以通用的，在分析过程中不论使用哪种方法都会得出相同的结论。

五、半成品是否进一步深加工的决策

半成品是否深加工，是对于那种既可以直接出售、又可以经过深加工变成产成品再出售的半成品而言的。这种决策涉及“将半成品深加工为产成品”和“直接出售半成品”两个备选方案。在“将半成品深加工为产成品”的方案中，需要考虑的相关成本包括：将半成品深加工为产成品的变动成本，为了形成深加工能力而追加的专属成本或与可以转移的深加工能力有关的机会成本。在“直接出售半成品”方案中，相关成本为零。因为半成品的成本（无论是固定成本还是变动成本）属于与决策方案无关的沉没成本，故不予考虑。

上述两个方案的相关收入需要按照产成品和半成品的单价分别乘以它们的相关业务量来确定。进行半成品是否深加工的决策适合用差量分析法。

【例 7-22】 某企业每年生产、销售甲产品 1 000 件，甲产品的单位变动成本为 60 元，单位固定成本为 20 元，单位售价为 100 元。如果把甲产品进一步加工成乙产品，乙产品的单位售价可达到 200 元，但单位变动成本需增加 80 元，还需要购置一台 21 000 元的专用设备。

要求：做出是否深加工的决策。

依照题意，“将半成品深加工为产成品”方案：

相关收入 = 200 × 1 000 = 200 000（元）

变动成本 = 80 × 1 000 = 80 000（元）

“直接出售半成品”方案：

相关收入 = 100 × 1 000 = 100 000（元）

相关成本 = 0

差量分析过程见表 7-18。

表 7-18 差量分析过程 单位：元

项　目	深加工	直接出售	差量
相关收入	200 000	100 000	100 000
相关成本	101 000	0	101 000
变动成本	80 000	0	80 000
专属成本	21 000	0	21 000
相关损益	99 000	100 000	-1 000

因为差量损益小于 0，所以应当直接出售甲产品，否则企业将损失 1 000 元。

【例 7-23】某企业每年生产、销售甲产品 1 000 件，甲产品的单位变动成本为 60 元，单位固定成本为 20 元，单位售价为 100 元。如果把甲产品进一步加工成乙产品，乙产品的单位售价为 200 元，单位变动成本增加 80 元。企业已具备将甲半成品深加工为乙产成品的能力，但如果将与此有关的设备对外出租，预计一年可获得 15 000 元的租金收入，该设备年折旧为 6 000 元（属于非相关成本）。

要求：做出是否深加工的决策。

依照题意，“将半成品深加工为产成品”方案：

相关收入 = 200 × 1 000 = 200 000（元）

变动成本 = 80 × 1 000 = 80 000（元）

机会成本 = 15 000（元）

“直接出售半成品”方案：

相关收入 = 100 × 1 000 = 100 000（元）

相关成本 = 0

差量分析过程见表 7-19。

表 7-19 差量分析过程 单位：元

项　目	深加工	直接出售	差量
相关收入	200 000	100 000	100 000
相关成本	95 000	0	95 000

续表

项　　目	深加工	直接出售	差量
其中：变动成本	80 000	0	80 000
机会成本	15 000	0	15 000
相关损益	105 000	100 000	5 000

因为差量损益大于0，所以应当将甲产品深加工为乙产品再出售，这样企业比直接出售甲产品多获利5 000元。

六、零部件自制或外购的决策

企业生产经营中所需要的零部件，在具有加工能力的条件下，是自制还是外购，这是企业管理者时常面临的一个需要及时作出决策的问题。由于诸多因素的影响，同一种零部件的自制或外购，其成本是不相同的。究竟采用何种方式取得所需要的零部件，在经济上对企业更为有利？在保证零部件的性能、质量、用途和及时供应的前提下，就需要对自制和外购两种取得方式的预期成本进行计量、分析与比较，最终以其数额的多少作为分析，评价决策方案优劣的标准。

在零部件取得方式决策中，由于情况不同，所采用的决策分析方法也不尽相同，但一般都采用相关成本分析法或成本无差别点法。

1. 零部件的需要量已确定

如果企业已经具备自制能力，且自制能力无法转移，那么自制方案的相关成本只包括与自制零部件相关的变动成本；外购零部件的相关成本就是购买零部件的支出，一般是零部件的需要量乘以购买单价。由于零部件的需要量已经确定，决策时只需比较两个方案的单位变动成本和外购方案的单价来选优。

- 当自制单位变动成本大于外购单价时，应该外购。
- 当自制单位变动成本小于外购单价时，应该自制。
- 当自制单位变动成本等于外购单价时，两方案均可。

【例7-24】 某公司生产甲产品每年需要A零件58 000件，车间已具备了加工该零件的能力。由车间自制每件成本为78元，其中单位变动成本为60元，单位固定成本为18元。现市场上销售的A零件价格为65元。

要求：做出企业是自制还是外购的决策。

由题意知，每件产品18元的固定成本为沉没成本，决策时不予考虑。

因为自制单位变动成本60元<外购单价65元，所以应自制。自制可节约成本290 000元（5×58 000）。

如果自制能力可以转移，自制方案的相关成本除了包括自制零部件的变动成本外，还包括与自制能力转移有关的机会成本，此时可通过比较两个备选方案的相关成本来进行决策。

【例7-25】 某公司每年需要A零件5 000件，已具备了加工该零件的能力。若要自制，自制单位变动成本为10元；若要外购，外购单位价格为12元。如果外购A零件，腾出的生产能力可以出租，每年租金收入为3 200元。

要求：做出企业是自制还是外购的决策。

依题意，如果自制，公司将不能获得每年3 200元的租金收入，所以租金收入应是自制方案的机会成本。

自制相关成本 = 10 × 5 000 + 3 200 = 53 200（元）

外购相关成本 = 12 × 5 000 = 60 000（元）

计算结果表明，企业应选择自制。因为自制比外购减少成本6 800元（60 000 - 53 200）。

如果企业尚不具备自制能力、企业所需零部件由外购转为自制时需要增加一定的专属成本，那么，自制方案的相关成本就要包括与自制零部件相关的变动成本和专属固定成本。

【例7-26】某公司每年需要A零件5 000件，以前一直外购，外购的单位价格为12元。现该公司有无法移作他用的多余生产能力可以用来生产该零件，但需购置一台专属设备，价值6 000元，自制时单位变动成本为10元。

要求：判断企业是否应选择自制方案。

依题意，如果自制，相关成本应包括相应的变动成本和专属成本。

自制相关成本 = 10 × 5 000 + 6 000 = 56 000（元）

外购相关成本 = 12 × 5 000 = 60 000（元）

计算结果表明，企业应选择自制。因为自制比外购节约成本4 000元（60 000 - 56 000）。

2. 零部件的需要量不确定

当企业所需要的零部件数量不能确定时，可采用成本无差别点法进行零部件取得方式的决策。即首先求出自制方案和外购方案的成本无差别点业务量，然后，根据零部件的不同需用量，确定出相应的最优决策方案。

【例7-27】某企业生产需要的C部件，可以自制，也可以从市场上购买，购买价为每件18元。若自制，经测算，每件的单位变动成本为15元，相关固定成本为4 200元，假定自制C部件的生产能力不能移作他用。

要求：应用成本无差别点法作出企业取得C部件的最佳方式决策。

依据题目所给资料，采用成本无差别点分析法进行决策分析如下。

自制的固定成本为4 200元，单位变动成本为15元/件；外购的固定成本为0元，单位变动成本为18元/件。根据成本无差别点公式计算如下：

$$\text{成本无差别点} = \frac{\text{两方案固定成本之差}}{\text{两方案单位变动成本之差}} = \frac{4\ 200 - 0}{18 - 15} = 1\ 400\ (\text{件})$$

当C部件全年需用量在0～1 400件之间变动时，应采取外购的方式；当需用量超过1 400件时，则应采取自制方式；当需用量为1 400件时，两个方案都可以。

当企业向外购买生产经营中所需要的某种零部件时，其供应商往往会采用优惠的方法。如价格折扣或折让，以扩大其销售量。这时，管理者在进行零部件自制或外购的决策时，就应充分考虑外购价格的变动，充分利用这种机会，以便作出对企业更为有利的决策。

【例7-28】某企业生产甲产品所需要的零件可以自制，也可外购。如果自制，每件零件的变动制造成本为5元，另外，需要专用设备一台，价值为2 800元；若外购，购买量不足1 000件时，购买单价为9元；购买数量超过1 000件时，购买单价为7.5元。

要求：应用成本无差别点法作出A零件应该自制还是应该外购的决策。

设 X_1 为 A 零件在 1 000 件以内时自制与外购方式的成本无差异点，X_2 为零件超过1 000件时两种方案的成本平衡点。根据已知条件，依题意可得两个方案的成本平衡点分别为：

$X_1=(2\ 800-0)/(9-5)=700$（件）

$X_2=(2\ 800-0)/(7.5-5)=1\ 120$（件）

于是，整个零部件需用量被划分为四个区域：700 件以内、700～1 000 件、1 000～1 120件和 1 120 件以上。

当 A 零件需用量在 700 件以内时，企业应该采用外购方式；当需用量在 700～1 000 件之间时，应采用自制方式；当需用量在 1 000～1 120 件之间时，应采用外购方式；当需用量在 1 120 件以上时，应采用自制方式。

自制与外购的决策，也可以扩展到所有既可由外界完成，又可由企业自己解决的业务活动方面的决策。例如：是自设零售商店销售产品，还是委托代理商经销商品；是租用设备还是购入设备（在不考虑货币时间价值的情况下）；等等。

在实务工作中，由于情况的复杂性，在进行自制还是外购的决策中，往往不能仅仅单纯考虑成本因素，有时还应考虑以下一些与此密切相关的因素，比如外购零部件的质量特征、价格水平波动的风险、市场供求量的波动等。一般而言，当生产节奏及零部件需用量规律性较差、规格品种多，又缺乏自制经验或自制所需原材料供应紧张、企业工作量满负荷时，均可以考虑采用外购方案；而市场供应量无保证、质量不好、价格波动较大且有上升趋势、技术上有特殊要求、设备上有剩余能力、企业所需要的零部件数量较大且稳定时，则首先应考虑采用自制方案。当然，企业不应追求大而全、小而全，应提倡专业化、精细化生产和横向联合，相互协助，取长补短，发挥优势。

七、生产工艺决策

生产工艺是指加工制造产品或零部件所使用的机器、设备及加工方法的总称。企业在生产过程中，对同一种产品，在保证满足有关技术、质量要求的前提下，往往可以采用不同的工艺技术进行加工。

不同的工艺技术方案，其成本往往差别较大。一般来说，生产工艺自动化程度越高，其固定成本越高，单位变动成本越低；而生产工艺自动化程度低，其固定成本较低，单位变动成本较高。在固定成本和单位变动成本的相互消长变动组合中，产品的数量就成为判断的标准。在生产规模较大时，采用先进的自动化工艺技术方案较为有利；反之，在生产规模较小时，则应采用非自动化的生产工艺方案，这样更经济。对同一种产品，究竟采用何种工艺方案进行生产，必须和生产规模大小联系起来进行分析、研究，而不能片面地认为生产工艺方案越先进越好。对于这类决策问题，可以采用成本平衡点分析法（或者本量利分析法）进行。下面主要使用成本平衡点分析法。

【例 7-29】假设某企业在生产甲产品时，可采用两种工艺技术方案。采用自动化方式生产时，每件的单位变动成本为 20 元，年固定成本为 40 000 元；采用机械化方式生产时，每件的单位变动成本为 25 元，年固定成本为 30 000 元。

要求：应用成本平衡点分析法作出采用何种工艺技术方案生产甲产品的决策分析。

根据题目所给出的条件，采用成本平衡点分析法进行决策，过程如下：

因为，$a_1=40\ 000$ 元，$b_1=20$ 元/件，$a_2=30\ 000$ 元，$b_2=25$ 元/件，所以，两工艺技术方案的成本平衡点业务量为：

$$X_0=-(a_1-a_2)/(b_2-b_1)=(40\ 000-30\ 000)/(25-20)=2\ 000\ (件)$$

本企业产销量小于 2 000 件时，应该采用机械化方案；本产销量大于 2 000 件时，应采用自动化方案；当产销量为 2 000 件时，两方案可任选其一。

在实务上，对于生产工艺技术方案的决策，还应密切关注市场供给条件的变化、产出的产品销售状态和变化趋势，以及产品所处的生命周期等信息。例如，在上例中，当产品销售量为 2 000 件时，原则上前两项方案可选其一即可。但如果该产品正处于成长期，那么就应该采用自动化方案，以便积累经验，随时准备扩大生产规模。然而，采用自动化方案，如果涉及增加固定资产投资，则考虑到货币时间价值问题，成本平衡点会大于 2 000 件，应慎重考虑该问题，因其与长期投资有关。一般来说，在进行工艺生产技术方案时，要避免贪大求洋、盲目追求设备、高档化、技术先进性，不考虑经济合理性；又要防止安于现状、不思进取、守业经营、不敢承担风险，应从经济与技术最佳结合上动态地、合理地考虑问题。

【任务实施】

任　务　单

学习领域	营运管理		
学习单元	组织生产决策		
任　　务	生产经营决策分析	学时	4
布置任务			
任务目标	**职业能力目标：** ●能够运用常用的决策分析方法进行生产决策。 ●能够通过盈亏平衡点、边际贡献等指标，进行生产能力利用、亏损产品、追加订货等经营决策分析，提高企业经济效益。 ●能够通过零部件自制或外购、产品深加工等决策分析，优化企业生产流程，提高生产效率。 **职业素养目标：** ●具备成本管理能力，能够从财务角度出发，分析、优化生产流程，提高企业经济效益。 ●具备决策能力，能够根据市场环境、生产能力等因素，做出科学准确的经营决策。 ●具备自我学习能力，能够及时了解行业新动态，掌握新产品、新技术、新工艺等知识，不断提高自身专业素养。 ●具备职业道德素养，能够从企业利益出发，遵循会计职业准则，真实准确地进行决策分析，提高企业诚信度		
任务描述	**任务 1**：已知某企业尚有一定闲置设备时，拟用于开发一种新产品，现有 A、B 两个品种可供选择。A 品种的单价为 100 元，单位变动成本为 60 元，单位产品台时消耗定额为 2 h，此外，还需消耗甲材料，其单耗定额为 5 kg；B 品种的单价为 120 元，单位变动成本为 40 元，单位产品台时消耗定额为 8 h，对甲材料的单耗定额为 2 kg。假定甲材料的供应不成问题。 任务要求：用单位资源贡献毛益分析法做出开发哪种品种的决策，并说明理由		

<table>
<tr><td rowspan="4">任务描述</td><td>

任务2：某企业每年生产1 000件甲半成品。其单位完全生产成本为18元（其中单位固定性制造费用为2元），直接出售的价格为20元。企业目前已具备将80%的甲半成品深加工为乙产成品的能力，但每深加工一件甲半成品需要追加5元变动性加工成本。乙产成品的单价为30元，假定乙产成品的废品率为1%。

要求：请考虑以下不相关情况，用差量分析法为企业做出是否深加工甲半成品的决策，并说明理由。

（1）深加工能力无法转移。

（2）深加工能力可用于承揽零星加工业务，预计可获得贡献毛益4 000元。

（3）同（1），如果追加投入5 000元专属成本，可使深加工能力达到100%，并使废品率降低为零。

</td></tr>
<tr><td>

任务3：某企业只生产一种产品，全年最大生产能力为1 200件。年初已按100元/件的价格接受正常任务1 000件，该产品的单位完全生产成本为80元/件（其中，单位固定生产成本为25元）。现有一客户要求以70元/件的价格追加订货。

要求：请考虑以下不相关情况，用差量分析法为企业做出是否接受低价追加订货的决策，并说明理由。

（1）剩余能力无法转移，追加订货量为200件，不追加专属成本。

（2）剩余能力无法转移，追加订货量为200件，因有特殊要求，企业需追加1 000元专属成本。

（3）同（1），但剩余能力可用于对外出租，可获租金收入5 000元。

</td></tr>
<tr><td>

任务4：某企业每年需用A零件2 000件，原由加工车间组织生产，年总成本为19 000元，其中，固定生产成本为7 000元。如果改从市场上采购，单价为8元，同时将剩余生产能力用于加工B零件，可节约外购成本2 000元。

要求：为企业做出自制或外购A零件的决策，并说明理由。

</td></tr>
<tr><td>

任务5：某企业生产某种半成品5 000件，单位成本为17元，其中，单位直接材料成本为8元；单位直接人工成本为4元；单位变动制造费用为3元；单位固定制造费用2元；单位产品售价为20元。

如将该半成品进一步加工成产成品再出售，则单价将提高到25元，但每完成一件产成品需追加变动性加工成本4元，其中，追加工资3元，追加变动制造费用1元。企业具备全部深加工能力且不能移作他用，每件半成品可以加工出一件产成品。

要求：请填写差量损益分析表（表7-20），并作出企业是否应继续加工的决策

</td></tr>
</table>

表 7-20　差量损益分析表　　单位：元

项目	进一步加工	直接出售	差量
相关收入			
相关成本			
其中：追加工资			—
追加变动制造费用			—
差量损益			

任务描述

任务6：金陵卡车公司决定生产卡车座椅，现有甲、乙两种工艺方案可供选择。请根据表7-21，运用成本无差别点法，分别做出座椅需用量为1 500件和2 500件时的工艺方案决策，填写工艺方案决策表（表7-22）。

表 7-21　甲、乙两种方案的成本资料

项目	甲方案	乙方案
相关固定成本（元）	240 000	160 000
单位变动成本（元/件）	80	120

表 7-22　工艺方案决策表（成本无差别点法）

项目	甲方案	乙方案
成本无差别点产量（件）		
1 500 件时的决策（填写“是”或“否”）		
2 500 件时的决策（填写“是”或“否”）		

【任务小结】

生产决策是短期决策的一项重要内容，指短期内（通常为一年），在生产领域中，围绕着是否生产、生产什么、生产多少，以及怎样生产等方面的问题所进行的决策。除了考虑短期经营决策必须通盘考虑的相关收入、相关成本和相关业务量三大因素之外，还应考虑企业的生产经营能力。

新产品开发的品种决策分析。①不追加专属成本的决策分析。当各备选方案只是利用现有剩余生产能力，而不涉及追加专属成本时，只计算各方案的边际贡献就可以正确决策。可以采用单位资源边际贡献法和边际贡献总额分析法决策。②追加专属成本时的决策分析。当新产品开发的品种决策方案涉及追加专属成本时，就无法直接用边际贡献指数评价各方案的优劣，可以采用剩余边际贡献指标来评价，也可以用差别分析法进行分析评价。其中，剩余边际贡献 = 边际贡献 − 专属成本。

是否停产亏损产品的决策分析。若相关剩余生产能力不能转移，只要亏损产品满足边际贡献（单位边际贡献）大于零，就应当继续组织生产。若相关剩余生产能力能够转移，如果亏损产品创造的边际贡献大于与闲置下来的生产能力有关的机会成本，就应当继续生产，否则停产。

低价格追加订货的决策分析。①简单条件下的决策。当追加订货不影响本期计划任务（即正常订货）的完成，又不要求追加专属成本，而且现有的剩余生产能力无法转移时，只要追加订货的单价大于该产品的单位变动成本，就可以接受这批追加订货。②复杂条件下的决策。第一，冲击正常订货任务时一般利用相关损益分析法进行决策。第二，当企业有关的剩余生产能力可以转移时，在考虑是否接受追加订货的方案时，应将与剩余生产能力转移有关的可能收益作为追加订货方案的机会成本综合考虑。③追加专属成本。该方案的边际贡献大于其相关成本（专属成本、增量成本）。

产品加工程度的决策分析。当深加工后增加的收入大于深加工需要追加的成本时，深加工的方案较优；当深加工后增加的收入小于深加工需要追加的成本时，出售半成品的方案较优；当深加工后增加的收入等于深加工需要追加的成本时，两方案等价。

零部件自制或外购的决策分析。①当零部件的需用量确定时，通常可采用相关成本分析法进行决策。②当企业所需要的零部件数量不能确定时，可采用成本无差别点法进行零部件取得方式的决策。

生产工艺技术方案的决策分析。产品数量确定时，一般用相关成本法；产品数量不确定时，一般用成本无差别点法。

任务三　进行组织定价决策

【工作任务】

工作任务	技能点及任务成果	重要知识点	课时
掌握产品定价决策的常用方法	1. 掌握定价决策应考虑的因素； 2. 进行定价目标的策划； 3. 掌握定价决策的主要方法和应用	1. 影响定价决策的主要因素； 2. 定价目标策划； 3. 定价决策的主要方法和应用	2

【知识准备】

一、定价决策的作用及影响因素

（一）定价决策的重要作用

制定价格策略是企业经营管理中非常重要的一环，因为它直接影响着企业的销售收入和利润。以下是制定价格策略的重要作用：

1. 竞争优势

合理的价格策略可以帮助企业获取竞争优势，因为价格是消费者购买决策的一个重要因素。通过制定合理的价格策略，企业可以使产品在市场上更具有竞争力，从而获得更多的市场份额。

2. 收益增长

制定合理的价格策略可以帮助企业增加销售收入和利润。通过合理定价，企业可以在一定程度上提高产品的销售量，从而增加销售收入。同时，合理的定价还可以控制成本，提高产品的利润率，从而增加企业的利润。

3. 市场定位

价格策略可以帮助企业确定产品在市场中的定位。通过合理定价，企业可以确定产品的市场定位，以满足不同消费者群体的需求，从而提高产品的销售量和市场份额。

4. 市场反应

价格策略可以帮助企业了解市场的反应。通过不同的价格策略，企业可以了解市场对不同价格的反应，进而调整产品价格和销售策略，以更好地满足市场需求。

5. 品牌价值

合理的价格策略可以提高企业的品牌价值。通过合理定价，企业可以提高产品的品牌价值，从而提高消费者的认可度和忠诚度。

6. 企业形象

价格策略可以影响企业的形象。通过合理定价，企业可以展现其产品的高品质和高性价比，从而提高消费者对企业的好感度和信任度。

（二）影响定价决策的主要因素

1. 商品的价值

商品的价值是由社会必要劳动时间决定的，它的大小直接影响着商品的价格。因此，在制定价格时，应该综合考虑商品的耗费量、劳动生产率、技术含量等因素，结合市场供求状况、竞争对手的价格等因素，综合分析制定价格。商品的价值在不同地区、不同时间、不同销售渠道上可能会有所不同。因此，在制定价格时，应该考虑到不同地区的市场差异、不同的销售渠道、不同的时间等因素，合理定价。

2. 成本的消耗水平

成本的消耗水平是定价的基础。在制订价格时，应该先对成本进行核算，考虑到企业的生产成本、管理成本、研发成本、广告宣传成本、资金成本等因素，以确保价格的合理性和企业的利润空间。成本的消耗水平不仅包括生产成本，还包括库存成本、销售成本、运输成本、管理成本等多方面成本。因此，在制定价格时，应该全面考虑各种成本的因素，并且根据企业的实际情况合理定价。

3. 商品的质量水平

商品的质量水平是影响价格的重要因素。在制定价格时，应该考虑到商品的质量水平，如材料的质量、工艺的水平、制作的技术等因素，以确保价格的合理性和企业的利润空间。商品的质量水平不仅包括商品本身的质量，还包括售前服务、商品配送、售后服务等因素的质量。

4. 供求关系和价格弹性

供求关系是指一定期间市场上商品供应与商品需求的关系。供求关系的变动，直接影响着产品价格的变动。一般来说，当市场需求超过市场供应时，可将价格定得稍高一些；当市场需求低于市场供应时，则应将价格定得稍低一些。同时，产品价格下降，将会引起商品需求量的增长；产品价格上升，则将引起需求量的减少。商品需求量随其价格变动的规律可以用需求价格弹性来描述。需求价格弹性的大小是企业管理者制定和调整商品价格的主要依据之一。

5. 竞争形势

在社会主义市场经济条件下，每一个企业作为相对独立的商品生产者或经营者，在市场经济活动中，必然存在着相互之间的竞争。商品竞争的形式及激烈程度不同，对商品的定价影响程度也不同。企业要做好定价决策，必须充分了解竞争形式、竞争者的状况及竞争者的定价策略，这样一来，才能在定价决策中做到心中有数，才能为自己生产与经营的商品确定一个合适的价格。

6. 国家价格政策

价格政策是国家管理价格的有关措施和法规，是国家经济政策的重要组成部分。按照价格政策的基本要求，价格和价值应该相符，但在一定时期内，也可以使其相偏离。国家可以通过使价格与价值相偏离的办法，从经济上鼓励或限制某种商品的生产与消费，以调节市场需求状况及其产品结构。同时，国家还会利用生产资料市场、货币市场和关税等，间接地调节和影响价格。因此，企业应全面地了解国家的价格政策，并将其作为制定商品价格的依据。

7. 商品所处的寿命周期阶段

产品从投入市场开始到完全退出市场为止所经历的全部时间称为产品的寿命周期。一般把产品的寿命周期划分为投入期、成长期、成熟期（饱和期）和衰退期四个阶段。不同产品的寿命周期及各阶段时间分布都不相同。产品处在不同阶段，其需求变化规律也不同。了解产品寿命周期，对于定价决策的意义在于，可以根据产品在不同阶段的需求变化规律，采取与之相适应的定价策略，确定产品的适当价格。

8. 商品定价目标的导向

商品定价目标的导向是定价时必须考虑的重要因素。在制定价格时，应该考虑到企业的战略目标、市场需求、消费者购买力等因素，以确保价格的合理性和企业的利润空间。

影响商品定价的因素，除上述各点外还有其他一些因素，也需要在进行定价决策时予以密切注意，如商品在同一市场上的价格比例、差价，以及消费者的消费习惯、支付能力、心理状态等。

二、定价目标

定价目标是企业在制定价格策略时所要达到的目标，不同的定价目标会导致不同的价格策略和效果。企业定价时，应根据营销总目标、面临的市场环境、产品特点等多种因素来选择定价目标。定价目标是以满足市场需要和实现企业盈利为基础的，它是实现企业经营总目标的保证和手段。同时，又是企业定价策略和定价方法的依据。

1. 生存导向定价目标

生存导向定价目标是指为了保证企业能够继续生存而制定的价格策略。在企业刚刚成立或者面临严重亏损时，生存导向定价目标是最为重要的。其主要策略是要求企业以尽可能低的价格来销售产品，以获取一定的市场份额和流动资金。生存导向定价目标的优点是可以帮助企业渡过难关，保持生存状态。但是，这种策略会导致企业的利润率低下，难以长期维持，因此应该在企业走出困境后及时转向其他定价目标。

2. 利润导向定价目标

利润导向定价目标是指为了最大化企业利润而制定的价格策略。在这种情况下，企业需要仔细考虑产品的定价，以确保销售价格高于成本价格，从而实现盈利。利润导向定价目标的优点是可以使企业最大化利润，提高企业的竞争力。但是，如果定价过高，可能会导致销售量下降，从而影响企业的市场份额。

3. 成本导向定价目标

成本导向定价目标是指为了覆盖生产成本和固定成本而制定的价格策略。在这种情况下，企业需要仔细估算生产成本和固定成本，并据此制定产品的价格。成本导向定价法是以产品单位成本为基本依据，再加上预期利润来确定价格的成本导向定价法，是中外企业最常用、最基本的定价方法。

成本导向定价法的主要优点：一是它比需求导向定价法更简单明了；二是在考虑生产者合理利润的前提下，当顾客需求量大时，价格显得更公道些。比如服务企业会维持一个适当的盈利水平，当需求旺盛时，顾客购买费用可以合理降低。许多服务企业在制定服务价格时运用成本导向定价法。在实践中，企业可以采用成本加成的方法（即在服务成本的基础上加一定的加成率）来定价。

4. 销售导向定价目标

销售导向定价目标又称市场占有率目标，是在保证一定利润水平的前提下，谋求某种水平的销售量或市场占有率而确定的目标。以销售额为定价目标，具有获取长期较好利润的可能性。

采用销售额目标时，确保企业的利润水平尤为重要，销售额和利润必须同时考虑。因为某种产品在一定时期、一定市场状况下的销售额由该产品的销售量和价格共同决定，销售额的增加，并不必然带来利润的增加。有些企业的销售额上升到一定程度，利润就很难上升，甚至销售额越大，亏损越多。因此，对于需求价格弹性较大的商品，降低价格而导致的损失可以由销量的增加而得到补偿，因此企业宜采用薄利多销策略，保证在总利润不低于企业最低利润的条件下，尽量降低价格，促进销售，扩大盈利；反之，若商品需求的价格弹性较小时，降价会导致收入减少，而提价则使销售额增加，企业应该采用高价、厚利、限销的策略。

5. 竞争导向定价目标

竞争导向定价目标是指为了与竞争对手保持竞争力而制定的价格策略。在这种情况下，企业需要考虑市场上的其他产品，以确保产品的定价与竞争对手相当或略低。在产品的营销竞争中，价格竞争是最有效、最敏感的手段。企业在设定定价前，一般要广泛搜集信息，把自己产品的质量、特点和成本与竞争者的产品进行比较，然后制定本企业的产品价格。

不同的定价目标对企业的影响不同，企业应根据自身情况和市场需求，制定合理的定价目标，并据此制定价格策略。无论选择哪种定价目标，都需要考虑产品的生产成本、市场需求、竞争对手、销售渠道等因素，以制定出最优的价格策略。

三、定价决策的常用方法

（一）成本基础定价法

尽管在制定价格时，成本不是要考虑的唯一因素，但是，由于以下原因，成本通常是定价时必须要考虑的最重要的因素。

首先，成本数据的可获得性。当企业必须在短期内制定成百上千种不同的价格时，按成成本定价是唯一可行的基础。

其次，以成本为基础的价格具有防御性。由于管理者会受到诉讼或公众调查的威胁，他们会觉得以成本为基础制定价格比较安全。

最后，一个企业要想生存下去，收入就必须超过成本。从长期来看，单位产品的销售价格必须超过该单位产品的完全成本。

作为定价基础的成本，可以是完全成本，也可以是变动成本。

1. 完全成本定价法

完全成本定价法，又称全额成本定价法，是在产品完全成本的基础上，加上一定比例的利润来制定产品价格的一种方法。

计算公式如下：

$$拟定售价 = 产品单位完全成本 \times (1 + 成本加成率)$$

$$成本加成率 = (目标利润 + 期间成本) \div (产量 \times 单位完全成本)$$

【例 7-30】 某企业生产 A 产品，预计全年产量 10 000 件，直接材料非 280 000 元，直接工资 80 000 元，制造费用总额 240 000 元，销售与管理费 100 000 元，本年的总投资额为 1 000 000元，期望的投资回报率为 12%，试确定该产品的售价。

根据总投资额和期望的投资回报率可以计算；

目标利润 = 1 000 000 × 12% = 120 000 （元）

成本加成率 = (120 000 + 100 000)/(280 000 + 80 000 + 240 000) = 37%

该产品的拟定售价 = (280 000 + 80 000 + 240 000) × (1 + 37%) ÷ 10 000 = 82. 2 （元）

上述拟定售价 82. 2 元中包括 60 元的制造成本和 22. 2 元的加成，而 22. 2 元的加成中隐含 10 元的销售与管理费，余下的才是盈利。也就是说，加成是以产品制造成本为基础的。

值得指出的是，这里的 82. 2 元是“基本售价”，而不一定是“最佳售价”。因为，产品销售量同产品单价存在着此消彼长的关系，同时，不同的产销量也会使产品的单位成本不同。具体讲，产量越大，单位产品所分摊的固定成本就越少，从而在全额成本定价法下又会影响产品的基本售价。因此，企业在实际定价时，应该围绕上述基本售价设想多种价格水平（其中有高于基本售价的，也有低于基本售价的），并预计各种价格水平下相应的销量，然后再进行比较分析，以便确定能获取最大利润的最佳售价。

2. 变动成本定价法

变动成本定价法是以产品的单位变动制造成本为加成的基础定价的一种方法。这种方法既可用于产品的正常定价，也可用于产品特别订货时的定价。

特别订货是指企业在产销量达到盈亏平衡点以后，固定成本已补偿完毕，仍有剩余生产能力的前提下，另行接受的追加订货。此时，只要产品单位边际贡献大于零，即所定价格大于单位变动成本，企业便有利可图，因此，加成比例的下限为零，即特别订货最低限价 = 产品单位变动成本。

然而，除了极特殊的情况以外，人们总希望定价也能带来一个正常生产任务内的利润水平，因此，特别订货的期望价格可依下式确定：

特别订货期望价格 = 产品单位变动成本 + 单位产品正常利润

变动成本定价法用于产品的正常定价时，与完全成本定价法相比，不同之处仅在于，由于加成的基础不一致，要求加成的比例更高一些，以保证加成部分既能弥补单位产品应负担的固定成本，又能确保一定水平的正常利润。

此时，基本定价可依下式确定：

产品正常基本定价 = 单位产品变动制造成本 ×（1 + 成本加成率）

式中，成本加成率 =（目标利润 + 期间成本 + 固定性制造成本）÷（产量 × 单位变动制造成本）

假定某企业单位产品变动制造成本为 50 元，规定的加成比例为 120%，则该产品的基本定价可确定为：50 ×（1 + 120%）= 110（元）。

变动成本法较之完全成本定价法，更能使产品具有竞争能力，但带有一定的风险。如果企业所处的是正常市场而不是临近饱和状态的特殊市场，按完全成本定价法确定的产品价格就可能降低企业净利润。

3. 对成本基础定价法的评论

以成本为基础的定价方法存在四个主要的缺点：

（1）以成本为基础的定价方法要求成本分配要非常准确。如果成本分配不准确，有些产品就可能因为定价太高而丧失市场份额；另外一些产品则可能定价太低，占有了市场但却无法实现预期的利润。

（2）不可分配成本的比例越高，产品定价太高或定价太低的可能性就越大。

（3）在一个竞争性的市场环境中，以成本为基础的定价方法推迟了新产品进入市场的时间，提高了其成本。

（4）当产品寿命期相对较长，并且竞争相对不太激烈时，以成本为基础的定价方法是最主要的定价方法。尽管这种定价方法很容易实施，也反映了企业弥补成本和获得投资报酬的要求，同时还很容易验证，但按这种方法制定的价格不一定具有竞争力。现如今，世界范围的竞争对价格的压力很大，原有的定价模式已变得力不从心了。企业发生定价错误后几乎没有回旋的余地。在一个高度竞争的市场中，定价方法的微小差异会使企业成效表现出巨大的不同。

（二）目标成本法

彼得·德鲁克认为制定价格唯一正确的方法是，以市场愿意支付的价格为起点，然后再设计可以按该价格出售的产品或服务。这种制定价格和设计产品的方法称为目标成本法（target costing）。以此确定的价格是一种具有竞争性的价格。

目标成本法实质上是一种成本管理工具，从产品设计开始关注业绩改进，以降低企业未来的成本。采用目标成本法，首先要确定顾客愿意为一种产品或服务所支付的价格，再减去预计利润，最后再得出这种产品或服务允许发生的成本，或称为目标成本。这个简单而具有重要战略意义的关系可以用公式表示为：

目标成本 = 目标价格 − 目标利润

该方法以顾客为核心，从顾客对质量、功能、价格要求开始设计产品，因此这种方法也被称为价格导向成本法。所确定的目标成本信息会传递给一个由营销、产品设计、制造和管理会计等部门的人员组成的多功能小组。为了充分反映价值链及价值链前后合作伙伴的概念，也常常吸收原料和部件供应商进入这个团队。目标成本小组的任务是设计既能满足顾客对价格、功能、质量的需要，又能实现预计利润的产品。

目标成本法不仅是一个技术性方法，还是一种定价和成本管理的哲学或方法。在成本管理中，这是一种事前采取的积极的方法，它反映成本管理的最好途径是产品开发阶段就进行决策。这与传统的认为成本产生于设计、采购、制造过程，故而与以成本为基础进行加成的被动的定价方法正好相反。目标成本法有助于引导全体员工关注最终的顾客，同时增强了这样一种观念，即组织内部所有的部门和价值链上所有的组织都必须共同努力。为了提供一定的产品和服务，管理层要作出决策采取哪些措施，并将其下达给有关部门。采用目标成本定价法的同时授予相关部门一定的权限。这就像将整个过程绘制成了一幅图，有助于雇员更好地理解他们在服务顾客中所起的作用。

（三）以需求为基础的定价决策

以成本为基础的价格决策方法，考虑企业的成本情况而基本不考虑需求情况，因而产品价格的制定从企业取得产销收入或利润的角度看，不一定是最优价格。最优价格应是企业取得最多利润或产销收入时的价格。为此，企业必须考虑市场需求状况，分析销售收入、成本利润与价格之间的关系，从中寻找最优价格点。以需求为基础的定价决策包括需求价格弹性系数定价法和边际分析定价法等。

1. 需求价格弹性系数定价法

需求价格弹性系数定价法是一种常用的定价策略，旨在优化价格与需求之间的关系，以达到企业收益最大化的目的。该方法基于一个简单的原理：价格上涨会导致需求下降，而价格下降会导致需求上升。企业可以根据需求价格弹性系数来制定合理的价格策略。

需求价格弹性系数是指需求量变化的百分比与价格变化的百分比之比。例如，如果一件产品的价格下降50%，其需求量会增加100%，则该产品的需求价格弹性系数为2（100% ÷ 50%）。企业可以通过以下步骤使用需求价格弹性系数定价法：

（1）确定初始价格：这是指产品或服务在市场上推出的原始价格。

（2）确定价格变动范围：企业应该定期对产品或服务进行价格测试，以确定价格变动的最适范围。

（3）测量需求量：在每个价格点上，企业应测量产品或服务的需求量。

（4）计算需求价格弹性系数：将需求量变化的百分比与价格变化的百分比进行比较。

（5）确定目标收益：企业应确定希望达到的收益水平，并根据此来制定定价策略。

（6）计算最佳价格：使用需求价格弹性系数和目标收益来确定最佳价格。

2. 边际分析定价法

边际分析定价法是一种基于成本和收益的定价策略，旨在确定产品或服务的最佳价格，以实现最大利润。该方法通过比较不同价格点上的总收益和总成本，来计算每个价格点的边际收益和边际成本。企业可以使用以下步骤来实施边际分析定价法：

（1）确定总成本：这包括生产成本、销售成本和其他相关成本。应计算生产最后一件产品的成本，而不是平均成本。

（2）确定可能的收入：企业应确定在每个价格点上的总收入，包括最低收入、最高收入和可能收入。

（3）计算边际收益：将可能的收入减去总成本。

（4）计算边际成本：将生产最后一件产品的成本除以最后一件产品的收益。这被称为“边际成本”，是因为它是每多生产一件产品而增加的成本。

（5）确定最佳价格：使用边际收益和边际成本来确定最佳价格。如果边际收益大于边际成本，则企业应该提高价格；如果边际收益小于边际成本，则企业应该降低价格。

（6）测试价格：在市场上测试最佳价格，以验证其可行性。

四、定价的策略

1. 新产品定价策略

新产品的定价一般都具有较强的不确定性，因为定价所需的有关信息量常常是捉摸不定的。例如，现行市场对某种新产品的需求量到底有多大及这种新产品的需求弹性等因素都是很难确定的。此外，该产品在打入市场的初期所需花费的宣传、推销成本也是难以估计的。因此，对新产品的定价，多通过试销的办法来逐步确定下来。具体地讲，就是在某几个特别选定的地区分别采用不同的价格推销其新产品，以期摸清新产品可能遇到的竞争情况、潜在的销量及售价与销量的关系等，然后再据以确定能使企业获取最大利润的合理价格。

在试销阶段，对新产品的定价可根据不同情况，分别采用以下两种基本策略：

（1）撇脂型策略。在没有竞争对手、容易开辟市场的情况下，在试销初期以较高的价格投放新产品，以后待市场扩大、产品趋于成长或成熟阶段时，再把价格逐步降低，此时，企业已经获取了足够的利润。很显然，新产品在试销初期获取巨额利润，必然会迅速招致竞争，高价很难持久。因此，从某种程度上说，这是一种短期化的定价策略。

（2）渗透型策略。在试销初期以低价广为招揽顾客，为新产品开路，待该产品在市场上赢得好评、站稳脚跟后再逐步提价。这种策略试图以牺牲试销初期的部分利润来排除其他企业的竞争，以求在市场上建立长期的领先地位。对于市场上需求量较大、试制投产期较长的新产品定价，采用上述策略较为适宜。

2. 系列产品定价策略

系列产品定价，也称“分级定价”“商品线定价”“分档定价”，是指企业将规格型号较多的某类商品划分为几个级别，为每级商品定一个价格，而不是为每一种商品分别定价的策略。这种定价策略主要依据消费者“一分钱一分货”的心理，同时考虑消费者一般只注意价格之间的较大差异而忽视较小差异的习惯制定的。例如，服装店可以将从不同地区、不同渠道购进的男衬衣分为四个档次，分别定价为45元、65元、95元和125元，形成一个男衬衣价格系列。这种定价策略的主要优点在于：第一，照顾到消费者预定的价格档次目标，较好地满足了不同层次消费者的需求；第二，简化了进货、储存、登记入账等工作，提高了效率；第三，避免了顾客挑选商品的困难，缩短了交易时间，便利了购销双方。

采用系列产品定价策略，应注意两点：第一，同类商品的档次划分不要太多，以免淡化系列产品定价的优势；第二，要慎重确定各档次商品的差价幅度。幅度太小，达不到吸引不同目标消费者的目的；幅度太大，又会失去购买中间价商品的顾客。

3. 差别定价策略

差别定价策略是实际中应用较典型的定价策略之一，也称为歧视性定价，是对企业生产的同一种产品根据市场的不同、顾客的不同而采用不同的价格。

实行差别定价必须具备一定条件。首先，市场必须能够细分，而且这些细分市场要显示不同的需求程度。之所以要细分市场，就是为了把市场分开后，利用各市场不同的需求价格弹性，采用不同的价格，以取得更大的利润。例如，工业用电者一般不会因电价的变化而相应增减用电量，而居民用电量的多少则与电价的关系密切得多，供电公司可以通过差别定价，即提高工业用电的价格、降低居民用电的价格来增加电的销售，从而增加收入。其次，差别定价的产品在各个细分市场之间不能流通。此外，实行这种定价策略不会引起顾客反感和敌意，差别价格的特定形式不应是非法的。

常见的差别定价策略有三种类型。差别定价的第一级就是厂商向每个顾客索要其愿意支付并可能支付的最高价格（即保留价格），从而侵占消费者的所有剩余。在现实生活中，由于厂商不可能了解每一个消费者的最大支付意愿，同时消费者也不会如实回答他们的支付意愿，因而完全的差别定价是不可能的。但是，有时厂商可以通过自已的观察，大体估计顾客的支付意愿，从而实施最大限度的差别定价策略。第二级叫数量折扣定价策略，就是通过对相同货物或服务的不同消费量制定不同的价格。买者根据其购买量被划分成 n 个组，并且每组只有一个价格。第三级差别定价是将消费者分为具有不同需求曲线的两组或更多组，就同一种商品向不同组的消费者索取不同的价格。

4. 竞争性定价策略

若在市场上的主要竞争对手较弱，可先采用较低价倾销的办法，将其逐出市场，然后进行提价；若竞争十分激烈，则宜紧紧追随，在保本微利前提下，你提价我提价，你降价我也降价，以免被逐出市场；如果与竞争对手势均力敌，则可考虑与对方在价格方面订立“君子协定”，共同遵守，以免两败俱伤。此外，还可在售后维修服务及零备件的供应等方面改进工作，以增强竞争能力。

【任务实施】

任　务　单

<table>
<tr><td>学习领域</td><td colspan="3">营运管理</td></tr>
<tr><td>学习单元</td><td colspan="3">组织定价决策</td></tr>
<tr><td>任　　务</td><td>定价决策分析</td><td>学时</td><td>4</td></tr>
<tr><td colspan="4">布置任务</td></tr>
<tr><td>任务目标</td><td colspan="3">职业能力目标：
●能够运用常用的决策分析方法进行定价决策。
●能够掌握完全成本定价法、变动成本定价法、目标成本定价法等决策方法，能够根据市场需求和成本情况，制定出合理的价格策略。
●能够利用数据和统计方法进行分析，制定出可靠的价格定位和调整策略，提高企业的市场占有率和盈利能力。
职业素养目标：
●具备创新和决策能力，能够面对市场变化和竞争压力，灵活地调整定价策略，保持企业的竞争力和长期发展。
●具备职业道德素养，能够从企业利益出发，遵循会计职业准则，真实准确地进行决策分析，提高企业诚信度</td></tr>
</table>

<table>
<tr><td>任务描述</td><td>
任务1：某公司生产甲产品，甲产品产量为500件时，直接材料费用为20 000元，直接人工费用为11 000元，变动性制造费用12 000元，固定性制造费用为10 000元，销售及管理费用为1 800元。已知该公司计划实现30 000元的目标利润。
要求：分别按完全成本法和变动成本法下的成本加成定价法确定目标售价。
任务2：按每件10元的价格出售某产品时，可获得8 000元贡献毛益，贡献毛益率为20%。企业最大生产能力为7 000件。
要求：分别根据以下不相关条件做出是否调价的决策。
（1）将价格调低为9元时，预计可实现销售9 000件。
（2）将价格调高为12元时，预计可实现销售3 000件。
任务3：天天乐器公司生产玩具电子琴，公司计划2024年电子琴实现300 000元的目标利润，预计销售与管理费用18 000元。请根据表7-23，采用完全成本加成定价法，填写目标售价计算表（表7-24）。
说明：假定生产的5 000件电子琴全部销售出去，计算结果有小数位的保留两位小数。
表7-23　电子琴生产成本预测资料
<table>
<tr><th>项目</th><th>单价</th><th>用量</th><th>单位成本</th><th>生产成本（5 000件）</th></tr>
<tr><td>直接材料</td><td>20元/kg</td><td>2 kg/件</td><td>40元/件</td><td>200 000元</td></tr>
<tr><td>直接人工</td><td>55元/h</td><td>0.4 h/件</td><td>22元/件</td><td>110 000元</td></tr>
<tr><td>变动性制造费用</td><td>—</td><td>—</td><td>24元/件</td><td>120 000元</td></tr>
<tr><td>固定性制造费用</td><td>—</td><td>—</td><td>—</td><td>100 000元</td></tr>
<tr><td>合　计</td><td>—</td><td>—</td><td>86元/件</td><td>530 000元</td></tr>
</table>
表7-24　目标售价计算表（完全成本加成定价法）
<table>
<tr><th>项　　目</th><th>数　　值</th></tr>
<tr><td>目标利润（元）</td><td></td></tr>
<tr><td>销售与管理费用（元）</td><td></td></tr>
<tr><td>固定性制造费用（元）</td><td></td></tr>
<tr><td>变动成本（元）</td><td></td></tr>
<tr><td>单位产品成本（元/件）</td><td></td></tr>
<tr><td>成本毛利率（%）</td><td></td></tr>
<tr><td>目标售价（元/件）</td><td></td></tr>
</table>
</td></tr>
</table>

任务描述

任务4：承接任务3，根据表7-25，请采用变动成本加成定价法，填写目标售价计算表（表7-26）。说明：假定生产的5 000件电子琴全部销售出去，计算结果有小数位的保留两位小数。

表7-25　电子琴生产成本预测资料

项目	单价	用量	单位成本	生产成本（5 000件）
直接材料	20元/kg	2 kg/件	40元/件	200 000
直接人工	55元/h	0.4 h/件	22元/件	110 000
变动性制造费用	—	—	24元/件	120 000
固定性制造费用	—	—	—	100 000
合　计	—	—	86元/件	530 000

表7-26　目标售价计算表（变动成本加成定价法）

项　　目	数　　值
目标利润（元）	
销售与管理费用（元）	
固定性制造费用（元）	
变动成本（元）	
单位变动成本（元/件）	
变动成本贡献率（%）	
目标售价（元/件）	

任务5：某公司的甲产品原销售单价为30元时，每月可销售400件，其单位变动成本为15元，固定成本总额为5 000元，仅能保本。现企业为提高销售量，将价格逐步下调，预计相应销售量见表7-27。

表7-27　预计销售量

销售单价（元）	预计销售量（件）
30	400
29	450
28	500
27	550
26	580
25	620
24	650

要求：用边际成本定价法确定该产品的最优价格

【任务小结】

定价决策应考虑的问题包括商品的价值、成本的消耗水平、商品的质量水平、供求关系和价格弹性、竞争形式、国家的价格政策、商品所处的寿命周期阶段和商品定价目标的导向。

定价目标策划包括生存导向定价目标、利润导向定价目标、成本导向定价目标、销售导向定价目标和竞争导向定价目标。

定价决策的主要方法及应用：①完全成本定价法，是指把所有为生产某种产品而发生的耗费均计入成本范围，在此基础上，加上预期利润作为产品销售价格的定价方法；②变动成本定价法，只把变动成本计入成本范围，在此基础上，加上预期利润作为产品销售价格的定价方法。

【寓思育人】

格力，让世界爱上中国造

格力电器成立于1985年，于1996年上市，是一家集研发、生产、销售服务于一体的国际化家电企业，拥有格力、TOSOT、晶弘三大品牌，主营家用空调、中央空调、空气能热水器、手机、生活电器、冰箱等产品。2016年，格力电器实现营业总收入1 101.13亿元，净利润154.21亿元，纳税130.75亿元，连续15年位居中国家电行业纳税第一，累计纳税达到814.13亿元。“一个没有创新的企业，是一个没有灵魂的企业；一个没有核心技术的企业，是一个没有脊梁的企业。”格力电器坚持“自我发展，自主创新，自有品牌”的发展思路，以“缔造全球领先的空调企业，成就格力电器百年的世界品牌”为目标，为“中国创造”贡献更多的力量。格力电器董事长董明珠认为，只有勇于承担社会责任，使命驱使，才能创造价值，塑造品牌，基业长青。格力电器以“弘扬工业精神，追求完美质量，提供专业服务，创造舒适美好环境”为使命，并将其转化为行动。“好空调，格力造”“格力掌握核心科技”“让天更蓝，大地更绿”“格力，让世界爱上中国造”，这些耳熟能详的广告语，是格力电器在宣告他们对消费者、对社会、对国家的责任和承诺。

思考：从上述案例中你得到了哪些启示？

能力训练

一、单项选择题

1. 生产单一品种产品的企业，保本销售额为（　　）。

A. 保本销售量×单位利润　　B. 固定成本总额÷贡献毛益率

C. 固定成本总额÷贡献毛益　　D. 固定成本总额÷综合贡献毛利率

2. 下列因素中导致保本销售量上升的是（　　）。

A. 销售量上升　　B. 产品单价下降

C. 固定成本下降　　D. 产品单位变动成本下降

3. 销售量不变，保本点越高，则能实现的利润（　　）。

A. 越小　　　B. 不变　　　C. 越大　　　D. 不一定

4. 下列说法正确的是（　　）。

A. 固定成本总额越大，保本点越高

B. 固定成本总额越小，保本点越低

C. 单位变动成本越高，总成本线斜率越大，保本点越高

D. 单价越高，总收入斜率越大，保本点越高

5. 下列属于过去已经发生、与某一特定决策方案没有直接联系的成本是（　　）。

A. 付现成本　　　B. 不可避免成本　　　C. 沉没成本　　　D. 边际成本

6. 在零部件自制或外购的决策中，如果零部件的需用量尚不确定，应当采用的决策方法是（　　）。

A. 相关损益分析法　　　B. 差别损益分析法

C. 相关成本分析法　　　D. 成本无差别点法

7. 在下列产品寿命周期的不同阶段中，产品销售量急剧下降的现象通常发生在（　　）。

A. 萌芽期　　　B. 成长期　　　C. 成熟期　　　D. 衰退期

8. 在经济决策过程中，因选取某一方案而放弃另一方案所付出的代价或丧失的潜在利益，就是所谓的（　　）。

A. 增量成本　　　B. 机会成本　　　C. 专属成本　　　D. 沉没成本

9. 付现成本是（　　）需以现金支付的成本。

A. 过去　　　B. 现在　　　C. 将来　　　D. 都不是

二、多项选择题

1. 某企业只销售一种产品，2022 年销售量是 8 000 件，单价为 240 元，单位成本为 180 元，其中单位变动成本为 150 元，该企业计划 2023 年利润比 2022 年增加 10%，则企业可采取的措施是（　　）。

A. 增加销售量 534 件　　　B. 降低单位变动成本 6 元

C. 降低固定成本 48 000 元　　　D. 提高价格 6 元

2. 影响保利点的因素包括（　　）。

A. 单价　　　B. 单位变动成本　　　C. 固定成本　　　D. 目标净利润

3. 本量利分析基本内容有（　　）。

A. 保本点分析　　　B. 安全性分析　　　C. 利润分析　　　D. 成本分析

E. 保利额分析

4. 从保本图可知（　　）。

A. 保本点右边，成本大于收入，是亏损区

B. 销售量一定的情况下，保本点越高，盈利区越大

C. 实际销售量超过保本点销售量部分即是安全边际

D. 在其他因素不变的情况，保本点越低，盈利面积越小

E. 安全边际越大，盈利面积越大

5. 下列说法正确的是（　　）。

A. 固定成本总额越大，保本点越高

B. 固定成本总额越小，保本点越低

C. 单位变动成本越高，总成本线斜率越大，保本点越高

D. 单价越高，总收入斜率越大，保本点越高

6. 下列形式的成本一般可以归属于无关成本的有（　　）。

A. 沉没成本　　B. 约束性成本　　C. 可选择成本　　D. 专属成本

7. 下列形式的成本一般可以归属于相关成本的有（　　）。

A. 差量成本　　B. 机会成本　　C. 边际成本　　D. 付现成本

8. 在以预测、决策为基本特征的管理会计阶段，管理会计的主要内容包括（　　）。

A. 预算　　B. 控制　　C. 预测　　D. 考核和评价

E. 决策

9. 下列各项中，属于生产经营决策的是（　　）。

A. 亏损产品的决策　　B. 深加工的决策

C. 生产工艺技术方案的决策　　D. 最优售价的决策

10. 成本加成定价法包括（　　）。

A. 利润最大化定价法　　B. 利润平衡点法

C. 全部成本加成定价法　　D. 变动成本加成定价法

三、判断题

1. 某企业只生产一种产品，单价为2元，单位变动成本1.8元，固定成本为40 000元，销量为100 000件，当前亏损达到20 000元。若企业拟采取提高单价的方法扭转亏损，在其他参数不变的情况下，单价的最小值为2.2元。（　　）

2. 在利润对各因素的敏感分析中，各因素的敏感系数越小，利润对其敏感程度越大。（　　）

3. 所谓保本，是指企业的贡献边际与固定成本相等。（　　）

4. 在短期经营决策中，所有的固定成本或折旧费都属于沉没成本。（　　）

5. 在生产经营决策中，确定决策方案必须通盘考虑相关业务量、相关收入、相关成本等因素。（　　）

6. 在追加订货的决策中，接受特别订货需要追加的固定成本为无关成本。（　　）

7. 一般用贡献毛益法进行半成品是否进一步加工的决策。（　　）

8. 决策分析的实质就是要从各种备选方案中作出选择，并一定要选出未来活动决定最优的方案。（　　）

9. 科学的决策就是其决策结果没有误差或错误的决策。（　　）

10. 边际贡献首先用于补偿固定成本，之后若有余额，才能为企业提供利润。（　　）

项目八　绩效管理

【学习目标】

- 熟悉绩效管理的由来，对“绩效管理”的含义有全面的认识。
- 掌握企业进行绩效管理的原则和应用环境。
- 熟悉关键绩效指标法的概念。
- 掌握企业应用关键绩效指标法进行绩效评估的应用前提。
- 熟悉平衡计分卡的概念。
- 掌握企业应用平衡记分卡进行绩效评估的应用前提。

【能力目标】

- 掌握企业应用关键绩效指标法的应用程序。
- 掌握企业应用平衡计分卡对组织和个人进行绩效管理。
- 掌握平衡计分卡绩效指标设计的流程。

【素养目标】

- 充分认识绩效管理对企业发展的重要意义。
- 通过绩效管理原则的学习，引导学生培养客观公正、遵守规章的职业品格和行为习惯。
- 能够通过组织和流程变革的学习，激发学生的创新思维。

【案例导入】

华润集团有限公司是一家在我国香港注册和运营的多元化控股企业集团，归属国务院国有资产监督管理委员会直接管理，被列为国有重点骨干企业。华润下设七大战略业务单元，是全球500强企业之一。集团核心业务包括消费品、电力、地产、医药、水泥、燃气、金融等，多数已取得行业领先地位。1999年华润创造性地提出了一套以强化管理为基本出发点的6S集团公司管理体系，如图8-1所示。

6S管理体系涵盖战略管理的基本思路，它建立在战略管理理论的基础之上，以战略业务单元为出发点，以全面预算为切入点，以管理信息为关注点，以内部审计为支持点，以评价考核为落脚点。2003年，华润开始引入与战略管理密切结合的管理工具平衡记分卡（balanced score card，BSC）来补充6S管理体系战略协同的不足。

华润6S管理体系中的业绩评价体系是以BSC为总体框架、以关键绩效指标（key performance indicator，KPI）为构成要素、以经济增加值（economic value added，EVA）为核心理念、以业绩合同（performance contract，PC）为表现形式构建而成的。完整的业绩评价体系由业绩考核指标、能力素质两部分组成。业绩考核指标包括量化指标和非量化指标两部分。量化指标含定量指标和可以量化的定性指标。根据利润中心不同的行业性质和发展战略，建立战略导向的业绩评价体系，以业绩评价引导战略执行，按评价结果确定利润中心奖惩。从财务、顾客、流程、学习四个维度建立的关键业绩指标，使企业不仅要与过去比，还要与行业平均水平比，与行业标杆企业比；不仅要看营业额、利润、净资产收益率等财务指标，还要看客户和员工满意度、员工专业技能提高程度、社会贡献度、环保安全等“绿色指标”、软指标；不仅要重视短期效益，还要关注企业中长期战略目标的实现程度等。这样，对企业的评价就有了更全面、更客观的标准，使企业的发展更具可持续性，更加稳健。绩效考核结果除了作为日常绩效工资及年终奖发放的依据以外，还作为人员职位变动的根本依据加以应用。

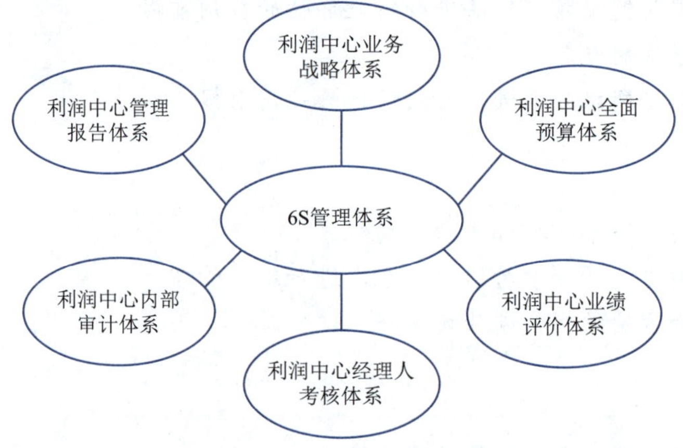

图 8-1　华润集团 6S 管理体系

华润通过 BSC，以企业的战略和对目标市场的价值定位为出发点，把企业抽象的使命和战略转变为明晰的、可衡量的、相互关联的目标，将企业目标层层落实到下级部门直至员工个人。然后将 BSC 系统与能力发展和绩效奖励链接起来，鼓励组织成员共同努力，完成企业的战略目标。这样，一方面解决了战略规划和经营计划相统一的问题；另一方面提供了一个系统的构架来实施企业的战略。

问题：

（1）华润的绩效管理体系都包括哪些方面？

（2）华润是从哪几个维度建立的关键业绩指标？带给你哪些启示？

（3）华润集团业绩评价体系的顺利运行得益于什么？

带着这些问题，让我们进入本项目的学习领域。

【任务导入】

绩效管理是现代企业管理中的重要一环，它不仅关系到企业的整体运营效果，也直接影响到员工的薪酬和职业发展。本项目将介绍绩效管理的概念、方法和实践案例，帮助读者了解如何运用管理会计的知识和工具，制定并实施有效的绩效管理制度，以提高企业的整体运营效果和员工的个人绩效。

任务一　认识绩效管理

【工作任务】

工作任务	技能点及任务成果	重要知识点	课时
通过学习，了解绩效管理的定义、相关原则；熟悉绩效管理的工具方法与实施环境；掌握绩效管理的程序	1. 充分认识绩效管理的概念、原则； 2. 掌握绩效管理的程序	1. 绩效管理的概念、原则； 2. 绩效管理的工具方法； 3. 绩效管理的实施环境； 4. 绩效管理的程序	2 学时

【知识准备】

一、绩效管理的含义

绩效管理是指企业与所属单位、部门、员工之间就绩效目标及如何实现绩效目标达成共识，并帮助和激励员工取得优异绩效，从而实现企业目标的管理过程。绩效管理的核心是绩效评价与激励管理。绩效评价是企业实施激励管理的重要依据，它是指企业运用系统的工具方法，对一定时期内企业营运效率与效果进行综合评判的管理活动。激励管理是促进企业绩效提升的重要手段，它是指企业运用系统的工具方法，调动企业员工的积极性、主动性和创造性，激发企业员工工作动力的管理活动。

绩效管理的目的是持续提升个人、部门和组织的绩效，绩效管理强调组织目标和个人目标的一致性，强调组织和个人同步成长，形成“多赢”局面。绩效管理的过程通常被看作一个循环，这个循环分为四个环节，即绩效计划、绩效辅导、绩效考核与绩效反馈。绩效管理体现着“以人文本”的思想，在绩效管理的各个环节中都需要管理者和员工的共同参与。

二、绩效管理的原则

1. 战略导向原则

企业的绩效管理要以企业的战略目标作为基础，为战略目标的实现提供支持，帮助企业分解并落实企业的战略目标。所以绩效管理应为企业实现战略目标服务，支持价值创造能力提升。

2. 客观公正原则

绩效管理应实事求是，评价过程应客观公正，激励实施应公平合理，避免主观臆断和个人情感因素的影响。

3. 规范统一原则

企业绩效管理的所有标准和流程都应以制度的形式明文规定，在企业内部形成确定的组织、时间、方法和标准，以保证程序公平。所以绩效管理的政策和制度应统一明确，并严格执行规定的程序和流程。

4. 科学有效原则

企业绩效管理应做到目标符合实际，方法科学有效，激励与约束并重，操作简便易行。

三、绩效管理的工具方法

企业实施绩效管理时，应根据自身战略目标、业务特点和管理需要，结合不同工具方法的特征和适用范围，选择一种适合的绩效管理工具方法单独运用，或选择多种工具方法综合运用。绩效管理领域应用的管理会计工具方法包括：关键绩效指标法、经济增加值法、平衡计分卡、股权激励等。本书将在后续的任务二和任务三中重点对关键绩效指标法和平衡计分卡进行讲解。

四、绩效管理的实施环境

1. 机构环境

企业进行绩效管理时应在董事会下设立薪酬与考核委员会，主要负责审核绩效管理的政策和制度、绩效计划与激励计划、绩效评价结果与激励实施方案、绩效评价与激励管理报告等，协调解决绩效管理工作中的重大问题。同时，企业还应设立绩效管理机构。不同于薪酬与考核委员会，绩效管理机构主要负责制定绩效管理的政策和制度、绩效计划和激励计划，执行并实施绩效计划与激励计划，并在事后编制绩效评价与激励管理报告等，协调解决绩效管理工作中的日常问题。图 8-2 所示为集团企业绩效管理组织机构图。

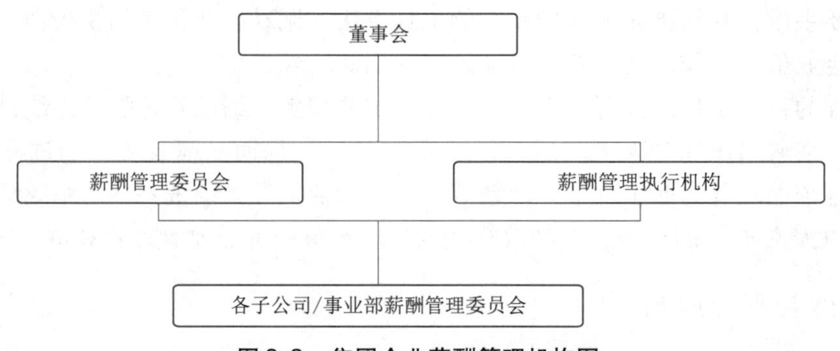

图 8-2　集团企业薪酬管理机构图

2. 体系环境

企业在绩效管理中，还要注意建立健全绩效管理的制度体系，明确绩效管理的工作目标、职责分工、工作程序、工作方法和信息报告等内容。

3. 系统环境

随着信息化程度的提高，企业顺应时代发展，建立有助于绩效管理实施的信息系统，为绩效管理工作提供信息支持。

五、绩效管理的程序

企业在应用绩效管理时，一般按照下列程序进行：制定绩效计划与激励计划、执行绩效计划与激励计划、实施绩效评价与激励、编制绩效评价与激励管理报告。

（一）绩效计划与激励计划的制定

1. 计划制定的背景要求

企业在制定绩效与激励计划时，应以战略目标为基础，综合考虑绩效评价期间宏观的经济政策、外部的市场环境、企业内部管理需要等因素，结合与业务相关的计划与预算，遵循上下结合、分级编制、逐级分解的程序原则，经过反复的沟通与反馈，编制各层级的绩效计划与激励计划。

2. 绩效计划的制定

绩效计划就是企业开展绩效评价工作的行动方案。但绩效计划并不只是一个方案，而是一系列管理活动的综合，它包括了指标体系的制定、指标权重的分配、绩效目标值的确定、计分方法和评价周期的选择、绩效责任书的拟定等。绩效计划的制定通常从企业级开始，经过层层分解到所属单位或部门，并最终落实到每一个岗位、每一个员工。

1）指标体系的制定与权重分配

绩效管理的工具是多种多样的，企业可单独或综合运用关键绩效指标法、经济增加值法、平衡计分卡等工具方法构建综合指标体系。绩效计划的指标体系必须要能够反映企业战略目标实现的关键成功因素，每一个指标要含义明确且可以度量。

指标体系确定后还要注意权重分配的合理性。指标权重的分配有主观赋权法和客观赋权法两种方法。主观赋权法是指利用专家或个人的知识与经验来确定指标权重的方法，具体有德尔菲法、层级分析法等。客观赋权法则是从指标的统计性质入手，以调查数据为依据来确定指标权重的方法，具体由主成分分析法、均方差法等。企业可根据指标体系单独选择某一种方法赋权，也可以将两种方法综合运用。

2）绩效目标值的确定

企业在制定指标体系和权重分配的同时也要确定绩效目标，绩效目标值的参考标准可以是内部标准，也可以是外部标准。内部标准容易受管理者操控，有预算标准、历史标准、经验标准等。外部标准不易受管理者操控，有行业标准、竞争对手标准、标杆标准等。确定绩效目标值时要划分相应的档次，例如优秀、良好、合格等档次等级。

3）计分方法的选择

绩效评价的计分方法可分为定量法和定性法，定量法主要有功效系数法和综合指数法等，而定性法则主要有素质法和行为法等。

（1）功效系数法，是指根据多目标规划原理，将所要评价的各项指标分别对照各自的标准，并根据各项指标的权重，通过功效函数转化为可以度量的评价分数，再对各项指标的单项评价分数进行加总，从而得出综合评价分数的一种方法。

（2）综合指数法，是指根据指数分析的基本原理，计算各项业绩指标的单项评价指数和加权评价指数，并据此进行综合评价的方法。

（3）素质法，是指评估员工个人或团队具有组织所要求的某种基本素质、关键技能和主要特质的程度水平的方法。

（4）行为法，是指专注于描述与业绩有关的行为状态，考核员工所采取管理者所期望的或工作角色所要求的组织行为达到的程度水平的方法。

4）绩效评价周期的选择

企业一般将绩效评价周期分为月度、季度、半年度、年度和员工的任期。其中月度、季度的绩效评价适用于企业的基层员工和基层管理人员；半年度绩效评价则一般适用于企业的中高层管理人员；年度绩效评价则适用于企业所有被评价的对象；而任期绩效评价一般只适用于企业的负责人。

5）绩效责任书的拟定与审批

绩效计划制定完成后，评价主体和被评价对象要签订书面的绩效责任书，明确各自的权利与业务，并以此作为企业绩效评价与激励管理的依据。绩效责任书一般按年度或任期签订，绩效责任书的主要内容包括绩效指标、目标值、权重、评价计分方法、特别约定事项、有效的期限以及签订日期等。

在绩效计划编制结束后，企业的薪酬与考核委员会要对各部门编制绩效计划进行审核，并报给企业的董事会或上级部门进行审批。

3. 激励计划的制定

激励计划是企业为激励被评价对象而采取的行动方案，包括激励对象、激励形式、激励条件、激励周期等内容。

1）激励计划的分类

激励计划按激励形式可分为薪酬激励计划、能力开发激励计划、职业发展激励计划和其他激励计划。

（1）薪酬激励计划，按期限又可分为短期薪酬激励计划和中长期薪酬激励计划，其中短期薪酬激励计划主要包括绩效工资、绩效奖金、绩效福利等，而中长期薪酬激励计划主要包括股票期权、股票增值权、限制性股票以及虚拟股票等。

（2）能力开发激励计划主要包括对员工的知识、技能等方面的提升计划。

（3）职业发展计划主要是对员工职业发展做出规划。

（4）其他激励计划包括良好的工作环境、晋升与降职、表扬与批评等。

2）激励计划的制定与审批

激励计划制定的基础是绩效计划。企业应采用多元化的激励形式，兼顾内在激励与外在激励、短期激励与长期激励、现金激励与非现金激励、个人激励与团队激励、正向激励与负向激励，充分发挥各种激励形式的综合作用。

同绩效计划一样，激励计划制定完成后应报送企业薪酬与考核委员会审核，然后报送董事会或上级部门进行审批。经企业决策机构审批后的绩效计划和激励计划应保持稳定，一般不予调整。若出现特殊的客观情况，比如国家政策或市场环境变化、出现不可抗力等客观影响因素时，企业经商讨决定必须需要调整的绩效与激励计划，应严格履行规定的审批程序。

（二）绩效计划与激励计划的执行

1. 执行的下达与落实

企业应以正式文件下达内部审批后的绩效计划与激励计划，并要确保与计划相关的被评价对象能够了解计划的具体内容和要求。

绩效计划与激励计划下达后，企业内部各个计划执行单位或部门应遵照相关正式文件认真组织实施，分别从纵向和横向两个方面落实到每个部门、每个岗位和每个员工。在企业内部形成全方位的绩效计划与激励计划的责任体系。

2. 监督执行

在绩效计划与激励计划执行过程中，企业应建立与之相配套的、完善的监督控制机制，及时记录执行的相关情况，据此进行深度的差异分析和纠偏，并确保绩效计划与激励计划的有效执行。监督执行包括以下三个方面：

1）监控与记录

企业要对相关的绩效评价指标进行完整的监控和记录，其主要内容有相关指标的完成情况、重大事项、员工的工作表现、激励措施执行情况等内容。一般企业进行监控与记录，应以信息系统或其他信息支持平台为辅助手段，以观察法、工作记录法和他人反馈法等方法为主要方法。

2）分析与纠偏

根据监控与记录的有关结果，企业应结合执行结果和指标体系，重点分析指标的完成值与目标值的偏差、激励效果与预测目标的偏差，并且提出相应的整改建议并采取必要的改进措施。

3）差异分析报告的编制

该分析报告主要反映绩效计划与激励计划的执行情况和结果分析。它的编制频率分为月度、季度、年度，甚至可以根据企业的具体需要进行编制。

绩效计划与激励计划在执行的过程中，为了充分理解企业的绩效计划与激励计划，企业的绩效管理工作应通过企业内部的会议、培训、网络等形式，进行多样化、多渠道、持续不断的辅导与沟通。

（三）绩效评价与激励的实施

在绩效集合和激励计划执行的过程中，绩效管理工作机构应定期实施绩效评价与激励，按照绩效计划与激励计划的方案，对被评价对象的绩效表现进行系统、全面、公正、客观的评价，并根据评价结果实施对应的激励措施。在绩效评价与激励的实施过程中要注意以下四点：

（1）评价主体应按照绩效计划收集相关信息，获取被评价对象的绩效指标实际值，对照目标值，应用选定的计分方法，计算评价分值，并进一步形成对被评价对象的综合评价结果。

（2）绩效评价的过程及结果应有完整的记录，结果应得到评价主体和被评价对象的确认，并进行公开发布或非公开告知。公开发布的主要方式有召开绩效发布会、内部网站绩效公示、面板绩效公告等。非公开发布的方式一般采用一对一书面、电子邮件函告或面谈告知等方式进行。

（3）评价主体应及时向被评价对象进行绩效反馈，反馈内容包括评价结果、差距分析、改进建议及措施等，可采取反馈报告、反馈面谈、反馈报告会等形式进行。

（4）绩效结果发布后，企业应依据绩效评价的结果组织兑现相应的激励计划，综合运用绩效薪酬激励、能力开发激励、职业发展激励等多种方式，逐级兑现激励承诺。

（四）绩效评价与激励管理报告的编制

绩效管理工作机构应定期或根据临时需要编制绩效评价与激励管理报告，对绩效评价和激励管理的结果进行反映。绩效评价与激励管理报告是企业管理会计报告的重要组成部分，应确保内容真实、数据可靠、分析客观、结论清楚，为报告使用者提供满足决策需要的信息。

1. 报告的分类

绩效评价与激励管理报告根据编制的时间与频率可分为定期报告和不定期报告。定期报告主要反映一定期间被评价对象的绩效评价与激励管理情况，企业每个会计年度至少出具一份定期报告。不定期报告根据需要编制，反映部分特殊事项或特定项目的绩效评价与激励管理情况。

2. 报告的编制

1）绩效评价报告的编制

绩效评价报告要根据绩效评价结果进行编制，反映被评价对象的绩效计划完成情况，通常有报告正文和附件两部分构成。其中报告正文又分为评价情况说明和管理建议两部分：评价情况说明属于报告正文，包括评价对象、评价依据、评价过程、评价结果和需要说明的重大事项等；管理建议则属于报告的附件，包括评价计分表、问卷调查结果分析、专家咨询意见等报告正文的支持性文档。

2）激励管理报告的编制

激励管理报告要根据激励计划的执行结果进行编制，一般来说：激励管理说明属于报告正文，主要包括激励对象、激励依据、激励措施、激励执行结果、需要说明的重大事项等；而管理建议则可以根据需要以附件的形式提供，主要包括其他有关支持性文档。

3. 报告的审批

与绩效计划和激励计划一致，绩效评价与激励管理报告也应根据需要及时报送薪酬与考核委员会审核，并提交董事会进行审批。

【任务实施】

任　务　单

<table>
<tr><td>学习领域</td><td colspan="3">绩效管理</td></tr>
<tr><td>学习单元</td><td colspan="3">认识绩效管理</td></tr>
<tr><td>任　　务</td><td>了解企业绩效管理的概念和程序</td><td>学时</td><td>2</td></tr>
<tr><td colspan="4">布置任务</td></tr>
<tr><td>任务目标</td><td colspan="3">职业能力目标：
●通过对绩效管理的学习，充分认识绩效管理对企业发展的重要意义。
●学习绩效计划与激励计划的制定，运用于企业绩效评价工作当中。
职业素养目标：
●通过绩效管理应用程序的学习，培养学生的沟通协作能力。
●通过绩效计划的制定、激励措施的实施，体会客观公正的社会主义核心价值观的深刻内涵</td></tr>
<tr><td>任务描述</td><td colspan="3">任务：北方公司的员工考评主要分为两个方面：一方面是员工的行为，另一方面是绩效目标。
每个员工在年初就要和主管确定当年最主要的工作目标是什么。以前是每年订一次目标，现在随着市场变化以及公司发展的变化，公司对员工的考评是经常性的，随时会对已定的目标进行考评和调整。公司的员工除了和自己的上司订立目标，还有可能与其他部门一起合作做项目，许多人都会参加到同一个项目里。所以一个员工的业绩考评不是一个人说了算，也不是一个方面能反映的</td></tr>
</table>

<table>
<tr><td>任务描述</td><td>对员工绩效进行考评的人员，除了员工的主管外，还有很多共事的人，以及他们的下属，这就是所谓的“360度考评”。员工的行为和目标的考评因为是经常性的，员工在工作中出现什么不足，就会从周围人和主管那里获得信息，如果有些不同看法，主管会与员工进行沟通，力求使员工能够对绩效考评有更加全面深入的认识。
北方公司认为考评有两个功能：一是看以前的工作表现和业绩，它反映一个人的能力；另一个是看这个员工以后的发展，通过考评的过程可以发现员工能够提高的空间，以及现在的工作或将来应该怎么样。北方公司许多不同级别管理层的现职人员是通过考评发现的，根据考评发现员工的潜能和发展愿景，使员工有可能成为公司人才选拔的候选人。
北方公司考评的整个过程通常需要花费2个月的时间，公司上下都非常认真对待考评工作，北方公司的员工认为这既是对自负责，也是对别人负责。
请回答以下问题：
（1）绩效管理有哪些功能？这些功能在案例中有何体现？

（2）绩效管理和绩效考评有什么样的联系和区别？在案例中有何体现？</td></tr>
</table>

【任务小结】

绩效管理是企业将战略转化为行动的过程，是战略管理的一个重要构成要素。其深层的目标是，基于企业的发展战略，通过员工与其主管持续、动态的沟通，明确员工的工作任务及绩效目标，并确定对员工工作结果的衡量办法，在过程中影响员工行为，从而实现公司目标，并使员工得到发展。显然，绩效管理的功能超出了人力资源管理部门的职能范围，其真正的责任人，应当是企业的CEO及各级管理人员。同时，企业应定期通过回顾和分析，检查和评估绩效评价与激励管理的实施效果，不断优化绩效计划和激励计划，改进未来绩效管理工作。

任务二　应用关键绩效指标法

【工作任务】

工作任务	技能点及任务成果	重要知识点	课时
了解关键绩效指标的概念、内涵、应用背景和类型；掌握关键绩效指标体系的建立步骤	1. 掌握关键绩效指标体系的概念与内涵； 2. 了解关键绩效指标的确定与选择； 3. 掌握关键绩效指标体系的建立步骤	1. 关键绩效指标的概念、内涵； 2. 关键绩效指标的应用背景与类型； 3. 关键绩效指标体系的建立步骤	2学时

【知识准备】

一、关键绩效指标概述

关键绩效指标法是指基于企业战略目标，通过建立关键绩效指标体系，将价值创造活动与战略规划目标有效联系，并据此进行绩效管理的方法。

关键绩效指标（KPI）是以企业战略目标为基础，将企业战略目标经过层层分解而产生的具有可操作性的、用以衡量企业战略实施效果的关键性指标体系。其目的是建议一种机制，将企业战略转化为内部流程和活动，从而促使企业获取持续的竞争优势。关键绩效指标是对企业绩效产生关键影响力的指标，是通过对企业战略目标、关键成果领域的绩效特征进行分析，识别和提炼出的最能有效驱动企业价值创造的指标。关键绩效指标法的应用对象可以是企业整体，也可以是企业内部的单位、部门或者员工。

（一）关键绩效指标的内涵

关键绩效指标的核心思想是“二八”原理。“二八”原理是由意大利经济学家帕累托提出的一个经济学原理，即一个企业在价值创造过程中，每个部门和每一位员工的 80% 的工作任务是由 20% 的关键行为完成的，抓住 20% 的关键，就抓住了主体。“二八”原理为绩效考核指明了方向，即考核工作的主要精力要放在关键的结果和关键的过程上。于是，绩效考核一定要放在关键绩效指标上，考核工作一定要围绕关键绩效指标来展开。关键绩效指标法认为抓住企业的关键成功领域（key result areas，KRA），洞悉企业的关键绩效要素（key performance factors，KPF），有效管理企业的关键绩效指标，就能以少治多、以点带面，从而实现企业战略目标，进而打造持续的竞争优势。其中，抓住关键成功领域是实现企业战略目标的必然要求；关键绩效要素是对关键成功领域的细化和定性描述，是制定关键绩效指标的依据。关键成功领域、关键绩效要素和关键绩效指标始终保持着战略导向性，三者的关系如图 8-3 所示。

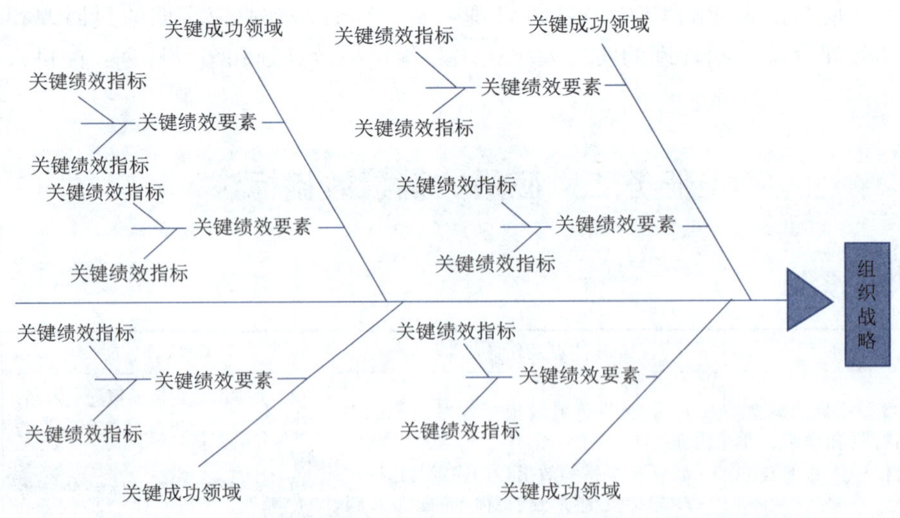

图 8-3　基于企业战略的 KRA、KPF 和 KPI 的关系鱼骨图

1. 关键绩效指标是衡量企业战略实施效果的关键性指标体系

关键绩效指标以战略为导向，即关键绩效指标是由企业战略层层分解得出的，是对企业战略的进一步细化与分解。当企业战略目标调整或改变的时候，关键绩效指标体系必须根据企业战略目标的变化做出相应的调整或改变，特别是当组织进行战略转型时，关键绩效指标必须及时反映组织战略新的关键成功领域和关键绩效要素。

2. 关键绩效指标是最能有效反映影响组织价值创造的关键驱动因素

关键绩效指标必须是“关键性的”，是对组织成功具有重要影响的指标。关键绩效指标可以引导管理者将精力集中在能对绩效产生最大驱动力的经营行为上，并及时了解和判断组织运营过程中出现的问题，及时采取提高绩效水平的改进措施。管理者应该抓住关键绩效指标进行管理，通过关键绩效指标将员工的行为引向组织的战略目标方向。

3. 关键绩效指标是体现企业战略目标、有增值作用且可衡量的绩效指标体系

关键绩效指标通过可量化或可行为化的方式，对管理者和员工的工作效果和工作行为进行最直接的衡量。通过关键绩效指标，可以落实组织的战略目标和业务重点，传递组织的价值导向，有效激励员工，确保对组织有贡献的行为受到鼓励，从而促进组织和员工绩效的整体改进与全面提升。

（二）关键绩效指标的应用背景

企业应用关键绩效指标法，应综合考虑绩效评价期间宏观经济政策、外部市场环境、企业内部管理需要等因素，以此来构建指标体系。同时应清晰识别价值创造模式，按照价值创造路径识别出关键驱动因素，科学地选择和设置关键绩效指标。

企业应用关键绩效指标法应有明确的战略目标，战略目标是确定关键绩效指标体系的基础，关键绩效指标是对战略目标的反映，并对战略目标实施效果进行衡量和监控。企业是否有明确的战略目标是构建关键绩效指标的关键，比如：“近一年内目标是什么?”“近两年目标是什么?”“三至五年内目标又是什么?”这些企业都要做到非常清晰且合理。如果企业确立不了三至五年中期目标，在建立 KPI 绩效管理体系时至少应明确近两年的短期目标，比如：控制成本、提升品质、管理存货、实现营业目标。确定了公司级的战略目标，依组织架构一级一级地确定下级单位的分目标，在这个分解过程中，关键是确保公司级的战略目标被下级单位有效地承接，如果承接不好就会出现下级目标达成 100%，但公司级目标达成却只有 70% 的怪事。

（三）关键绩效指标的类型

关键绩效指标根据不同的分类依据可分为不同的类型。目前，其分类的主要依据为关键绩效的指标层次、指标性质及其与组织战略目标的相关程度等，下面对前两项进行介绍。

1. 按照关键绩效指标的层次划分

与绩效分为组织绩效、部门绩效和个人绩效一样，关键绩效指标体系也可以按照层次的差别分为企业级关键绩效指标、部门级关键绩效指标和个人级关键绩效指标三个层次。其中：企业级关键绩效指标来自于对组织战略的分解；部门级关键绩效指标来自于对企业关键绩效指标的承接和分解；个人级关键绩效指标则来自于对部门关键绩效指标的承接和分解。这三个层次的关键绩效指标共同构成了组织整体的关键绩效指标体系。关键绩效指标体系的建立，强调在企业战略目标的牵引下，将企业的战略规划和目标通过自上而下的层层分解落

实为企业、部门和个人的关键绩效指标，并通过在组织系统内推行关键绩效指标，将企业战略规划转化为内部管理过程和具体行动，从而确保战略目标的有效实施。

2. 按照关键绩效指标的性质划分

根据指标性质的不同，我们可以将关键绩效指标分为财务指标、经营指标、服务指标和管理指标。其中：财务指标侧重衡量企业创造的经济价值；经营指标侧重衡量企业经营运作流程的绩效；服务指标侧重衡量利益相关者对企业及其所提供的产品和服务的态度；管理指标侧重衡量企业日常管理的效率和效果。表 8-1 所示为企业关键绩效指标的性质分类。

表 8-1 企业关键绩效指标的性质分类

类　别	目　标	关键绩效指标示例	作　用
财务指标	侧重与公司会计职责一致的价值创造	投资资本回报率、业务中心的损益等	确保创造财务价值
经营指标	侧重在日常经营运作流程以及跨职能/跨业务辅助流程中创造价值	新品收入占总收入的份额、细分市场的份额、新渠道的收入份额等	确保近期和远期的侧重点
服务指标	提供客户对公司经营注意度/满意度的看法	客户满意度指数等（客户对服务质量、购买价值、公司形象的看法）	确保近期和远期的侧重点
管理指标	培养与保留人才	员工满意度指数、关键人才流失率、员工培训与发展等	包括对公司业绩的内部和外部评判

财务指标是对企业价值创造的最直观体现。非上市公司的财务指标主要包括营业利润率、成本费用利润率、投资报酬率、净资产收益率和资产报酬率等，而上市公司则经常采用每股收益、每股股利等指标。

1）营业利润率

营业利润率是企业一定时期内营业利润与营业收入的比率。营业利润率越高表明企业的市场竞争力越强，发展潜力越大，盈利能力越强。在实务中，经常使用销售毛利率、销售净利润率等指标替代营业利润率来分析企业经营业务的获利水平。相关计算公示如下：

$$\text{营业利润率}=\frac{\text{营业利润}}{\text{营业收入}}\times 100\%$$

$$\text{销售毛利率}=\frac{\text{销售毛利额}}{\text{销售收入总额}}\times 100\%$$

$$\text{销售净利润率}=\frac{\text{销售净利润}}{\text{销售收入}}\times 100\%$$

2）成本费用利润率

成本费用利润率是企业一定时期利润总额与成本费用总额的比率。一般成本费用利润率越高，表明企业为取得利润而付出的代价越小，资源利用效率越高，盈利能力越强。

$$\text{成本费用利润率}=\frac{\text{利润总额}}{\text{成本费用总额}}\times 100\%$$

3）投资报酬率

投资报酬率是企业某一投资项目年平均利润与项目投资总额的比率，表明企业项目投资的综合收益效果。一般情况下投资报酬率越高，表明企业项目的投资效益越好。

$$投资报酬率=\frac{年平均利润}{项目投资总额}\times 100\%$$

4）净资产收益率

净资产收益率是企业一定时期净利润与平均净资产的比率，反映企业投资者的投资收益水平。净资产收益越高，企业投资者获取收益的能力就越强，运营效益就越好，对企业投资人、债权人利益的保证程度越高。

$$净资产收益率=\frac{净利润}{平均净资产}\times 100\%$$

5）资产报酬率

资产报酬率是一定时期企业利润总额与平均资产总额之间的比率，反映企业总资产的综合利用水平和综合收益水平。在市场经济条件下，各行业间竞争比较激烈，企业的资产报酬率越高，说明企业的总资产利用效果越好，反之越差。

二、关键绩效指标体系的建立

（一）关键绩效指标体系的建立原则

企业在实际构建以关键绩效指标为基础的绩效管理系统的时候，通常是以企业级关键绩效指标、部门级关键绩效指标和个人级关键绩效指标为主体，其他分类方式为补充的。在管理实践中，关键绩效指标不是绩效指标的全部，还有一类绩效指标来源于部门或个人的工作职责，体现了企业中各层次具体工作职责的基本要求，通常被称为一般绩效指标（performance indicators，PI）。在设计基于关键绩效指标的绩效管理体系的时候，通常企业层面的绩效指标都是关键绩效指标，而部门层面的绩效指标和个人层面的绩效指标则由关键绩效指标和一般绩效指标共同构成，如图 8-4 所示。但是，不同部门所承担的这两类指标的构成不同，有的部门承担的关键绩效指标较多，有的部门承担的关键绩效指标较少，有的部门甚至不承担关键绩效指标。例如，对于一些支持性部门，如办公室、财务部、人力资源管理部等而言，它们所承担的绩效指标更多的是来自部门的职能或职责，而不是源于企业战略的分解，因此，这类部门所承担的一般绩效指标所占比重较大，而关键绩效指标所占比重相对较小。个人层面的绩效指标同样也是由关键绩效指标和一般绩效指标构成的。

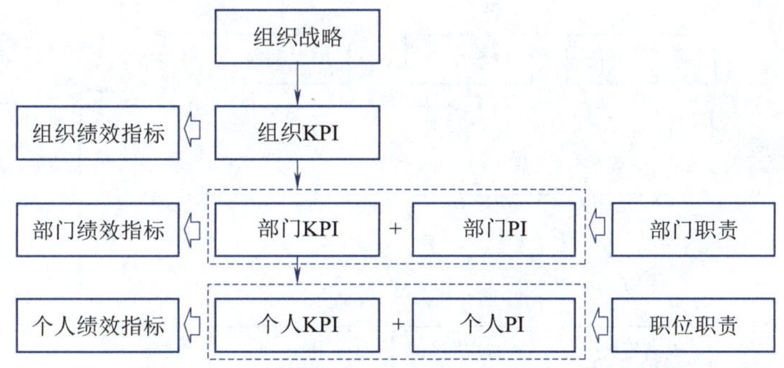

图 8-4　基于关键绩效指标的绩效指标体系

（二）关键绩效指标体系的实施步骤

关键绩效指标体系建立的基本思路是通过对企业战略的分析，找出企业获得成功的关键成功领域，再把关键成功领域层层分解为关键绩效要素。企业为了便于对这些要素进行量化考核和分析，还须将要素细分为各项指标，即关键绩效指标。企业要把战略置于绩效管理的核心，善用关键绩效指标来推进绩效管理的实践，以发挥其战略导向的牵引作用。设计一个完整的基于关键绩效指标的绩效管理系统通常包含六个步骤，即确定关键成功领域、确定关键绩效要素、确定关键绩效指标、构建组织关键绩效指标库、确定部门的关键绩效指标和一般绩效指标，以及确定个人关键绩效指标的和一般绩效指标。基于 KPI 的绩效指标体系的建立步骤如图 8-5 所示。其中，企业级关键绩效指标的制定涉及关键绩效指标体系建立的前四步，这四步也是设计关键绩效指标体系的关键和核心。

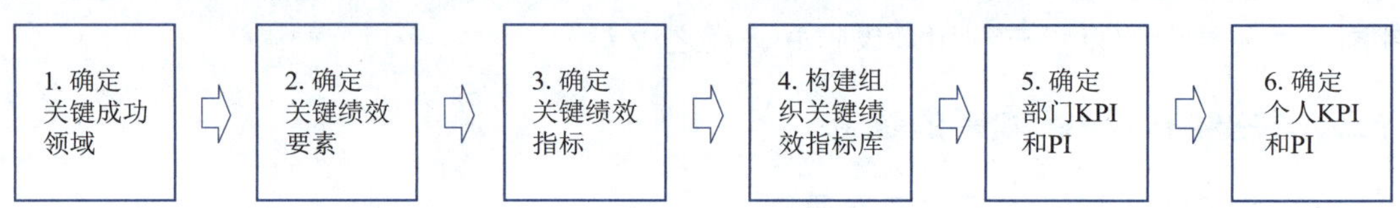

图 8-5　基于 KPI 的绩效指标体系的建立步骤

1. 确定关键成功领域

确定关键绩效指标体系的第一步就是根据企业的战略目标，通过鱼骨图分析，寻找使企业实现战略目标或保持竞争优势所必需的关键成功领域，即对企业实现战略目标和获得竞争优势有重大影响的领域。

确定企业的关键成功领域，还必须明确以下三个方面的问题：一是这个企业为什么会取得成功，其成功依靠的是什么；二是在过去那些成功因素中，哪些因素能够使企业在未来持续获得成功，哪些因素会成为企业成功的障碍；三是企业未来追求的目标是什么，未来成功的关键因素是什么。这实质上是对企业的战略制定和规划过程进行审视，对所形成的战略目标进行反思，并在此基础上对企业的竞争优势进行剖析。

以制造企业为例，企业内部通过访谈和头脑风暴法，寻找并确定了该企业能够有效驱动战略目标的关键成功领域：优秀制造、市场领先、技术支持、客户服务、利润与增长和人力资源，如图 8-6 所示。

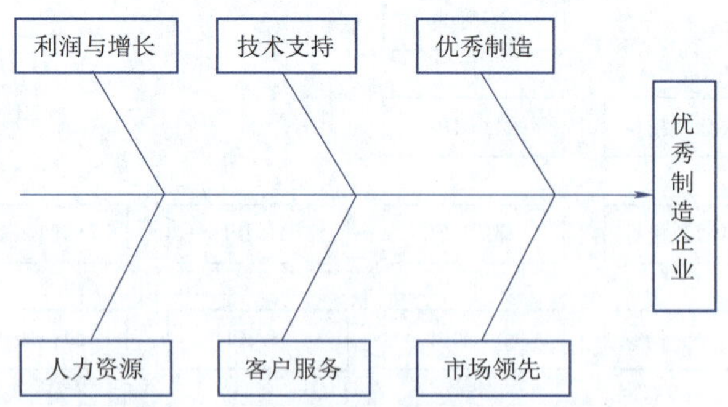

图 8-6　制造类企业关键成功领域的确定

2. 确定关键绩效要素

关键绩效要素提供了一种描述性的工作要求，是对关键成功领域进行的解析和细化。它主要解决以下几个问题：第一，每个关键成功领域包含的内容是什么；第二，如何保证在该领域获得成功；第三，达成该领域成功的关键措施和手段是什么；第四，达成该领域成功的标准是什么。仍以制造企业为例，其关键绩效要素如图 8-7 所示。

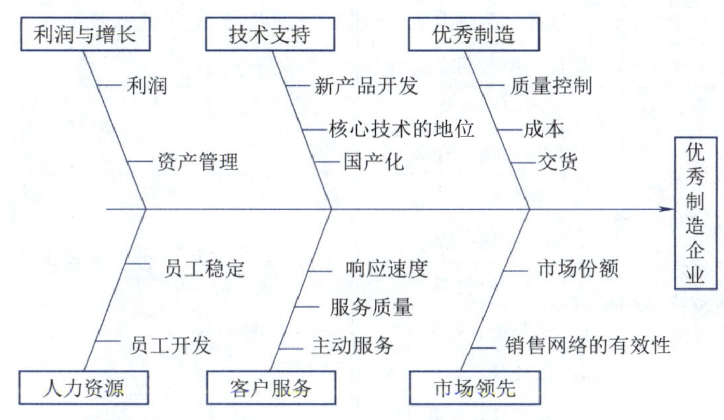

图 8-7　制造类企业关键绩效要素的确定

3. 确定关键绩效指标

关键绩效指标是对关键绩效要素进一步细化，经过筛选，关键绩效指标便得以确定。关键绩效指标的数量不宜过多，企业在选择关键绩效指标时应遵循三个原则：

（1）关键绩效指标的有效性，即所设计的指标能够客观地、最为集中地反映关键绩效要素的要求。

（2）关键绩效指标的重要性，通过对企业整体价值创造业务流程的分析，找出对其影响较大的指标，以反映其对企业价值的影响程度。

（3）关键绩效指标的可操作性，即关键绩效指标必须有明确的定义和计算方法，容易取得可靠和公正的初始数据，尽量避免凭感觉主观判断的影响。

以上述制造类企业关键成功领域中的优秀制造和市场领先为例，该企业确定的关键绩效指标如图 8-8 所示。

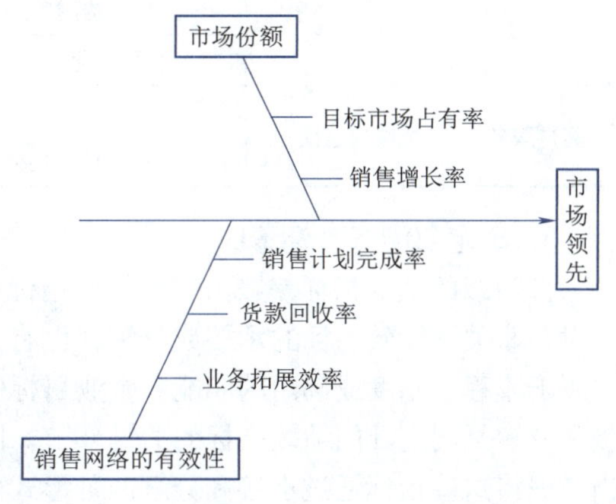

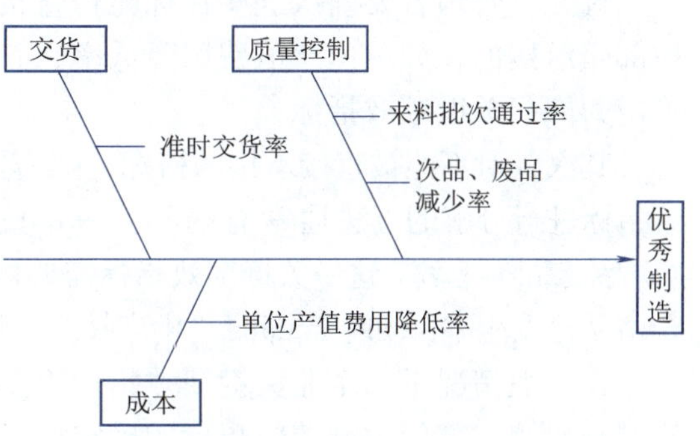

图 8-8　制造类企业关键绩效指标的确定

4. 构建组织关键绩效指标库

在确定了企业关键绩效指标之后，就需要按照关键成功领域、关键绩效要素和关键绩效指标这三个维度对企业整体的关键绩效指标进行汇总，建立一个完整的关键绩效指标库，作为整个组织进行绩效管理的依据。上述制造类企业汇总后的关键绩效指标库见表 8-2。

表 8-2　制造类企业的关键绩效指标汇总表

关键成功领域	关键绩效要素	关键绩效指标	关键成功领域	关键绩效要素	关键绩效指标
优秀制造	质量控制	来料批次通过率	客户服务	主动服务	客户拜访计划完成率
		次品废品减少率			客户拜访效率
	成本	单位产值费用降低率			产品售后调查及时性
	交货	准时交货率		服务质量	质量问题处理及时性
市场领先	市场份额	目标市场占有率			质量问题处理成本
		销售增长率	利润与增长	资产管理	资产负债率
	销售网络的有效性	销售计划完成率			应收账款周转率
		货款回收率			存货周转率
		业务拓展效率			净资产收益率
技术支持	新产品开发	新产品开发计划完成率		利润	销售利润率
		新产品立项数			成本费用利润率
	核心技术的地位	设备维修平均时间			销售毛利率
		与竞争对手产品对比分析	人力资源	员工稳定	员工满意度
	国产化	国产化的费用节约率			员工流失率
		国产化率		员工开发	优秀员工流动性
客户服务	响应速度	服务态度			绩效改进计划完成率
		问题及时答复率			

5. 确定部门 KPI 和 PI

部门级的绩效指标一般由关键绩效指标和一般绩效指标构成。关键绩效指标绝大部分来自于对企业关键绩效指标的承接或分解，也有一部分是部门自身独有的指标。一般绩效指标通常来源于流程、制度或部门的职能。企业目标的实现需要部门的支持，对企业关键绩效指标的承接和分解是制定部门绩效指标的关键环节。因此，管理者在获得企业级关键绩效指标后，就应当考虑将这些指标通过承接和分解两种形式落实到具体部门，形成部门关键绩效指标。

首先，管理者要确认这些指标能否直接被相关部门承接。有些关键绩效指标是可以直接被部门承接的，如单位产值费用降低率、新产品立项数等，这些关键绩效指标就可以直接被确定为部门关键绩效指标。

其次，对不能被直接承接的指标，则需要管理者对这些指标进行进一步的分解。对关键绩效指标进行分解的方法通常有两种：一是按照组织结构分解，二是按主要流程分解。例如，“次品废品降低率”这一关键绩效指标需要由采购部门的“采购有效性”、品质保证部的“不合格品再发生率”和生产部的“生产技术问题处理的有效性”几个指标共同支撑才能实现。

在一般情况下，企业关键绩效指标需要全部落实到具体的部门，否则必然会导致重要工作遭到忽视。部门关键绩效指标的确定也可以被看作在企业关键绩效指标库中根据分工进行指标选择的过程。例如，上述制造类企业按照指标承接和分解的原则，将企业关键绩效指标落实到具体的部门，该制造类企业关键绩效指标的分解矩阵见表8-3。

表8-3　制造类企业关键绩效指标分解的矩阵表

序号	指标名称	销售中心	研发中心	采购中心	质保中心	生产管理中心	办公室	财务中心	……
1	盈利性产品比率	√	√	√				√	
2	委外设计管理制度建设达成数量		√				√		
3	供应商评估流程优化达成评价			√			√		
4	产品一次性交验合格率				√				
5	内部质量损失金额				√				
6	优良供应商比率			√					
7	质量体系认证计划达成率				√				
8	零部件按时交货率			√					
9	订单满足率/战略客户订单满足率					√			
10	平均生产周期					√			
11	市场信息反馈流程优化达成率	√					√		
12	客户管理流程优化达成率	√					√		
13	战略性客户及时交货率					√			
14	战略性客户销售比重	√							
15	期末应收账款数量	√							
16	售后服务管理流程优化达成指数				√			√	
17	客诉解决满意率				√				
18	销售费用	√							
19	整改措施计划达成评价	√	√	√	√	√	√	√	
20	人工成本总额/定额符合率						√		
21	……								

由于部门绩效指标通常包含关键绩效指标和一般绩效指标，并且所有的绩效指标都需要全面体现在部门绩效计划中。上述制造类企业的销售中心通过承接或分解企业关键绩效指标确定了部门的关键绩效指标，再补充来自于部门职责和工作流程的一般绩效指标，就获得了该部门的绩效指标体系，见表8-4。

表8-4　制造类企业销售中心绩效计划表

序号	关键绩效指标	权重	指标类型	目标值	评价周期	信息来源	实际得分
1	盈利性产品比率		KPI				
2	市场信息反馈流程优化达成率		KPI				
3	客户管理流程优化达成率		KPI				
4	战略性客户销售比重		KPI				
5	期末应收账款数量		KPI				

续表

序号	关键绩效指标	权重	指标类型	目标值	评价周期	信息来源	实际得分
6	销售费用		KPI				
7	整改措施计划达成评价		KPI				
8	部门行政人员出勤率		PI				
9	……		……				

部门经理签字：　　　　　　　　主管领导签字：　　　　　　　　年　　月　　日

6. 确定个人 KPI 和 PI

个人关键绩效指标的确定方式同部门关键绩效指标的设计思路一样，主要是通过对部门关键绩效指标的分解或承接来获得的。个人绩效指标体系同样包括关键绩效指标和一般绩效指标两类指标。其中，一般绩效指标通常来源于员工所承的岗位职责，也有部分来自于对部门一般绩效指标的承接和分解。

所有部门关键绩效指标最终都需要有人来承担，这样才能确保企业战略能够有效指导员工的工作行为。但是，不同的岗位承担关键绩效指标的数量有很大的差异，有的岗位承担的关键绩效指标数量多，有的岗位承担的关键绩效指标数量少，甚至有的岗位承担的全部都是一般绩效指标，没有关键绩效指标。以上述制造类企业中企管部门的信息化管理员的绩效评价表为例，该员工承担了六个关键绩效指标和三个一般绩效指标，见表 8-5。

表 8-5　企管部某员工月度绩效评价表

姓名		部门	企划部		职位	信息化管理员	
评价周期：							
序号	指标名称	权重	指标类型	目标值	挑战值	完成情况	实际得分
1	硬件故障发生率		KPI				
2	故障排除及时率		KPI				
3	硬件、软件升级的及时率		KPI				
4	策划报告的及时率		KPI				
5	增加网络节点的及时率		KPI				
6	网络故障排除的及时率		KPI				
7	维护检查频率		PI				
8	验货质量（发现问题数）		PI				
9	信息化方案完成率		PI				
其他日常工作完成情况：						考核等级	A/B/C
信息反馈：						评价者签名：	
						被评价者签名：	

（三）关键绩效指标的权重与员工责任

设计良好的关键绩效指标是绩效管理成功的保障，它所提供的基础性数据是绩效改进的依据和绩效评价的标准。通常关键绩效指标对个人行为具有引导和规范作用。不同类型的指标以及同一被赋予不同权重的指标，都会对员工产生不同的影响。一个岗位的关键绩效指标的数量一般应该控制为5～10个。指标过少可能导致重要工作被忽略，指标过多可能出现指标重复现象，并且可能分散员工的注意力。每个指标权重一般不高于30%，但是也不能低于5%。指标权重过高可能导致员工“抓大放小”，而忽视其他与工作质量密切相关的指标；而权重过高可能造成绩效评价的风险过于集中，万一员工未完成该指标，则其整个绩效周期的奖金薪酬都会受到很大的影响。指标权重太低则对评价结果影响力小，也容易造成无法突出重点工作的问题。为了便于计算，指标权重一般取5的倍数，得分也一般使用线性变化计算比例。

员工绩效是结果与行为过程的集合体。对于处在不同层次和担任不同角色的员工而言，反映其工作绩效结果和行为过程的关键绩效指标所占的比重是不一样的。因此，组织在设置关键绩效指标权重时，就要考虑员工所处的不同层级。由于高层管理者对组织的整体经营管理负责，因此对财务指标负有更大的责任，也就是说，在其评价指标中，财务指标所占的权重应较大，而中层管理者的经营、服务类指标的权重应该更大，如图8-9所示。同样企业中履行不同职能的员工对企业绩效所发挥的作用也是不同的，这决定了其对关键绩效指标的责任也有所不同。企业前端部门（如销售部门）就要比后端部门（企划部门）的财务指标权重大；一般情况下，职能部门的财务指标权重偏小，经营、服务指标权重偏大，如图8-10所示。

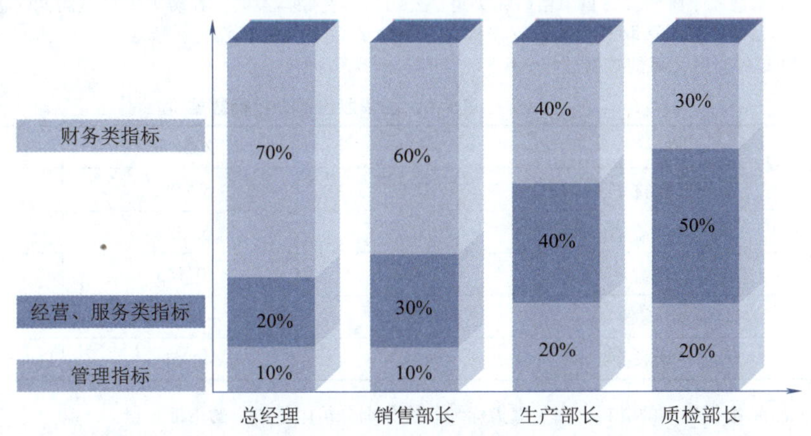

图8-9　关键绩效指标权重在不同层级员工中的分配

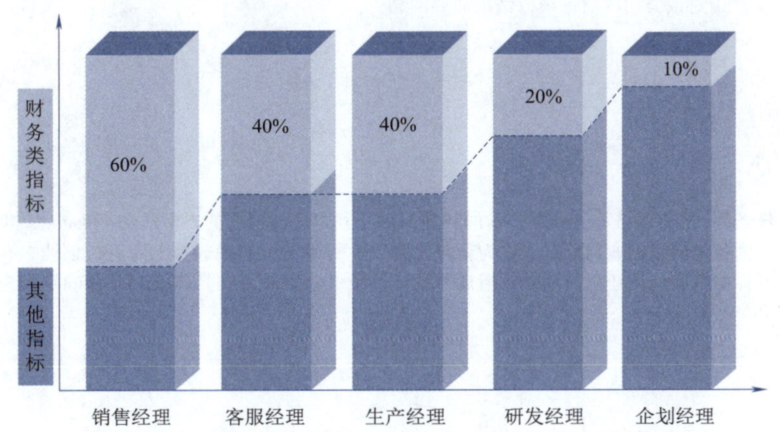

图8-10　关键绩效指标权重在不同职能员工中的分配

【任务实施】

任　务　单

<table>
<tr><td>学习领域</td><td colspan="3">绩效管理</td></tr>
<tr><td>学习单元</td><td colspan="3">应用关键绩效指标法</td></tr>
<tr><td>任　　务</td><td>关键绩效指标的应用与分析</td><td>学时</td><td>2</td></tr>
<tr><td colspan="4">布置任务</td></tr>
<tr><td>任务目标</td><td colspan="3">职业能力目标：
● 掌握关键绩效指标法的应用与分析。
● 掌握关键绩效指标体系的建立步骤。
职业素养目标：
● 建立以企业战略为导向的系统性决策思维。
● 培养建立关键绩效指标体系所需要的职业素质和态度，包括沟通能力、团队协作和责任心</td></tr>
<tr><td>任务描述</td><td colspan="3">任务 1：国华股份有限公司（以下简称“国华股份”）主要从事娱乐和房地产开发业务。目前，国华股份旗下控股多个公司，设计娱乐、房地产、文化、通信等领域；同时，通过入股保险公司等稳健的实业投资，增强了企业的抗风险能力，实现稳定发展。由于房地产市场整体不景气，导致国华股份盈利能力急剧下降。经过董事会研究决定，公司将转变经营策略，在努力求稳健的同时涉足医药健康领域。目前该公司选取了总资产收益率、净资产收益率、每股收益、营业增长率、总资产增长率作为 KPI 指标，近几年的数据见表 8-6。

表 8-6　国华股份部分指标数据
<table>
<tr><th>指标</th><th>2020 年</th><th>2021 年</th><th>2022 年</th></tr>
<tr><td>总资产收益率</td><td>10%</td><td>5. 80%</td><td>4%</td></tr>
<tr><td>净资产收益率</td><td>20. 61%</td><td>6. 10%</td><td>4. 71%</td></tr>
<tr><td>每股收益</td><td>0. 876</td><td>0. 183</td><td>0. 133</td></tr>
<tr><td>营业增长率</td><td>96. 06%</td><td>-9. 14%</td><td>3%</td></tr>
<tr><td>总资产增长率</td><td>30%</td><td>4. 95%</td><td>9. 02%</td></tr>
</table>
（1）根据提供的资料，用关键指标绩效法分别分析国华股份的指标数据。

（2）请对该公司的财务绩效做出简要的结论。

任务 2：随着经济和互联网技术的快速发展，我国电商创业的规模随之不断扩大，各式各样的特色产品成为各地电商创业的首选。作为新时代大学生的你们，如果选择电商进行创业，在用关键绩效指标法对你的电商公司建立关键绩效指标体系时，做出建立体系的具体流程，并确定相应的关键绩效指标（KPI）</td></tr>
</table>

【任务小结】

关键绩效指标的设计和选择是一项复杂而精细的系统工作，它关系到企业战略的实施和实现。提炼关键绩效指标要注意其与企业战略的联系，企业内部要对选取的指标进行充分的沟通，关注指标的可操作性和可控性，这样提炼出来的关键绩效指标才能既符合公司战略需求，又能与各级管理人员紧密联系，有效衡量部门及员工工作目标的完成情况，进而对企业工作目标考核起到推动作用，促进企业的长远健康发展。

任务三　应用平衡计分卡

【工作任务】

工作任务	技能点及任务成果	重要知识点	课时
掌握平衡计分卡的概念；了解平衡计分卡的发展历程；掌握平衡计分卡的基本框架、与战略管理的关系，掌握平衡计分卡的应用程序	1. 掌握平衡计分卡的基本框架 2. 能够熟练应用平衡计分卡对企业进行全面的绩效管理	1. 平衡计分卡的发展历程 2. 平衡计分卡的基本框架、四个维度 3. 平衡积分卡的引用环境 4. 平衡计分卡的应用程序	2 学时

【知识准备】

一、平衡计分卡的起源与发展

平衡计分卡是由哈佛大学教授罗伯特·卡普兰与戴维·诺顿在 20 世纪 90 年代初，从事一项名为“未来组织绩效衡量方法”的绩效评价体系时提出的企业绩效评价体系。平衡计分卡打破了传统的单一使用财务指标衡量业绩的方法，在财务指标的基础上加入了未来驱动因素，即客户因素、内部业务流程和员工的学习和成长。“平衡计分卡”体现的就是“平衡”二字，在考虑财务指标的同时，兼顾客户、业务流程和成长创新三个方面，是一个综合性的评价体系。

平衡计分卡自创立以来，在美国和欧洲的管理学界引起了巨大的反响，据相关调查表明，财富 1 000 强企业中，50% 的企业都应用了平衡计分卡的绩效管理系统。平衡计分卡的出现对于企业的战略管理和绩效考核具有重大的意义，它使得传统的绩效管理从人员考核与评估的工具转变为战略实施的工具，并使企业管理者拥有了全面的统筹战略、人员、流程和执行四个关键因素的管理工具，从而可以使企业管理者从长期和短期、内部和外部多个角度平衡企业的持续发展。因此，平衡计分卡的应用往往结合着战略地图，把四个维度在一张图表中展现出来。平衡计分卡与战略地图结合在一起，就不仅仅是一个绩效考核的工具，而是战略制定与战略执行的仪表盘。因此现代意义的平衡计分卡其实是在讲如何确定公司战略、如何分解战略、如何执行战略，它是一套完整的企业战略管理的工具。

至今为止，平衡计分卡在历史上经历了三个发展阶段。

1. “平衡计分卡”时期

1992年，罗伯特·卡普兰和戴维·诺顿在研究中指出，传统的绩效考核只注重财务会计指标，这种指标只能衡量企业过去发生的事项，无法评估企业前瞻性的投资。因此，他们主张，必须改用一个将组织的愿景转变为一组由四项观点组成的绩效指标架构来评价组织的绩效，这四项指标分别是：财务（financial）、顾客（customer）、企业内部流程（internal business processes）、学习与成长（learning and growth）。如图8-11所示，这种崭新的绩效管理模式，既保留了传统上衡量过去的财务指标，也兼顾了促成财务指标实现的其他绩效因素，除了支持企业追求业绩之外，还督促企业要注重和加强员工的学习和成长。总之，这种绩效管理模式把企业的使命和策略转变为一套前后连贯的系统绩效评核制度，把复杂而笼统的概念转化为精确的目标，借以寻求财务与非财务的衡量之间、短期与长期的目标之间、落后的与领先的指标之间，以及外部与内部绩效之间的平衡。

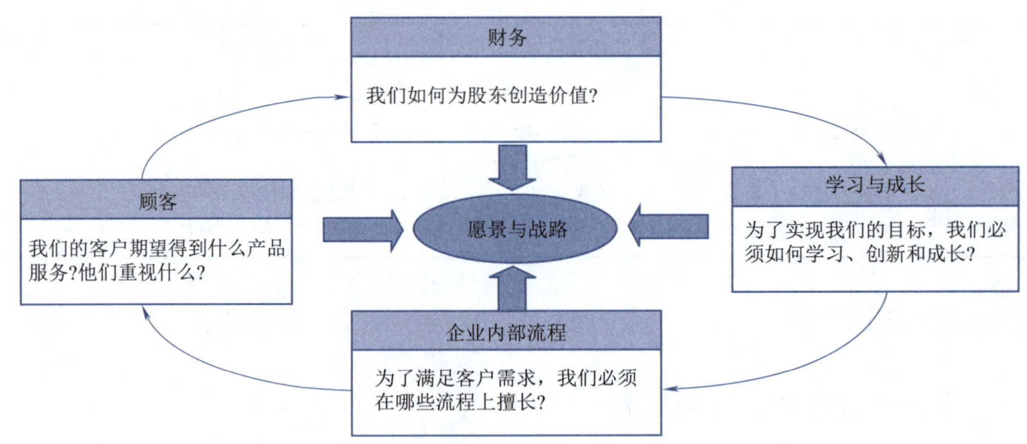

图8-11　平衡计分卡的四个维度指标

2. “平衡计分卡+战略地图”时期

在这个阶段，罗伯特·卡普兰和戴维·诺顿将战略地图的概念与平衡计分卡考核体系进行融合。此时，平衡计分卡已从最初的业绩评价体系转变成为用于战略执行的新绩效管理体系，作为战略执行工具来使用，并突出平衡计分卡实施原则和实施过程。它要求企业围绕战略蓝图设计核心指标，并建立基于平衡记分卡的战略管理体系，以避免漫无目的的战略行动，同时把指标集中于正确焦点上，通过沟通、协调平衡各指标的资源匹配与战略执行，集中调动人力、物力和财力，协调一致地去达成企业的战略目标，其内涵已远远突破了传统四个维度的概念。

战略地图的构成文件主要是“图、卡、表”。所谓“图、卡、表”，是指“战略地图”、“平衡计分卡”和“单项战略行动计划表”，它们是运用战略地图来描述战略的三个必备构成文件，如图8-12所示。以前要想将集团战略、职能战略清楚、直观地展现出来，需要数百页的战略规划文件，而“战略地图”只通过几张简洁的图表就实现了这一功能，“战略地图”可以说是企业集团战略描述的一个集成平台。而“平衡计分卡”本身则是对“战略地图”进行进一步解释的表格，它由战略目标与主题、核心衡量指标、战略目标值、行动方案所构成；而行动方案就是“单项战略行动计划表”，也就是对“平衡计分卡”中罗列出的一个个单项战略行动计划的进一步演绎，它将那些所谓“务虚的战略”落实为一步一步可操作监控的、具有明确时间节点、责任归属、资源安排的行动计划。可以说“单项战略行动计划表”正是化战略为行动的关键所在，也是平衡计分卡体系在描述战略中独特的魅力。

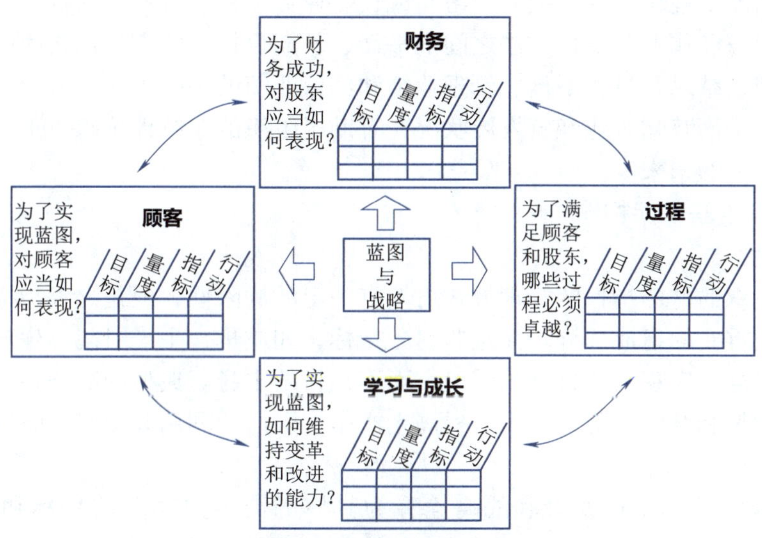

图 8-12 “平衡计分卡＋战略地图”示意图

3. “平衡计分卡＋战略地图＋战略中心组织”时期

罗伯特·卡普兰和戴维·诺顿认为在当今的商业环境中，战略从来没有显得这样重要过。但研究表明，大多数企业仍不能成功地实施战略。在浩繁的记录背后隐藏着一个无法否认的事实是：大多数企业仍然继续使用专门为传统组织而设计的管理流程。战略成功执行的三要素是：描述战略、衡量战略和管理战略。三个要素之间的关系是：如果你不能衡量，那么你就不能管理；如果你不能描述，那么你就不能衡量。当企业规模日益壮大，面对大规模、多层次、多地域带来的管控挑战时，如果没有掌握一个简单有效的描述集团战略的工具，必然无法将战略在集团内部各成员之间直观地展现。管理者之间以及管理者与员工之间无法轻松地沟通，对战略无法达成共识，管理者也无法使战略协同一致。所以这一阶段的核心思想是在“平衡计分卡＋战略地图”的基础上加入可以管理战略的工具，即战略地图的核心是如何“描述”战略，平衡计分卡强调如何“衡量”战略，战略中心型组织的重点则在“管理”战略。所以这一阶段的核心思想是形成一个由“平衡计分卡＋战略地图＋战略中心组织”组成的完整的战略执行理论体系。

二、平衡计分卡的基本理论

传统的业绩管理模式只注重企业的财务目标，平衡计分卡突破了这种方式。平衡计分卡理论认为，传统的财务会计模式只能衡量过去发生的事情，而无法评估组织前瞻性的投资，那些领先的驱动因素根本就顾及不到。平衡计分卡并没有否定传统战略和评估方法，而是对其进行了进一步的发展和改进，把企业的使命和战略转变为目标和各种指标。

在工业时代，注重财务指标的管理方式还是有效的，但是当进入信息社会后，传统的业绩管理方法便显示了它的局限性，企业只有全面考量其在客户、供应商、员工、组织流程、技术革新等方面的投资，才能获得持续发展的动力。基于这种观点，平衡计分卡理论认为，企业应从四个角度审视自身的业绩：学习与成长、业务流程、客户、财务。这种革命性的管理方式反映了财务和非财务衡量方法之间的平衡、长期目标与短期目标之间的平衡、组织外部和内部的平衡、结果和过程平衡、管理业绩和经营业绩的平衡等多个方面。因而，通过平衡计分卡，可以全面获知企业经营发展状况，有助于组织的业绩评价趋于平衡和完善，从而使企业迈向更远大的未来。

1. 平衡计分卡基本架构

1）财务维度

单纯考量组织的财务指标的管理方式虽然有一定的局限性，但是财务指标仍然是平衡记分卡的一个相当重要的组成部分。而且非财务指标，如质量、生产时间、生产率、新产品等指标的改善和提高是实现财务目标的手段，而不是目的本身。典型的财务指标衡量的主要内容包括收入的增长和结构、降低成本、提高生产率、资产的利用和投资战略等。

2）客户维度

平衡计分卡要求企业将使命和战略诠释为具体的与客户相关的目标和要点。企业在设计客户维度评价指标的过程中，首先要确定两个重要问题的答案：我们的目标客户是哪些？我们为其提供的服务的价值定位是什么？如果一个企业组织认为他们的目标顾客是所有的消费者，这种定义方式将难以显示出企业与竞争对手的差别，从而很难在市场上累积自身的竞争优势。客户最关心的不外乎五个方面：时间、质量、性能、服务和指标。企业必须基于不同的战略在这五个方面确立清晰的目标，然后将这些目标细化为具体的指标。关于客户维度评价指标一般有：顾客满意度、顾客忠诚度、市场份额、流失客户挽回率、新客户获得率等。

3）内部业务流程维度

为了更好地服务于企业组织的顾客，实现企业组织的价值定位，企业需要确定能够增加客户和股东价值的关键流程，通过制定有效的指标追踪企业的发展。这个维度能使企业抓住重点，专心衡量那些与股东和客户目标息息相关的流程。一般来说，既包括短期的现有业务的改善，又涉及长远的产品和服务的革新。内部业务流程维度的指标主要涉及企业业务流程和管理流程的改良和创新过程、经营过程、售后服务过程等，包括产品开发、生产、制造、配送和售后服务等。

4）学习与成长维度

在平衡记分卡中，学习与成长维度可以说是实现其他三个维度目标的“强化剂”，为其他三个维度的目标实现提供了基础架构，是驱动上述三个维度获得卓越成功的动力。面对激烈的全球竞争，企业现有的技术和能力已无法确保其不断实现未来的业务目标。尤其是在知识、技术和 AI 深刻影响未来的情况下，削减对企业学习和成长能力的投资虽然能在短期内增加财务收入，但由此造成的不利影响在未来会对企业带来沉重的打击。

比如当企业确定客户和内部业务流程维度的指标和相应行动后，也许会发现员工现有的知识技能难以实现这样的目标，于是企业就需要设定学习与成长维度的目标来强化员工的胜任素质。学习与成长维度指标涉及员工的能力、信息系统的能力以及激励、授权与相互配合等。

平衡计分卡的发展过程特别强调描述战略背后的因果关系，借助客户维度、内部业务流程维度、学习与成长维度评估指标的完成而达到最终的财务目标。平衡计分卡四个维度之间的关系如图 8-13 所示。

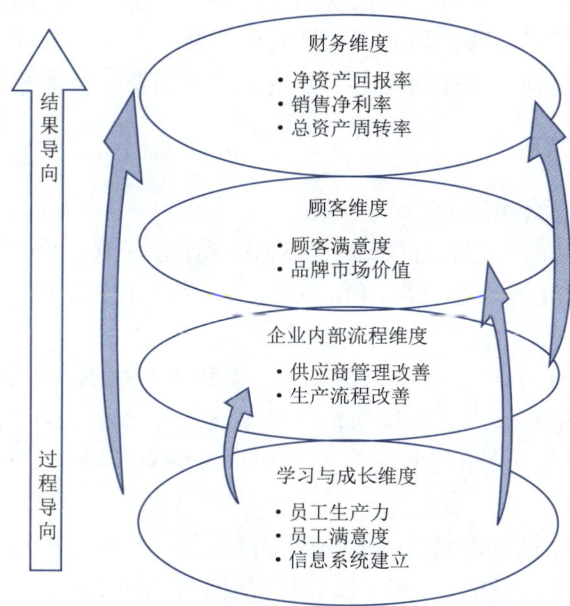

图 8-13 平衡计分卡四个维度之间的关系

2. 平衡计分卡的五项平衡

1）财务指标和非财务指标的平衡

企业通过平衡计分卡，在没有降低财务指标重要性的同时，又注重了对非财务指标的考核。财务与非财务的平衡强调的是企业不仅要关注财务绩效，更要关注于对财务绩效产生直接影响的驱动因素，即对非财务指标进行考核，不仅有定性的说明，还要有量化的考核，使非财务指标考核具有系统性和全面性。

2）企业的长期目标和短期目标的平衡

平衡计分卡既关注短期的经营目标和绩效指标，又关注长期的战略目标和绩效指标，也就是说，平衡计分卡既关注了企业的长期发展，又关注了近期目标的完成，使企业的战略规划和年度计划得到有效的结合，保证企业的年度计划与企业的长远发展方向保持一致。所以平衡计分卡是一套战略执行的管理系统，如果以系统的观点来看平衡计分卡的实施过程，则战略是输入，财务是输出。

3）结果性指标与动因性指标之间的平衡

平衡计分卡以有效完成战略为动因，以可衡量的指标为目标管理的结果，寻求结果性指标与动因性指标之间的平衡。强调企业不仅要关注事后的结果，更要关注影响结果的因素和过程。

4）企业组织内部群体与外部群体的平衡

平衡计分卡中，股东与客户为外部群体，员工和内部业务流程是内部群体。平衡计分卡将评价的视线范围由传统上的只注重企业内部评价，扩大到企业外部，包括股东、客户，关注了公司内外的相关利益方，可以发挥其在有效执行战略的过程中平衡这些群体间利益的重要性。

5）领先指标与滞后指标之间的平衡

财务、客户、内部流程、学习与成长这四个方面包含了领先指标和滞后指标。财务指标就是一个滞后指标，它只能反映公司上一年度发生的情况，不能告诉企业如何改善业绩和可持续发展。而对于后三项领先指标的关注，使企业达到了领先指标和滞后指标之间的平衡。

三、平衡计分卡的应用

1. 平衡计分卡的应用环境

平衡计分卡适用于战略规划目标明确、管理制度比较完善、管理水平相对较高的企业。平衡记分卡的应用对象可为企业、部门和员工。企业应用平衡计分卡应遵循以下的应用环境：

（1）企业应用平衡计分卡时，应有明确的愿景和战略规划。平衡计分卡应以战略规划为核心，全面描述、衡量和管理战略规划，将战略规划转化为可操作的行动。

（2）平衡计分卡可能涉及组织和流程变革，具有创新精神、变革精神的企业文化有助于成功实施平衡计分卡。

（3）企业应对组织结构和职能进行梳理，消除不同组织职能间的壁垒，实现良好的组织协同，既包括企业内部各级单位、部门之间的横向与纵向协同，也包括与投资者、客户、供应商等外部利益相关者之间的协同。

（4）企业应注重员工学习与成长能力的提升，以更好地实现平衡计分卡的财务、客户、内部业务流程目标，使战略规划贯彻到每一名员工的日常工作中。

（5）平衡计分卡的实施是一项复杂的系统工程，一般需要建立由战略管理、人力资源管理、财务管理和外部专家等组成的项目团队，推进平衡计分卡实施工作的顺利进行。

（6）企业应建立高效集成的信息系统，实现绩效管理、计划管理、财务管理、生产经营等系统的紧密结合，为平衡计分卡的实施提供信息支持。

2. 平衡计分卡的应用程序

平衡计分卡应用的一般程序包括制定战略地图、制定以平衡计分卡为核心的绩效计划、制定激励计划、制定战略性行动方案、执行绩效计划与激励计划、实施绩效评价与激励、编制绩效评价与激励管理报告等。

1）制定战略地图

企业首先应制定战略地图，即基于企业愿景与战略规划，将战略规划目标及其因果关系、价值创造路径以图示的形式直观、明确、清晰地呈现出来。战略地图基于战略主题构建，战略主题反映企业价值创造的关键业务流程，每个战略主题包括相互关联的 1 ~ 2 个战略规划目标。战略地图模板如图 8-14 所示。

财务层面
客户层面
内部流程层面
学习与成长层面
股东回报
增长战略
效率战略
打造成本优势
提高周转效率
增加收入机会
提高客户价值
顾客体验愉快消费
价格
质量
功能
双赢的经销关系
选择性
伙伴关系
品牌形象
品牌
服务
运营管理流程
采购管理
生产管理
销售管理
风险管理
客户管理流程
客户选择
客户获得
客户保持
客户增长
产品创新流程
识别机会
设计开发
推向市场
社区与环境流程
环境
安全和健康
招聘失业者
社区
人力资本（能力）
知识
技能
培训
信息资本（工具）
集成化系统
互联网
大数据
组织资本（态度）
文化、领导力
协调一致
团队工作

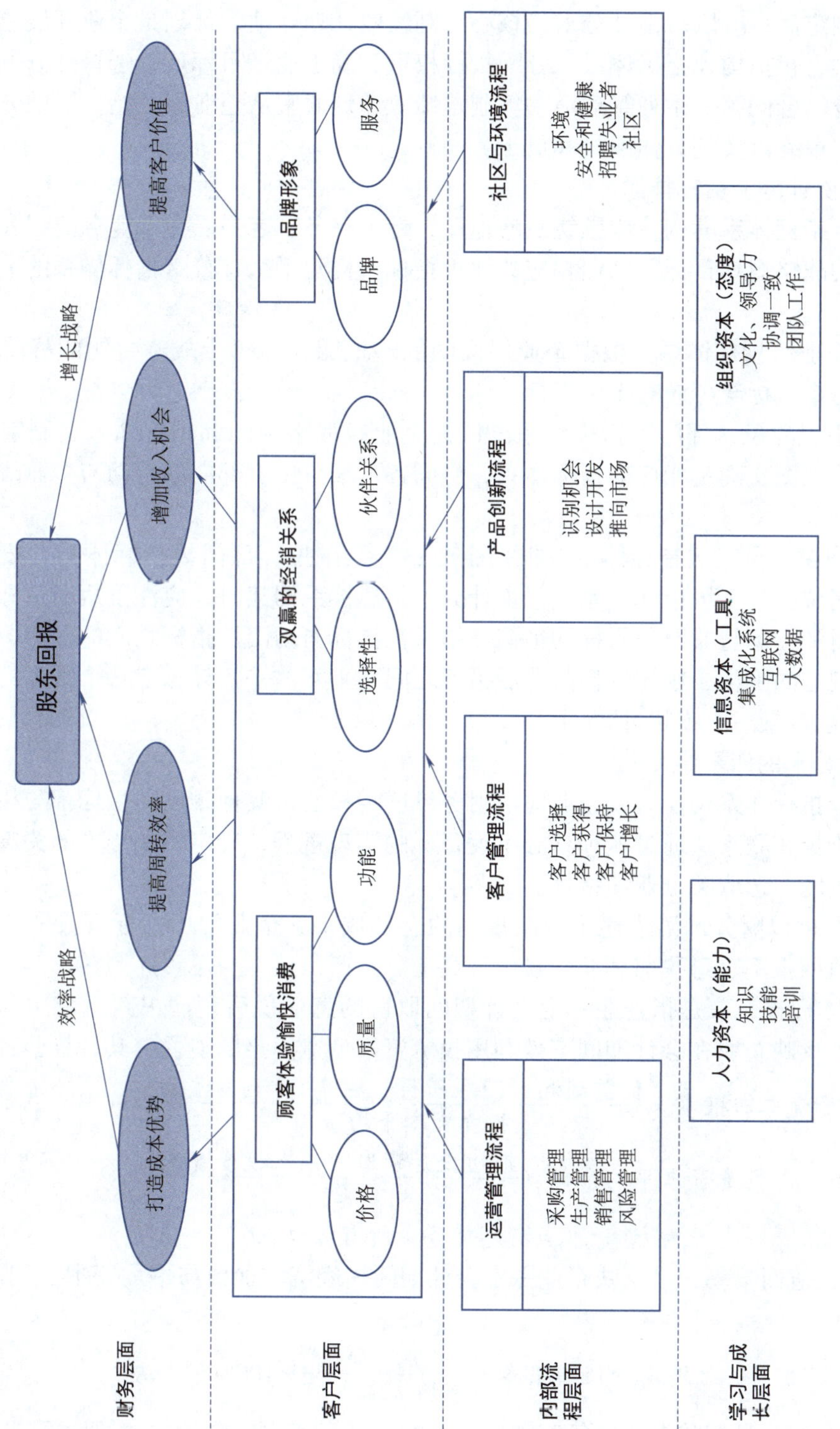

图8-14　战略地图模板

2）以平衡计分卡为核心编制绩效计划

战略地图制定后，应以平衡计分卡为核心编制绩效计划。绩效计划是企业开展业绩评价工作的行动方案，包括构建指标体系、分配指标权重、确定业绩目标值、选择计分方法和评价周期、签订业绩合同等一系列管理活动。制定绩效计划通常从企业级开始，层层分解到下级单位、部门，最终落实到具体岗位和员工。

3）构建平衡计分卡指标体系

平衡计分卡指标体系的构建应围绕战略地图，针对财务、客户、内部业务流程和学习与成长四个维度的战略规划目标，确定相应的评价指标。构建平衡计分卡指标体系的一般流程如下：

（1）制定企业级指标体系。根据企业层面的战略地图，为每个战略主题的战略规划目标设定指标，每个目标至少应有 1 个指标。

（2）制定下级单位、部门级指标体系。依据企业级战略地图和指标体系，制定下级单位、部门的战略地图，确定相应的指标体系，协同各下级单位、部门的行动与企业战略规划目标保持一致。

（3）制定岗位、员工级指标体系。根据企业、下级单位、部门级指标体系，按照岗位职责逐级形成岗位、员工级指标体系。平衡计分卡指标体系构建时，应注重短期目标与长期目标的平衡、财务指标与非财务指标的平衡、结果性指标与动因性指标之间的平衡、企业内部利益与外部利益的平衡、领先指标与滞后指标之间的平衡。平衡计分卡每个维度的指标通常为 4 ~7 个，总数量一般不超过 25 个。

4）平衡计分卡的四个维度

平衡计分卡指标体系构建时，企业应以财务维度为核心，其他维度的指标都与核心维度的一个或多个指标相联系。通过梳理核心维度目标的实现过程，确定每个维度的关键驱动因素，结合战略主题，选取关键业绩指标。

（1）财务维度以财务术语描述了战略规划的有形成果。企业常用指标有投资资本回报率、经济增加值回报率、息税前利润、自由现金流、资产负债率、总资产周转率等。

① 投资资本回报率，是指企业一定会计期间取得的息前税后利润占其所使用的全部投资资本的比例，反映企业在会计期间有效利用投资资本创造回报的能力，其计算公式如下：

$$投资资本回报率=\frac{税前利润\times(1-所得税税率)+利息支出}{投资资本平均余额}\times 100\%$$

$$投资资本平均余额=\frac{期初投资资本+期末投资资本}{2}$$

$$投资资本=有息债务+所有者权益$$

② 经济增加值回报率，是反映企业一定会计期间内经济增加值与平均资本占用的比值。其计算公式如下：

$$经济增加值回报率=\frac{经济增加值}{平均资本占用}\times 100\%$$

③ 息税前利润，是反映企业当年实现税前利润与利息支出的合计数。其计算公式如下：

$$息税前利润=税前利润+利息支出$$

④ 自由现金流，是指企业一定会计期间经营活动所产生的净现金流超过付现资本性支

出的金额，反映企业可动用的现金。其计算公式如下：

$$自由现金流=经营活动净现金流-付现资本性支出$$

⑤ 资产负债率，是指企业负债总额与资产总额的比值，反映企业整体财务风险程度。其计算公式如下：

$$资产负债率=\frac{负债总额}{资产总额}\times 100\%$$

⑥ 总资产周转率，是指企业营业收入与总资产平均余额的比值，反映总资产在一定会计期间内周转的次数。其计算公式如下：

$$总资产周转率=\frac{营业收入}{总资产平均余额}$$

⑦ 资本周转率，是指企业一定会计期间内营业收入与平均资本占用的比值。其计算公式如下：

$$资本周转率=\frac{营业收入}{平均资本占用}\times 100\%$$

表 8-7 所示为财务维度指标的构建过程示例。

表 8-7 财务维度指标的构建过程示例

战略主题	战略目标	指 标
收入增长战略	提高现有产品贡献	现有产品销量增长率
	增加新的收入机会	国际市场销量
		新品销量
生产力提升战略	改善成本结构	经营现金流量
	提高资产使用率	资产周转率

（2）客户维度界定了目标客户的价值主张。企业常用指标有市场份额、客户获得率、客户保持率、客户获利率、战略客户数量等。

① 市场份额，是指一个企业的销售量或销售额在市场同类产品中所占的比重。

② 客户获得率，是指企业在争取新客户时获得成功部分的比例。该指标可用客户数量增长率或客户交易额增长率来描述。其计算公式如下：

$$客户数量增长率=\frac{本期客户数量-上期客户数量}{上期客户数量}\times 100\%$$

$$客户交易额增长率=\frac{本期客户交易额-上期客户交易额}{上期客户交易额}\times 100\%$$

③ 客户保持率，是指企业继续保持与老客户交易关系的比例。该指标可用老客户交易额增长率来描述，其计算公式如下：

$$老客户交易增长率=\frac{老客户本期交易额-老客户上期交易额}{老客户上期交易额}\times 100\%$$

④ 客户获利率，是指企业从单一客户得到的净利润与付出的总成本的比率。其计算公式如下：

$$客户获利率=\frac{单一客户净利润}{单一客户总成本}\times 100\%$$

⑤ 战略客户数量，是指对企业战略目标实现有重要作用的客户的数量。

表8-8所示为客户维度指标的构建过程示例。

表8-8　客户维度指标的构建过程示例

战略主题	战略目标	指　标
可信赖的产品引领者	提升市场占有率	市场占有率
	建立领先品牌	品牌知名度
共赢/持久的经销商关系	与重点客户共赢	重点客户流失率
	提升客户价值	客户毛利率
	提高服务质量	完美订单履行率

（3）内部业务流程维度确定了对战略规划产生影响的关键流程。企业常用指标有交货及时率、产品合格率、存货周转率、单位生产成本等。

① 交货及时率，是指企业在一定会计期间内及时交货的次数占总交货次数的比例。其计算公式如下：

$$交货及时率=\frac{实际产量}{设计生产能力}\times 100\%$$

② 产品合格率，是指合格产品数量占总产品产量的比例，其计算公式如下：

$$产品合格率=\frac{合格产品数量}{总产品数量}\times 100\%$$

③ 存货周转率，是指企业营业收入与存货平均余额的比值，反映存货在一定会计期间内周转的次数。其计算公式如下：

$$存货周转率=\frac{营业收入}{存货平均余额}\times 100\%$$

表8-9所示为内部流程维度指标的构建过程示例。

表8-9　内部流程维度指标的构建过程示例

战略主体	战略目标	指　标
运营管理流程	加强订单实现管理	生产计划变更次数
		及时供货率
	提高投入产出比	单位产品生产周期
		制造成本降低率
	消除质量隐患	产品一次检验合格率
客户管理流程	加大品牌宣传	主流媒体宣传力度
	创建高度忠诚的客户	重点客户拜访率

续表

战略主体	战略目标	指　标
创新流程	快速推出新产品	每年新品推出数量
	提高研发效率	研发计划执行率
	丰富产品线	立项新产品数量
		申请专利数量
法规与社会流程	提高产品质量业绩	各项质量认证通过率
	提高环境绩效	安全环保达标率
	维护社会关系	负面报道次数

（4）学习与成长维度确定了对战略最重要的无形资产。企业常用指标有员工保持率、员工生产率、培训计划完成率、员工满意度等。

① 员工流失率，是指企业一定会计期间内离职员工占员工平均人数的比例。其计算公式为：

$$员工流失率=\frac{本期离职员工人数}{员工平均人数}\times 100\%$$

$$员工保持率=1-员工流失率$$

② 员工生产率，是指员工在一定会计期间内创造的劳动成果与其相应员工数量的比值。该指标可用人均产品生产数量或人均营业收入进行衡量。其计算公式为：

$$人均产品生产数量=\frac{本期产品生产总量}{生产人数}$$

$$人均营业收入=\frac{本期营业收入}{员工人数}$$

③ 培训计划完成率，是指培训计划实际执行的总时数占培训计划总时数的比例。其计算公式如下：

$$培训计划完成率=\frac{培训计划实际执行的总时数}{培训计划总时数}\times 100\%$$

表 8-10 所示为学习与成长维度指标的构建过程示例。

表 8-10　学习与成长维度指标的构建过程示例

战略主题	战略目标	指　标
提升信息资本准备度	增强信息收集的有效性	外部信息获取满意度
	支持业务流程变革	信息系统与业务流程的匹配度
提升组织资本准备度	增强协调一致性	内部客户满意度
	提升领导力	达到胜任能力的领导比率
提升人力资本准备度	提高关键岗位准备度	关键岗位胜任率
		员工满意度

5）建立指标库

企业可根据实际情况建立通用类指标库，不同层级单位和部门结合不同的战略规划定位、业务特点选择适合的指标体系。

6）确定指标权重

平衡计分卡指标的权重分配应以战略规划目标为导向，反映被评价对象对企业战略规划目标贡献或支持的程度，以及各指标之间的重要性水平。企业业绩指标权重一般设定在5% ~30%之间，对特别重要的指标可适当提高权重。对特别关键、影响企业整体价值的指标可设立“一票否决”制度，即如果某项业绩指标未完成，无论其他指标是否完成，均视为未完成业绩目标。

7）确定平衡计分卡绩效目标值

平衡计分卡业绩目标值应根据战略地图的因果关系分别设置。首先确定战略主题的目标值，其次确定主题内的战略规划目标值，然后基于平衡计分卡评价指标与战略规划目标的对应关系，为每个评价指标设定目标值，通常设计 3 ~5 年的目标值。目标值应具有挑战性和可实现性，可设定基本目标值、挑战目标值等类似目标层级，激发评价对象潜能，并得到被评价对象的普遍认同。平衡计分卡业绩目标值确定后，应规定因内外部环境发生重大变化、自然灾害等不可抗力因素对业绩完成结果产生重大影响时，对目标值进行调整的办法和程序。一般情况下，由被评价对象或评价主体测算确定影响额度，向相应的绩效管理工作机构提出调整申请，报薪酬与考核委员会或类似机构审批。

8）平衡计分卡战略性行动方案的制定

业绩计划与激励计划制定后，企业应在战略主题的基础上，制定战略性行动方案，实现短期行动计划与长期战略规划的协同。战略性行动方案的制定主要包括以下内容：

（1）选择战略性行动方案。制定每个战略主题的多个行动方案，并从中区分、排序和选择最优的战略性行动方案。

（2）提供战略性资金。建立战略性支出的预算，为战略性行动方案提供资金支持。

（3）建立责任制。明确战略性行动方案的执行责任方，定期回顾战略性行动方案的执行进程和效果。

9）执行绩效计划与激励计划

业绩计划与激励计划执行过程中，企业应按照纵向一致、横向协调的原则，持续地推进组织协同，将协同作为一个重要的流程进行管理，使企业和员工的目标、职责与行动保持一致，创造协同效应。

业绩计划与激励计划执行过程中，企业应持续深入地开展流程管理，及时识别存在问题的关键流程，根据需要对流程进行优化完善，必要时进行流程再造，将流程改进计划与战略规划目标相协同。

平衡计分卡的实施是一项长期的管理改善工作，在实践中通常采用先试点后推广的方式，循序渐进，分步实施。

3. 平衡计分卡的应用评价

1）平衡计分卡的优点

（1）平衡计分卡将战略规划目标逐层分解，转化为被评价对象的业绩指标和行动方案，使整个组织协调一致，将战略规划目标层层落到实处。

（2）平衡计分卡从财务、客户、内部业务流程、学习与成长四个维度确定业绩指标，平衡了短期目标与长期目标、财务指标与非财务指标、结果性指标与动因性指标、企业内部利益与外部利益，使业绩评价更为全面完整。

（3）平衡计分卡将学习与成长作为一个维度，既注重员工技能的提升，满足员工的发展愿望和发展要求，也注重组织资本、信息资本等无形资产的开发利用，有利于增强企业可持续发展的动力。

2）平衡计分卡的缺点

（1）平衡计分卡系统性强、涉及面广，需要专业人员的指导和企业全员的参与，需要长期持续地修正与完善，对信息系统、管理能力有较高的要求，实施门槛高。

（2）应用平衡计分卡绘制战略地图、确定战略主题和业绩指标体系的专业技术要求高，工作量比较大，操作难度也较大，实施比较复杂。

（3）平衡计分卡涉及大量指标数据的收集和计算，需要持续地沟通和反馈，需要投入大量的资源，从启动到全面实施通常需要一年或更长的时间，实施成本比较高。

四、平衡计分卡的应用案例

美国西南航空是一家提供短航程、高频率、低价格、点对点直飞航空客运服务的航空公司，总部位于得克萨斯州，于 1971 年 6 月 18 日由罗林·金与赫伯·凯莱赫创建。首航从达拉斯到休斯敦和圣安东尼奥，是一个简单配餐且没有额外服务的短程航线。西南航空的不少做法以前曾被很多航空公司视为“不正规”，在相当长的一段时间里为其他航空公司所不屑。

西南航空在几年内迅速扩张和发展，成为以美国国内城际航线为主的航空公司，创造了多项美国民航业纪录——利润净增长率最高、负债经营率较低、资信等级为美国民航业中最高。2001 年后，绝大多数的美国航空公司陷入了困境，而西南航空则例外。2005 年，运力过剩和史无前例的燃油价格使美国整个航运行业共亏损 100 亿美元，达美航空和西北航空同年申请《破产法》保护；相比之下，西南航空则连续第 33 年保持盈利，是自 1973 年以来唯一一家连续盈利时间最长的航空公司。1971 年，西南航空正式运营时，仅有 3 架波音 737 飞机、3 条短程航线；截至 2011 年，西南航空拥有 537 架波音 737 飞机，航线覆盖 35 个州的 69 个城市，日均发送 3 400 个以上航班，成为美国第四大航空公司，股票市值居全美航空公司之首。难能可贵的是，自 1973 年首次盈利以来，经历了机票价格战，遭遇了石油危机、海湾战争、“9·11”事件乃至 2008 年以来的金融危机，西南航空的卓越表现一如既往。截至 2011 年年底，西南航空连续 39 年保持盈利记录，在美国航空界一枝独秀，这一切要归功于公司低成本、低价格的竞争战略。

美国西南航空的战略地图和平衡计分卡设计架构如图 8-15 所示。

战略地图	平衡计分卡			行动计划	
流程：运营管理 主题：地面周转	目标	指标	目标值	行动方案	预算
利润和RONA 收入增长　减少飞机	• 盈利性 • 收入增长 • 减少飞机	• 市场价值 • 座位收入 • 飞机租赁成本	• 30%CAGR • 20%CAGR • 5%CAGR		
吸引和保持更多的客户 服务准时　最低票价	• 吸引和保持更多的客户 • 航班准时 • 最低票价	• 回头客数量 • 客户数量 • FAA准时到达率 • 客户排序	• 70% • 每年提高12% • 第1名 • 第1名	• 实施CRM系统 • 质量管理 • 客户忠诚项目	• $××× • $××× • $×××
快速地面周转	• 快速地面周转	• 过站时间 • 准时起飞率	• 30分钟 • 90%	• 周转期最优化（行动学习）	• $×××
战略工作舷梯管理 战略系统员工安排 地面员工协调一致	• 开发必要的技能 • 开发支持系统 • 地面员工与战略协调一致	• 战略工作准备度 • 信息系统可用性 • 战略意识 • 地面员工持股比率	• 第1年70% • 第3年90% • 第5年100% • 100% • 100% • 100%	• 地面员工培训 • 完成员工安排系统 • 沟通项目 • 员工持股计划	• $××× • $××× • $××× • $×××
				预算总额	$××××

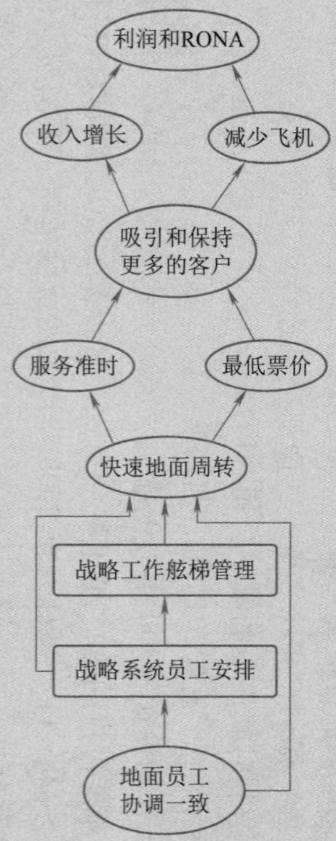

图8-15　西南航空的战略地图和平衡计分卡设计架构

【任务实施】

任　务　单

学习领域	绩效管理		
学习单元	应用平衡计分卡		
任　　务	平衡计分卡的应用与分析	学时	2
布置任务			
任务目标	**职业能力目标：** ●掌握平衡计分卡的应用与分析。 ●掌握平衡计分卡指标体系的选择与建立。 **职业素养目标：** ●建立以企业战略为导向的系统性决策思维。 ●培养建立平衡计分卡体系所需要的职业素质和态度，包括沟通能力、团队协作和责任心		
任务描述	**任务：**20 世纪 90 年代初，美孚石油北美区炼油和营销公司因集权制的管理模式、激烈的竞争环境，其收入下降、成本上升，获利水平一度处于行业的末位。1994 年公司管理人员利用 SWOT 分析方法，发现了公司摆脱困境的机遇和所面临的威胁，确认了公司的优势和劣势，重新描述和定义了产品和服务的范围，设定了新战略目标；并利用战略地图中所划分的四个维度，绘制了可视化的、动态的战略地图。到 1995 年，公司的获利水平大大提高，并跃居行业第一位。 图 8-16 所示为美孚石油的战略地图，请对美孚石油的战略进行分析，并据此设计其平衡计分卡体系。 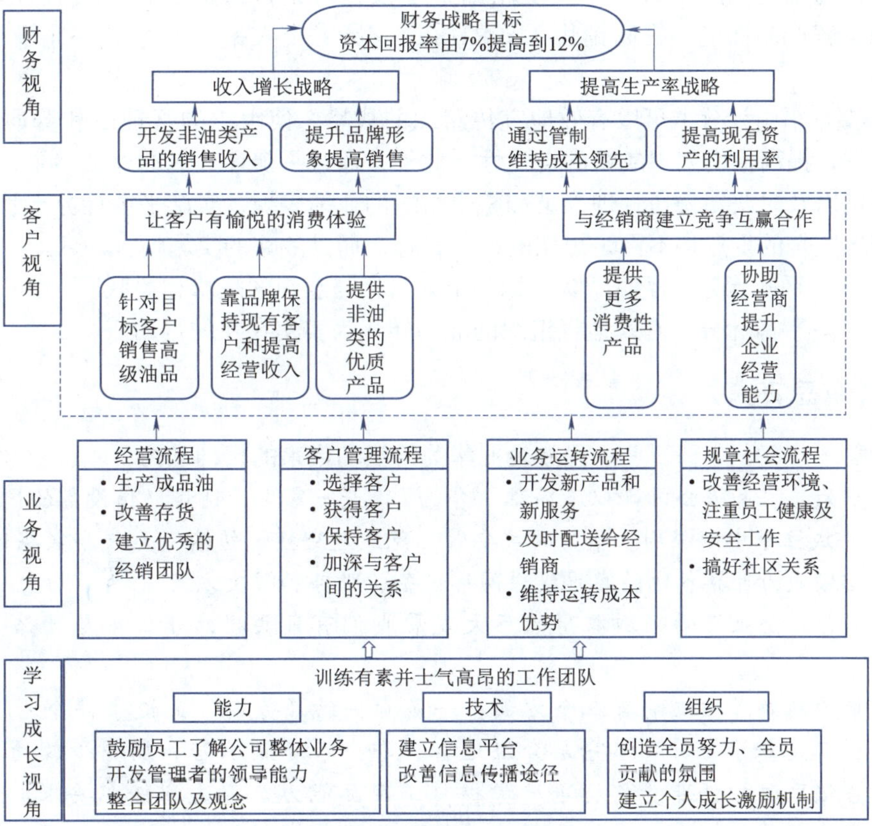 财务视角 财务战略目标 资本回报率由7%提高到12% 收入增长战略 提高生产率战略 开发非油类产品的销售收入 提升品牌形象提高销售 通过管制维持成本领先 提高现有资产的利用率 客户视角 让客户有愉悦的消费体验 与经销商建立竞争互赢合作 针对目标客户销售高级油品 靠品牌保持现有客户和提高经营收入 提供非油类的优质产品 提供更多消费性产品 协助经营商提升企业经营能力 业务视角 经营流程 • 生产成品油 • 改善存货 • 建立优秀的经销团队 客户管理流程 • 选择客户 • 获得客户 • 保持客户 • 加深与客户间的关系 业务运转流程 • 开发新产品和新服务 • 及时配送给经销商 • 维持运转成本优势 规章社会流程 • 改善经营环境、注重员工健康及安全工作 • 搞好社区关系 学习成长视角 训练有素并士气高昂的工作团队 能力 技术 组织 鼓励员工了解公司整体业务 开发管理者的领导能力 整合团队及观念 建立信息平台 改善信息传播途径 创造全员努力、全员贡献的氛围 建立个人成长激励机制 **图 8-16　美孚石油战略地图**		

【任务小结】

平衡计分卡的内涵注定了其与企业战略管理的合拍性，可以说，战略管理的三个阶段都有平衡计分卡的踪影。首先，在战略制定阶段应用平衡计分卡时，需要把组织的战略转化为一系列的目标和衡量目标，此时对战略进行重新的审视和修改便成了管理层的必然工作，经过这个环节，管理层就可以就战略的具体含义和执行方法进行全面的沟通。其次，在战略实施阶段过程中，战略制定和战略实施是一个交互式的过程。在战略实施阶段，平衡计分卡等同于一个战略实施机制，它把组织的战略和一整套的衡量指标相联系，避免了所实施的战略与所制定战略相背离的现象——传统的组织模式在实施战略时有很多弊端：或是虽有战略却无法操作；或是长期的战略和短期的年度预算相脱节；或是战略未同各部门及个人的目标相联系，这样，便导致当初制定的战略不过成了毫无意义的组织“装饰品”。最后，在战略评价阶段，借助平衡计分卡，管理层可以全面了解组织的运营情况，从而获知战略到底执行得怎么样，以便对战略进行检验和调整。

综合来看，平衡计分卡对企业的战略管理具有如下意义：

（1）平衡计分卡承担了组织战略的解释者角色，成功的平衡计分卡等于是通过一系列因果关系将组织战略系统地展示出来。比如，某一个组织的战略目标之一是增加营业收入，为了达到这个目标，可使用如下手段：对销售人员进行销售技能培训→销售人员更加了解产品性能→提高销售工作的质量→员工个人销售额增加→企业营业收入得到了提高。

（2）平衡计分卡可以有效地宣传组织的战略，使组织的管理层和普通员工加深对战略的了解，提高他们实现战略的自觉性。此外，通过平衡计分卡的评估结果，公司的高层管理者也可以及时获知公司管理人员和整个组织的业绩表现，实施平衡计分卡管理模式后，高层管理者监督的重点将不再是短期的财务目标，而是战略的实施情况。

（3）平衡计分卡促使团队目标和个人目标与组织的战略相关联。

（4）平衡计分卡有效地将组织的战略转化为实实在在的行动。

【寓思育人】

民族企业华为给我们带来的精神动力

华为技术有限公司（以下简称“华为”）是一家生产销售电信设备的民营科技公司，于1987年成立于中国深圳。华为的主要营业范围是交换、传输、无线和数据通信类电信产品，在电信领域为世界各地的客户提供网络设备、服务和解决方案。

华为在企业经管领域取得的巨大发展我们有目共睹，那么又是什么支撑着企业的发展呢？

华为绩效考核机制有三个方面：一是责任结果导向、关键事件个人行为的结果评价考核；二是基于公司战略分层分级述职，即个人绩效承诺和期望绩效的完成程度；三是基于各级职位按任职资格标准，考核员工实际能力是否达到任职要求。评价过程中，业务部门有评价权，人力资源体系有建议权，主管有审核权，三权共同协调配合，为绩效管理保驾护航。

对于不同层级的员工，华为考察的侧重点也各不相同，要求越高级的干部，越要关注长期发展。中、高级干部也要分程度不同地关注中、长期利益，而基层员工主要关注现实任务的完成以及自我进步。为此，华为实行了权重不同的，分别关注长期、中期、短期利益的合理架构，以及相适应的激励机制。

此外，华为还明确加强对员工的思想道德品质的考核，以及对员工的诚信进行记录，注重对职工责任心、使命感、团队精神、工作能力、思想道德品质的评议。

思考：从以上案例中得到什么启示？

在考评的过程中全面推行团队测评体系。团队测评的核心理念是：员工不仅要关注个人绩效，还要重视团队绩效。素质是绩效的前提和保证，高素质为创造高绩效提供了起点和可能。绩效和素质哪一方面都不能偏废。仅有素质，没有绩效，就可能造成部门的虚假繁荣；有好的绩效，没有好的素质，就无法带出一个优秀的团队。

能力训练

一、单项选择题

1. 绩效评价方法可分为定量法和（　　）。

A. 定性法　　B. 定额法

C. 定值法　　D. 定标法

2. 按照平衡计分卡，其目标是解决“我们是否能继续提高创造价值”的问题的维度是（　　）。

A. 财务维度　　B. 客户维度

C. 内部业务流程维度　　D. 学习和成长维度

3. 绩效评价周期一般可分为月度、季度、半年度、年度、（　　）。

A. 每旬　　B. 任期　　C. 两年　　D. 五年

4. 绩效责任书一般按年度或（　　）签订。

A. 任期　　B. 半年度　　C. 季度　　D. 月度

5. 按照平衡计分卡，着眼于企业的核心竞争力，解决“我们的优势是什么”的问题时可以利用的考核指标是（　　）。

A. 经济增加值　　B. 客户满意度指数

C. 产出比率、缺陷率　　D. 员工满意度

6. 下列各项中，关于经济增加值的计算公式正确的是（　　）。

A. 经济增加值 = 税后净营业利润 − 营业成本

B. 经济增加值 = 税后净营业利润 − 调整后资本 × 平均资本成本率

C. 经济增加值 = 营业利润 − 资本成本

D. 经济增加值 = 净利润 − 资本成本

7. 下列指标属于公司经济利润最正确和最准确的度量指标是（　　）。

A. 基本经济增加值　　B. 真实的经济增加值

C. 披露的经济增加值　　D. 特殊的经济增加值

8. 绩效管理的最终目的是（　　）。

A. 确定员工奖金　　B. 决定给员工升迁

C. 确定人员培训　　D. 提高员工绩效

9. 薪酬制度建立的依据不包括（　　）。

A. 工作分析　　B. 职务分析

C. 岗位分析　　D. 工作说明

10. 绩效管理体系中，首要环节是（　　）。

A. 绩效计划　　B. 绩效评价　　C. 绩效评估　　D. 绩效指标

二、多项选择题

1. 绩效管理的主要方法有（　　）。

A. 平衡计分卡　　B. 关键绩效指标法

C. 经济增加值法　　D. 股权激励

2. 激励计划包括（　　）。

A. 激励对象　　B. 激励形式　　C. 激励条件　　D. 激励周期

3. 绩效评价的层次包括（　　）。

A. 企业层次　　B. 部门层次　　C. 个人层次　　D. 客户层次

4. 企业的关键绩效指标一般可分为结果类和动因类。下列指标属于动因类指标的有（　　）。

A. 资本性支出　　B. 客户满意度

C. 投资回报率　　D. 员工满意度

5. 平衡计分卡的目标和指标来源于企业的愿景和战略，这些目标和指标从（　　）维度来考察企业的业绩。

A. 财务　　B. 客户

C. 内部业务流程　　D. 学习与成长

6. 企业在绩效计划与激励计划执行过程中，要对相关的绩效评价指标进行完整的监控和记录，其主要内容有（　　）。

A. 相关指标的完成情况　　B. 重大事项

C. 员工的工作表现　　D. 激励措施执行情况

7. 激励计划是企业为激励被评价对象而采取的行动方案，激励计划按激励形式可分为（　　）。

A. 薪酬激励计划　　B. 能力开发激励计划

C. 职业发展激励计划　　D. 其他激励计划

8. 下列属于绩效管理的实施环境的有（　　）。

A. 经济环境　　B. 机构环境　　C. 体系环境　　D. 系统环境

9. 下列属于绩效评价计分方法中定性法的有（　　）。

A. 功效系数法　　B. 素质法　　C. 综合指数法　　D. 行为法

10. 下列属于关键绩效指标性质划分的有（　　）。

A. 财务指标　　B. 经营指标　　C. 服务指标　　D. 管理指标

三、判断题

1. 平衡计分卡中不能只有具体的业绩衡量指标，还应包括这些具体衡量的驱动因素。
（　　）

2. 平衡计分卡的学习与成长维度着眼于企业的核心竞争力，解决“我的优势是什么”的问题。（　　）

3. “学习与成长”维度目标是解决“我们是否能继续提高并创造价值”的问题。传统的业绩考核注重目标制定的环节，平衡计分卡则强调对员工执行过程控制。（　　）

4. 经济增加值是企业经营利润扣除全部资本成本后的所得。（　　）

5. 经济增加值得核心理念是“资本获得的收益至少要能补偿投资者承担的风险”。
（　　）